Im Regenbogenland • Vierte Reise

Wilhelm Ruprecht Frieling (Hrsg.)

Im Regenbogenland

Vierte Reise

FRIELING

Die Deutsche Bibliothek – CIP-Einheitsaufnahme
Im Regenbogenland : vierte Reise /
Wilhelm Ruprecht Frieling (Hrsg.). –
Berlin : Frieling, 1994
Erscheint jährlich. – Aufnahme nach 1991
1991 –

© Frieling & Partner GmbH Berlin
Hünefeldzeile 18, D-12247 Berlin-Steglitz
Telefon: 0 30 / 7 74 20 11

ISBN 3-89009-720-0
1. Auflage 1994
Sämtliche Rechte an den einzelnen Beiträgen
sind den Autoren vorbehalten
Titelillustration: Silvan Bouman
Printed in Germany

Das grenzenloseste aller Abenteuer der Kindheit, das ist das Leseabenteuer.

ASTRID LINDGREN

Maria Bengtsson

Wurzel und Purzel, die beiden Zwergenkinder

Es waren einmal zwei liebe kleine Zwergenkinder. Sie hießen Wurzel und Purzel. Die beiden Zwergenbuben wohnten in einem tiefen, dunklen Wald. Beide waren so klein wie der kleine Finger einer Kinderhand.

Die beiden Brüder hatten wirklich alles, was sich so ein kleines Zwergenherz nur wünschen konnte. Der riesige Fliegenpilz, in dem sie wohnten, war das allerschönste Zwergenhaus in der ganzen Umgebung. Trotzdem wurde es ihnen plötzlich zu klein. Nein – es gefiel den beiden zu Hause gar nicht mehr, sie langweilten sich, denn hier passierte gar nichts, fanden sie. Deshalb beschlossen sie, einen weiten Ausflug zu machen, um sich in der Welt umzusehen.

Eines Morgens spannten sie also ihre beiden Goldkäferchen vor ihr niedliches Gefährt, um die große Reise anzutreten. Der kleine, offene Wagen bestand aus einer halben Nußschale. Sie hatte vier Erbsen als Räder und einige Blumenstengel als Sitzbank.

Wurzel und Purzel packten sich in warmes Moos und fuhren los.

Die Goldkäferchen hatten den ganzen Winter über in ihrem Erdstall geschlafen. Die waren wohlgenährt und ausgeruht. Nun waren sie das erste Mal nach der langen, kalten Jahreszeit wieder in Freiheit. Hei – da wurden sie gleich übermütig!

Huii – in wilder Fahrt sausten sie davon, daß den beiden Zwergenbrüdern der Wind nur so um die Ohren brauste.

Über ihnen blühten rote, weiße und blaue Blumen, und die Frühlingssonne war warm und schön. Manchmal führte der Weg über Wurzeln und Gestein, bald darauf über weiches Moos. Bergauf und bergab ging es. Ach – es gab so viel zu sehen, daß die beiden Buben sich gar nicht sattsehen konnten.

Plötzlich aber kamen sie in einen dichten grünen Wald, in dem es ganz wundersam glitzerte und funkelte. Mit runden, verwunderten Augen staunten Wurzel und Purzel die Pracht an. Nein – so etwas hatten sie wirklich noch nie gesehen. Es war, als wäre der ganze Wald mit Perlen geschmückt!

„Sieh doch nur, so wunderschön!" sagte Wurzel andächtig. „Sieht das nicht aus, als hätte der Himmel seine Sterne über uns ausgeschüttet?"

„Ja, so muß es wohl sein", stimmte Purzel zu. „Vielleicht hat der liebe Gott den Wald zu unserem Empfang geschmückt", sann er weiter.

Und beide freuten sich über den glänzenden Willkommensgruß.

Der große grüne Zauberwald aber, der die beiden so sehr entzückte, war nichts weiter als eine grüne Wiese im Morgentau. Doch weil die Zwergenkinder so klein waren, erschienen ihnen die Grashalme und Blumenstengel mächtig hoch, und die Wiese war für sie ein dichter Wald.

Die beiden Goldkäfer bahnten sich ihren Weg durch das hohe Gras, wichen geschickt kleinen Hindernissen aus, grüßten freundlich einige weißgetupfte Marienkäferchen im Vorbeifahren und winkten den musizierenden Grillen zu.

Plötzlich aber blieben sie verwirrt stehen. Vor ihnen türmte sich ein hoher Berg auf. Der war kahl und bestand aus loser brauner Erde.

„Was ist los?" fragte Wurzel und lehnte sich weit aus dem Wägelchen. Da sah er es auch. „Purzel, Purzel, sieh nur, welch ein hoher Berg!" schrie er laut.

„Schrei doch nicht so", wies Purzel ihn zurecht, „du erschreckst ja alles ringsumher."

Plötzlich begann es sich überall auf dem Berg zu regen. Unzählige Ameisen rannten auf und nieder, hin und her, denn – der hohe Berg war ja nichts weiter als ein großer Ameisenhaufen!

„Laß uns aussteigen", sagte Wurzel gedämpft, um die Ameisen nicht zu erschrecken. „Wir wollen fragen, wo wir eigentlich sind. Im Augenblick weiß ich wirklich nicht zu sagen, wo unser Zwergendorf liegt", setzte er hinzu.

Wurzel und Purzel kletterten aus dem Wägelchen. Dabei streiften sie unfreiwillig einige lange Grashalme, die unter der unsanften Berührung zitterten. Da rieselten plötzlich all die glitzernden Sterne auf sie nieder.

Erschrocken blickten sich die beiden an. Was war denn das? Sie fühlten, daß sie ganz naß wurden. Hatten sich die Sterne plötzlich aufgelöst?

Mit den Händen versuchten sie die „flüssigen Sterne" abzuwischen. Da spürten sie, daß es ganz einfach reines Wasser war, das auf sie niedergerieselt war.

Wurzel lachte plötzlich laut auf. „Purzel, Purzel, wir sind ganz schön dumm", stotterte er unter Lachen hervor, „das hier ist ja Regen, nichts weiter."

Ja, was Regen war, das wußten sie beide. Sehr oft schon hatten sie den Regen zu Hause von dem roten Pilzdach tropfen sehen.

Jetzt stimmte auch Purzel in das Lachen ein, denn er hatte inzwischen selbst bemerkt, daß die leuchtenden Perlen an den Halmen nur Wassertropfen waren.

Ja, die beiden lachten so sehr, daß sie geradezu übermütig wurden. Mit aller Kraft rüttelten und schüttelten sie die Grashalme, daß es eine wahre Wonne war. Dabei wurden sie aber durch und durch naß von dem niederfallenden Tau.

Aber – oj – die kühle Nässe auf der Haut war gar nicht angenehm.

„Purzel", sagte Wurzel etwas kleinlaut zu seinem Bruder, „das war dumm von uns. Nun sind wir ja ganz naß geworden. So können wir unsere Reise nicht fortsetzen. Komm, laß uns auf den Berg klettern, dann trocknen unsere Kleider wieder in der Sonne."

„Ja", stimmte Purzel zu, „Mutter wird sicher böse, wenn sie uns pudelnaß sieht."

„O ja, ganz bestimmt", stimmte Wurzel zu. „Doch wenn es nach Vater und Mutter ginge, so würden wir den ganzen Tag nur über unseren Büchern sitzen, und das ist auf die Dauer sehr langweilig."

„Ach du liebe Zeit", erinnerte sich Purzel plötzlich erschrokken, „wir haben ganz vergessen, daß wir heute eigentlich hätten zur Schule gehen müssen."

Wurzel sah seinen Bruder spitzbübisch an. „Nein – vergessen habe ich es nicht", lachte er, „doch dich wollte ich lieber nicht daran erinnern. Du bist ja immer so pflichtbewußt. Wir hätten wohl nie zu diesem herrlichen Ausflug starten können, wenn du nicht so vergeßlich wärst."

„Hm, hm", macht Purzel nur und runzelte die Stirn, „ich fürchte, es gibt ein ganz schönes Donnerwetter, wenn wir nach Hause kommen."

„Vielleicht", meine Wurzel, „aber vielleicht sind sie so froh darüber, uns wohlbehalten wiederzusehen, daß sie ihren ganzen Groll vergessen."

Ein befriedigtes Lächeln breitete sich in dem gutmütigen Gesicht des Zwergenkindes aus. Nein – bösartig war Wurzel wirklich nicht, nur sehr abenteuerlustig, deshalb konnte ihm auch niemand wirklich böse sein.

Schweigend begannen die beiden Brüder den Berg zu ersteigen. Doch sehr weit kamen sie nicht. Die Erde rutschte unter ihren Füßen weg, und die sanken tief in das Innere des Berges ein.

Noch viel schlimmer war jedoch, daß sie plötzlich von unzähligen Ameisen umringt waren.

Nun wußten die beiden Zwergenkinder sehr wohl, daß Ameisen keine Feinde waren. Sie kannten diese Tierchen. Ganz in der Nähe ihres Pilzhauses wohnten Waldameisen. Doch die waren viel größer und ganz anders in der Farbe. Auch bauten Waldameisen ihr Haus aus Tannennadeln, diesen Nadelberg durfte man absolut nicht besteigen. Davor hatten Vater und Mutter immer wieder gewarnt.

„Ameisen sind ein friedliches Völkchen", hatte Vater gesagt. „Doch wenn man ihre Wohnungen zerstört, können sie auch angreifen. Sie spritzen eine Flüssigkeit auf die Angreifer, die sehr schmerzhafte Entzündungen hervorruft ... Bei so kleinen Wesen, wie ihr es seid, können diese Entzündungen sogar zum

Tode führen. Also laßt euch nicht in Versuchung führen", hatte der Zwergenvater gewarnt.

Jetzt waren sie also doch in diese unangenehme Lage geraten, und sie versuchten verzweifelt, sich gegen den Ameisensturm zu wehren. Plötzlich aber erinnerte sich Wurzel daran, daß Mutter ihm die Ameisensprache beigebracht hatte. Er würde versuchen, sich verständlich zu machen. Schließlich hatten sie, die beiden Brüder, ja keine bösen Absichten. Alles war doch nur ein Mißverständnis!

Das alles erklärte Wurzel nun den kleinen Angreifern. Er brachte es sogar fertig, ein paar Tränen aus den Augen zu quetschen. „Wir wollten doch nur unsere Kleider trocknen. Weil auf der Kuppe dieses Berges die Sonne lag, dachten wir, das wäre ein günstiger Platz", erläuterte er.

Inzwischen war auch die Ameisenkönigin herangekommen. Sie hörte sich die Erklärungen der Zwergenkinder an. Und sie glaubte diesen verzweifelten kleinen Geschöpfen, denn sie wußte nur zu gut, daß diese kleinen Waldbewohner nur die Nadelberge der Waldameisen kannten. Sie befahl ihren Untertanen, die beiden Zwergenkinder von einem Angriff zu verschonen und den beiden wieder vom Ameisenberg hinunterzuhelfen. Dann schwang sie mit einem eleganten, schwungvollen Wirbel ihre schillernden Flügel und schwebte davon.

Bewundernd und dankbar schauten Wurzel und Purzel ihr nach. Das Ameisenvölkchen aber ging sofort daran, die beiden Eindringlinge schleunigst wieder auf den Wiesengrund zu befördern.

Als Wurzel und Purzel wieder festen Boden unter ihren Füßen spürten, atmeten sie erleichtert auf und versuchten, sich die braune Erde von den nassen Kleidern zu wischen. Doch das war viel leichter gedacht als getan. Alles wurde zu einer einzigen klebrigen Masse. Nun sahen sie aus wie kleine Erdmännchen.

Ganz plötzlich aber fiel ein riesiger Schatten auf den Berg. Erstaunt schauten die Brüder auf. Über ihnen lachten zwei riesiggroße Gesichter. Das Lachen dieser fremden Riesen dröhnte wie ein rollender Donner. In ihren großen Händen mit den dikken Fingern hielten sie einen Stamm, den sie drohend über den Häuptern der beiden Brüder schwangen. Und schon sauste der Stamm mit einem mächtigen Schwung in den Berg und versank dort bis zur Hälfte. Dort wühlte und buddelte er herum, bis der ganze Ameisenberg beinahe dem Erdboden gleichgemacht war.

Die tieferschrockenen Ameisen sprangen wild durcheinander. Eilig versuchten sie, ihre Kinder und Puppen in Sicherheit zu bringen. Doch all ihr Bemühen war vergebens. Immer wieder sauste dieser dicke Stock nieder und verfolgte die fleißigen Tierchen. Nun beugten sich die riesigen Gesichter ganz tief herab, und die großen Augen glänzten.

Gott sei Dank hatten die Riesen die beiden Zwergenkinder noch nicht bemerkt. Das machte sich Wurzel zunutze. Er brach einen ganz langen Grashalm ab und stach dem einen Riesen direkt in das linke Auge.

Laut schrie dieser auf, setzte sich ins Gras, so daß der ganze Wiesenwald ringsum zerstört wurde, und rieb sich die Augen, aus denen dicke Tränen rollten.

Plötzlich erinnerte sich Wurzel daran, daß er solche Riesen zu Hause in der Nähe ihres Pilzhauses schon gesehen hatte. „Das sind Menschenkinder", hatte die Mutter gesagt. „Sie suchen Heidelbeeren und Pilze. Doch unser Haus rühren sie nicht an, denn Fliegenpilze sind für Menschen sehr giftig. Aber es kann auch vorkommen, daß diese Menschen mit ihren plumpen Füßen ein ganzes Zwergendorf zertrampeln. Deshalb ist es am besten, wenn man sich in Sicherheit bringt, wenn man sie kommen sieht." – Ja, genau so hatte Mutter gesagt!

Die Menschensprache lernen die Zwergenkinder schon in der Schule, weil das für sie sehr wichtig ist. Sollten sie nämlich nicht rechtzeitig ausweichen können, so gab es trotzdem eine Chance zum Überleben, nämlich dann, wenn man sich mit den Riesen unterhalten konnte. Dann wurden sie meistens sehr zugänglich und freundlich.

Diese beiden Riesen hier waren sicher Kinder, denn erwachsene Menschen sind noch viel größer.

Wurzel flüsterte seinem Bruder ins Ohr: „Diese Menschen, ob ich mal mit ihnen zu sprechen versuche? Eigentlich sehen sie nicht böse aus. Ich glaube, die wissen gar nicht, was sie da eben angerichtet haben."

„Sei vorsichtig, Wurzel, sehr vorsichtig", flüsterte Purzel zurück. „Ich würde mich nie trauen, einen Menschen anzusprechen", fügte er ängstlich hinzu.

„Du – nein –, du bist ja auch ein richtiges Mamakind, das sich immer hinter Mamas Rock versteckt", gab Wurzel zurück.

„Sei doch nicht immer so ungerecht", trumpfte Purzel auf. „Bitte, so zeige doch deinen Mut. Ich wette, du traust dich selbst nicht."

„Ha – das wirst du gleich sehen", zischte Wurzel und kniff kurzentschlossen dem einen Menschenkind ins nackte Bein.

„Aua!" schrie der Menschenjunge. Er rieb sich irritiert die schmerzende Stelle am Bein.

„Was hast du denn?" fragte eine hellere Stimme. Sie schien einem Mädchen zu gehören.

„Da hat mich etwas ins rechte Bein gestochen." Er hob sein Bein hoch und hielt es dem Mädchen unter die Nase. „Sieh doch mal, kannst du etwas sehen?" fragte er.

Lottchen – so hieß das Mädchen – wollte das Bein fassen, um es richtig in Augenschein zu nehmen. Der Junge Herbert aber schwankte auf seinem einen Bein und fiel ins Gras.

Lottchen beugte sich vor, um sich den Mückenstich oder was es nun war, näher anzusehen. „Halt doch endlich mal still", sagte sie, „sonst kann ich doch gar nichts sehen!"

Sie kniete neben ihrem Bruder nieder. Doch plötzlich schrie sie auf vor Entzücken. „Schau doch nur, Herbert, schau", rief sie, „hier steht ja ein kleines Zwergenkind!"

„Ha, Zwergenkind – jetzt fängst du aber wirklich an zu phantasieren", sagte Herbert ironisch.

„Nein, nein, ich phantasiere nicht, ganz bestimmt nicht. Sieh doch selbst nach, hier ..." Sie wies mit dem ausgestreckten Zeigefinger auf einen roten Punkt im Gras.

„Meine Augen tränen immer noch", murrte Herbert. „Ich kann überhaupt nichts sehen. Dieser blöde Grashalm!" Er wischte sich mit dem Handrücken die Augen rein, dann beugte er sich vor, um besser sehen zu können.

Und richtig – da stand wirklich so ein kleines, ja winziges Etwas, das wie ein Minizwerg aussah. „Ooh!" sagte er vor lauter Verwunderung. Mehr brachte er im Augenblick nicht über die Lippen.

Ganz vorsichtig nahm Herbert das Zwergenkind Wurzel auf und hielt es nun in der hohlen Hand.

Purzel hatte sich vor Schreck im tiefen Gras versteckt und schaute nun angstvoll zu, was mit seinem Bruder geschah.

Herbert beugte seinen Kopf ganz dicht über die Hand, um das kleine Wesen besser betrachten zu können.

So nahe war Wurzel einem Menschenkind noch nie gekommen, und diese großen blauen Augen erschreckten ihn sehr. Doch durfte er sich nicht einschüchtern lassen, sonst war er verloren! Er machte sich ganz stark und sagte, so laut er nur konnte: „Warum hast du die Wohnungen der Ameisen zerstört?"

In seinen Ohren klang seine eigene Stimme sehr unerschrokken. Doch das menschliche Ohr hörte nur ein dünnes, fast unverständliches Gewisper.

Verwundert schaute Herbert das kleine Ding in seiner Hand an. „Hast du was gesagt?" fragte er.

Wurzel wiederholte seine Frage.

„Nein", schrie Herbert, „das Ding da kann ja sprechen!"

Die laute Stimme dröhnte in Wurzels Ohren.

„Natürlich kann das sprechen", sagte Lottchen altklug, „alle Zwerge können sprechen, das weißt du doch auch."

„Ach was", sagte Herbert wegwerfend, „ich glaubte, daß es das nur in Märchen gibt."

„Das bildest du dir nur ein, weil du noch nie einen Zwerg in Wirklichkeit gesehen hast", versuchte Lottchen zu erklären.

Herbert antwortete nicht. Er hatte seine ganze Aufmerksamkeit auf das kleine Ding da in seiner Hand konzentriert, denn Wurzel hatte wieder zu sprechen angefangen.

„Sie haben euch doch gar nichts getan, also könnt ihr sie auch in Ruhe leben lassen", sagte er.

Diesmal hatte auch Lotte die Worte des Zwergenkindes verstanden. „Er hat recht", sagte sie beschämt, „das war wirklich ungezogen von uns."

„Nicht nur ungezogen", antwortete Wurzel mutig. „Es war geradezu unverschämt und dumm. Ihr wollt euer Zuhause auch nicht zerstört haben, nicht wahr?"

Herbert schämte sich so sehr, daß er nichts zu antworten wußte.

„Oh – das war so gedankenlos und kaltherzig von uns", sagte Lottchen zerknirscht. „Wir wollen es ganz bestimmt nicht wieder tun."

„Es wird sehr lange dauern, bis die Ameisen ihre Kolonie wieder aufgebaut haben", sagte Wurzel.

„Wir können ihnen ja dabei helfen", kam da plötzlich ein

dünnes Stimmchen aus dem Gras. Purzel hatte sich hervorgewagt.

„Ach, ist das süß – da ist ja *noch* ein Zwergenkind!" schrie Lottchen vor Begeisterung.

„Das ist mein Bruder Purzel", sagte Wurzel lakonisch. „Er ist zwar etwas ängstlich, aber ich finde, er hat recht mit seinem Vorschlag. Wir wollen den Ameisen helfen, den zerstörten Wohnberg wieder aufzubauen."

Lange schon hatten die beiden Bösewichte Lottchen und Herbert ihr Unrecht eingesehen. Nun waren sie nur zu gern bereit, alles wiedergutzumachen..

Herbert warf plötzlich den dicken Stock weg, als hätte er sich daran verbrannt. „Ja, wir wollen helfen", sagte er kleinlaut und setzte Wurzel vorsichtig auf die Erde zurück. „Ihr müßt uns nur zeigen, was wir zu tun haben."

Die Ameisenkönigin war die ganze Zeit über unruhig und erschrocken über der Zerstörung gekreist. Jetzt winkte Wurzel sie zu sich heran. Die Königin setzte sich auf einen Grashalm in Wurzels Nähe und schaute den Zwerg erwartungsvoll an.

„Wir helfen euch, eure Stadt wieder aufzubauen", sagte Wurzel. „Wenn eure Arbeiter uns zeigen, was wir tun sollen, können wir bis zum Abend fertig sein."

Die Ameisenkönigin nickte. Dann teilte sie nach links und rechts ihre Befehle aus.

„Habt Dank, ihr beiden", sagte sie würdig in ihrer Ameisensprache.

Dann gingen alle an die Arbeit, und nachdem jeder wußte, was er zu tun hatte, war es gar nicht so schwer, die vielen Gänge und Kammern im Ameisenberg wieder in Ordnung zu bringen. Schon um die Mittagszeit war alles ganz wunderbar hergerichtet, so daß die Ameisen wieder in ihren Wohnberg einziehen konnten.

Die beiden Menschenkinder atmeten erleichtert auf, als sie den Freudentanz der Ameisen sahen, und Wurzel und Purzel freuten sich mit ihnen.

Herbert und Lottchen aber gelobten, nie wieder einen Ameisenberg zu zerstören. Dann verabschiedeten sie sich.

Aber noch bevor sie gehen konnten, hatte Wurzel einen genialen Einfall: Er lud die beiden Menschenkinder kurzerhand in das Zwergenreich ein. „Heute dürft ihr unsere Gäste sein", sagte Wurzel zu den beiden Menschenkindern. „Ich lade euch herzlich ins Zwergenreich ein."

„Wie nett von dir", sagte Lottchen gerührt. „Doch glaube ich nicht, daß sich das machen läßt", setzte sie bedauernd hinzu, „wir würden mit unseren großen Füßen alles in eurem kleinen Reich zertrampeln."

Herbert nickte zustimmend. „Lottchen hat vollkommen recht", sagte er.

„Oh – da gibt's eine ganz einfache Lösung", sagte Wurzel. „Hättet ihr denn Lust, mitzukommen ins Zwergenreich?"

„O ja, sehr gern", sagten die Kinder im Chor. „Das wäre bestimmt sehr interessant, aber leider …"

„Nun – ich führe euch hin", sagte Wurzel. „Schließt eure Augen und haltet sie ganz fest geschlossen, bis ich euch erlaube, sie wieder zu öffnen."

Herbert und Lottchen machten gehorsam die Augen zu. Dann hörten sie plötzlich Wurzels Stimme:

„Wurzel, Purzel, Zwergenreich,
Herbert, Lottchen, werdet gleich
unsren lieben kleinen Zwergen
drüben hinter jenen Bergen,
die wir in der Ferne sehn!
Zwergengott – laß es geschehn!"

Dreimal wiederholte Wurzel diesen Spruch, dann befahl er den Menschenkindern, die Augen wieder zu öffnen.

Ahnungslos schlugen Herbert und Lotte die Augen wieder auf.

Aber – was war denn das?

Eine ganz veränderte Welt umgab sie! Und die Zwergenkinder waren ja nicht kleiner als sie selbst!

„Schau doch nur", schrie Lottchen entzückt und klatschte vergnügt in die Hände, „die Zwerge sind ja gar nicht mehr so klein! Sie sind ja genauso groß wie wir!"

„Du bist ganz schön dumm", knurrte Herbert, „merkst du denn nicht, daß wir viel kleiner geworden sind? Nicht die Zwergenkinder – *wir* haben uns verändert!"

Lottchen blickte erschrocken an sich herunter. – Ach, du liebe Zeit, wie winzig war sie geworden! Auch Herbert war zusammengeschrumpft.

Oh – was war, wenn sie nun immer so klein blieben? „Werden wir nie wieder so groß wie vorher sein können?" fragte sie unruhig und dachte mit Schaudern an ihre Spielkameraden zu Hause.

Hell lachten die beiden Zwergenkinder auf. „Darüber braucht ihr euch wirklich keine Sorgen zu machen. Wenn euer Ferientag bei uns zu Ende ist, könnt ihr wieder genauso groß nach Hause zurückkehren, wie ihr von dort weggegangen seid."

„Aah!" Herbert und Lottchen atmeten erleichtert auf.

Und nun erst wurde die ganze Sache richtig interessant. Sie freuten sich auf ihre Reise ins Zwergenreich und waren sehr neugierig auf alles. Jetzt durften sie eine ganz neue Welt entdecken! Herrlich!

„Unsere Kutsche steht ganz in der Nähe", sagte Purzel stolz.

Wurzel und Purzel nahmen die beiden neuen Freunde an der Hand und führten sie zu ihrem Gefährt. Die beiden Goldkäferchen waren schon unruhig geworden, sie wollten springen und nicht stille stehen!

Voller Verwunderung blieben die beiden Kinder vor dem niedlichen Wägelchen stehen. „Wie reizend!" sagte Lottchen.

„Steigt nur ein, es ist genug Platz für alle", sagte Wurzel und half den Freunden beim Einsteigen.

Kaum aber hatten alle Platz genommen, da sausten die beiden Goldkäferchen auch schon los, daß es eine wahre Lust war.

„Puh – puh", machte Purzel plötzlich und fing an, das wärmende Moos aus dem Wagen zu werfen. „Es ist inzwischen ganz schön heiß geworden."

„Trotzdem brauchst du nicht alles Moos wegzuwerfen", schimpfte Wurzel. „Noch sind wir nicht zu Hause. Wenn es später kühler wird, wirst du es sehr vermissen."

Etwas schuldbewußt schaute Purzel den Bruder an. „Wir könnten vielleicht baden gehen", schlug er vor, „da können wir auch gleichzeitig unsere schmutzigen Kleider waschen."

„Hm, das ist gar keine dumme Idee", stimmte Wurzel bei. „Doch zuerst müssen wir zusehen, daß wir aus diesem dichten Wald herauskommen. Hier hat sich ja die ganze Mittagssonne gestaut!"

Er trieb die beiden Goldkäfer noch mehr an, so daß die ganze Umgebung nur so an ihnen vorbeiflitzte. Plötzlich öffneten die Käfer ihre goldenen Flügel, und – husch – schon flog das ganze Gefährt wie der Wind davon.

Endlich lichtete sich der „Wiesenwald". Bald darauf hielt das Gefährt vor einem großen bemoosten Fels, der sich in einem riesigen See spiegelte. Weit, weit hinten mündete dieser See ins große Meer. Es gab einige Inseln in dem See, die mit mächtig großen blauen Glockenblumen bewachsen waren, worin die Bienen ein und aus flogen.

Sah der See recht einladend aus, so machte das Meer im Hintergrund einen wirklich beängstigenden Eindruck. Es rauschte und sprudelte, daß es weithin zu hören war.

Nun – die kleine Gesellschaft war an einem bemoosten Stein angekommen, der sich in einer Pfütze spiegelte, und das „Meer" im Hintergrund war ein Bach.

Lottchen und Herbert aber sahen nun die ganze Umgebung mit den Augen der Zwerge; deshalb sagte Herbert ganz selbstverständlich: „Dieser See hier ist ideal zum Baden. Ich werde zu einer dieser Inseln hinausschwimmen."

„Nein, das wirst du nicht", sagte Wurzel bestimmt. „Das ist viel zu gefährlich. Schließlich bin ich verantwortlich für meine Gäste. Du kennst die Gefahren eines solchen Sees nicht, mein Freund."

„Ach", winkte Herbert ab, „so gefährlich kann das doch gar nicht sein."

„Ich schlage vor, ich schwimme voraus", schlug Wurzel vor. „Ich werde mich genau orientieren. Wenn es ungefährlich ist, könnt ihr nachkommen. Abgemacht?"

„Abgemacht!" riefen die anderen im Chor.

Hastig begannen sie sich auszuziehen. Nur ihre dünnen Unterhöschen behielten sie an.

Wurzel tastete mit den Füßen vorsichtig den Strand des Sees ab, prüfte den Boden, prüfte das Wasser und marschierte dann mutig hinaus in das erfrischende Naß. Als das Wasser zu tief wurde, begann er zu schwimmen.

Bis zu der ersten kleinen Insel schwamm er hinaus, dann winkte er den anderen lachend zu. „Kommt herein, es ist herrlich hier!" rief er.

Das ließen sich die Freunde nicht zweimal sagen. Alle sprangen sie ins Wasser, daß es nur so klatschte.

Nun tummelten sie sich nach Herzenslust in dem klaren Wasser. War das eine Freude! Sie jauchzten und schrien vor lauter Übermut. Zum Schluß lagen alle auf der Insel in der Sonne und ruhten sich aus.

Herbert und Lottchen waren eingeschlafen. Wurzels Stimme riß sie plötzlich aus ihren angenehmen Träumen. „Vorsicht, Vorsicht – da kommt ein Ungeheuer!" schrie er. „Schnell, hinter mir her!" befahl er.

Herbert und Lotte waren im gleichen Augenblick schon hellwach. Und dann sahen sie es auch schon: Dort kam auf langen, haarigen Beinen ein schwarzbehaartes Etwas mit riesigen Augen auf sie zugerannt. Begierig starrten die Netzaugen die kleine Gesellschaft an.

„Hilfe – eine Riesenspinne!" schrie Purzel und klammerte sich an seinem Bruder fest.

Die Spinne streckte ihre Fangarme schon nach ihnen aus, da stieß Wurzel kurzerhand die ganze Gesellschaft ins Wasser und sprang hinterher.

Als sie endlich drüben am anderen Ufer angekommen waren, sanken sie erschöpft ins Moos.

„Puh – das ist ja noch einmal gutgegangen", sagte Wurzel und atmete erleichtert auf. „Jetzt aber nichts wie in die Kleider, und ab geht's!"

„Aber", warf Purzel ein, „wir wollten doch unsere Kleider noch waschen!"

„Hier nicht, du Dummkopf", entgegnete Wurzel, „hier ist es viel zu gefährlich", und er zeigte mit der ausgestreckten Hand auf einen dicken Frosch, der schon zum Sprung angesetzt hatte. „Mit diesem da ist wirklich nicht zu spaßen, der frißt uns mit Haut und Haaren."

Lottchen war so erschrocken, daß sie zu weinen anfing. Sie wollte nicht aufgefressen werden! Nein, nein – sie wollte wieder groß sein! Lieber verzichtete sie darauf, das Zwergenreich zu sehen.

Herbert stieß ihr hart in die Rippen. „Heul doch nicht, du Flennliese", sagte er. Aber tief drinnen in seiner Brust hatte sich auch die Angst breitgemacht.

Nun begann auch Purzel zu weinen. „Ich will nicht gefressen werden!" schrie er. Er hatte das ausgesprochen, was Lottchen die ganze Zeit über schon gedacht, aber nicht laut zu sagen gewagt hatte.

„Halte den Mund, du Tunte", sagte Wurzel ärgerlich, „noch lebst du ja!"

Nie zuvor waren die Freunde so schnell in die Kleider gekommen! Sie kletterten wieder in ihr Gefährt, und schon ging's los in rasender Fahrt heimwärts. Nicht ein einziges Mal hielten sie an. Denn auch Wurzel war inzwischen seine Abenteuerlust vergangen.

Es war schon später Nachmittag, als das Gefährt in das Zwergenreich einbog.

Da standen viele rote Fliegenpilze, die zu Wohnstätten ausgebaut waren. Der schönste und größte Pilz aber war das Elternhaus der beiden Zwergenkinder. Das Pilzhaus war von einem großen Garten umgeben, in dem die herrlichsten Blumen blühten.

Vor dem grünen Tor hielten die Goldkäfer an.

„Nun sind wir zu Hause", sagte Purzel aufatmend. „Das hier ist unser Schloß", erklärte er und deutete auf den riesigen Fliegenpilz, dessen Tür sich gerade öffnete.

Plötzlich kamen zwei Zerge angerannt, öffneten die grüne Pforte und verbeugten sich tief.

Die Kutsche fuhr den breiten Gartenweg hinauf, durch die Tulpenallee bis hin zu der offenen Tür im Pilzschloß.

Dort standen der Zwergenkönig und seine Königin schon bereit, die Ankommenden zu empfangen. Ihre Mienen jedoch verhießen nichts Gutes.

Deshalb sprang Wurzel flink aus dem Gefährt, kaum daß es gehalten hatte. „Vater, Mutter", sagte er und machte eine knappe Verbeugung, „wir haben zwei Gäste mitgebracht." Er wußte nur zu gut, daß die Gastfreundschaft im Zwergenreich heilig war und daß es im Beisein der Gäste nie, niemals eine Bestrafung geben würde.

„Eure Gäste sind uns herzlich willkommen", sagte der König. „Doch ihr seid schmutzig wie zwei Höhlenbewohner. Marsch ins Bad!"

Die beiden Brüder warfen sich einen bedeutsamen Blick zu, nickten der Mutter blinkend zu und verschwanden im Innern des Hauses.

„Das ist noch einmal glimpflich abgelaufen", flüsterte Wurzel seinem Bruder zu.

„Hoffentlich kommt nichts mehr nach", flüsterte Purzel zurück.

Der König hatte inzwischen die Gäste ins Haus geführt und ihnen in hübschen, weichen Laubsesseln einen Platz angeboten. Die Königin aber sagte sofort in der Küche Bescheid. Sie wollte den Gästen natürlich ein wohlschmeckendes Mahl vorsetzen lassen.

Als Wurzel und Purzel endlich – frisch gebadet und mit sauberen Kleidern angetan – im Zimmer erschienen, wurde eine Zwischenmahlzeit aufgetragen, wie es jeden Nachmittag üblich war. Es gab Schokolade, herrlich duftend und ganz heiß. Dazu wurde Kuchen mit Walderdbeeren und Heidelbeeren serviert.

Oh – es schmeckte wunderbar!

Doch kaum waren die Tellerchen leer, begannen Wurzel und Purzel unruhig auf ihren Stühlchen herumzurutschen.

„Vater, dürfen wir unseren Gästen vor dem Abendessen noch unseren Spielplatz zeigen?" fragte Wurzel.

„Das will ich euch gern erlauben, wenn ihr nicht wieder eigenmächtige Ausflüge macht", sagte der Vater streng. Doch insgeheim war er herzensfroh, seine beiden Buben wohlbehalten wieder bei sich zu haben. „Eigentlich solltet ihr vierzehn Tage Stubenarrest bekommen", fügte er barsch hinzu.

„Bitte, Vater, wir werden es nie, nie wieder tun!" gelobten die beiden Brüder.

„Es ist schon gut, Kinder", besänftigte die Mutter.

„Nun geht schon", sagte der Vater versöhnlicher. „Aber wenn ihr die Glocke hört, kommt ihr sofort, verstanden?"

Wurzel und Purzel sprangen auf, küßten die Mutter und den Vater auf die Stirn und riefen: „Ja, Vater, ja, Vater, ganz bestimmt!"

Lottchen und Herbert hatten dem Schauspiel ein wenig schüchtern zugesehen. Doch nun standen auch sie auf, bedankten sich und schlossen sich den beiden Zwergenbrüdern an.

Im Nu waren alle vier verschwunden. Lustige Stimmen drangen von draußen ins Haus.

Lächelnd schauten der König und die Königin einander an. Endlich waren sie ihre Sorgen wieder los. Ihre Kinder waren wieder da!

Für die beiden Menschenkinder war alles neu. Ach – es gab so viel zu schauen und zu entdecken!

Der Aussichtsturm war ein ausgehöhlter Baumstumpf, in dem eine Strickleiter nach oben führte. Droben von der Plattform hatte man eine herrliche Aussicht. Man konnte das ganze Zwergenreich überblicken.

Auf dem Spielplatz gab es Schaukeln, die mit geflochtenem Gras an zwei Blütenstengeln befestigt waren. Es gab Hängematten, die aus starken Efeuranken zusammengebastelt waren. Und es gab einen Teich, auf dem kleine Boote schaukelten.

Die Freunde streiften in den großen Gärten umher und bewunderten die wunderschönen Blumen. Sogar die Vorratskammern ließen sie nicht aus, alles wollten die beiden Brüder ihren Gästen zeigen.

In den Ställen gab es sehr viele Käfer, die als Zugtiere dienten. Da gab es Goldkäfer, das waren die vornehmsten. Es gab schwarze, braune und grüne Käfer. Sogar Marienkäferchen waren dabei; die waren aber eigentlich nur für die Kinder da.

Man konnte mit ihnen kleine Flugtouren machen. Auch das durften Herbert und Lottchen einmal ausprobieren. Das war wirklich ein einmaliges Erlebnis!

Zum Schluß waren alle so müde, daß sie sich ganz faul auf eine Schaukel setzten und nur so vor sich hin träumten.

Die beiden Zwergenbrüder wollten ihre Gäste eigentlich auch noch zu einer Bootstour auf dem nahen Teich einladen, doch hatte keiner mehr Lust dazu.

Plötzlich ertönte hell eine Glocke.

„Die Abendglocke", sagten Wurzel und Purzel wie aus einem Munde. Hastig sprangen sie von der Schaukel herunter.

„Kommt, nun ist es Zeit, nach Hause zu gehen", sagte Wurzel.

„Ja – wenn wir jetzt nicht pünktlich sind, setzt es was", meinte Purzel.

Alle faßten sich bei der Hand und sprangen nach Hause.

Das Abendessen wurde im großen Saal serviert. Dieser Raum war wunderschön mit seinen Bogenpfeilern, an denen Blumengirlanden hochwuchsen, und mit den vielen Spiegeln und Fenstern.

Der große, lange Tisch war festlich weiß gedeckt, mit Kerzen und Blumenkelchen, in denen Nektar serviert wurde.

Es gab als Vorspeise eine Nesselsuppe mit Fleischklößchen. Als Hauptgericht wurde ein leckerer Regenwurmbraten mit Bucheckern und Gänseblümchensalat serviert, der mit Löwenzahnblüten garniert war. Hinterher gab es Libellenflügel in Marinade, dazu wurde ein wunderbarer Brombeerwein gereicht. Als Nachspeise gab es Honigpudding mit Tannenharzsoße.

Die Kinder waren rundum satt. Der Nektar und der Brombeerwein aber hatten sie müde gemacht. Kaum konnten sie noch die Augen offenhalten.

Das Königspaar hatte längst bemerkt, daß Wurzel und Purzel und auch die beiden Gäste sehr schläfrig waren. Deshalb klingelte die Königin mit einer Glockenblume, daß es durch das ganze Haus schallte.

Sofort zeigten sich zwei Diener in der Tür. Dort standen sie abwartend.

„Hier, nehmt euch unserer Gäste an. Sie möchten schlafen gehen, ebenso Wurzel und Purzel."

Einer der beiden Diener ging auf Lottchen und Herbert zu und nahm sie bei der Hand. Der andere Diener nahm die Zwergenbrüder mit sich.

Ach – es war ein langer und aufregender Tag gewesen, voller Abenteuer und ungekannter Freuden. Jetzt wollten sie alle nur noch schlafen!

Es dauerte auch gar nicht lange, und man konnte die regelmäßigen Atemzüge der Schlafenden vernehmen.

Herbert und Lottchen erwachten davon, daß ihnen die Sonne das Gesicht erhitzte und ihnen in die Augen stach.

Schläfrig blinzelten die beiden Kinder in das helle Licht, rieben sich die Augen und schauten einander erstaunt an: Sie lagen ja gar nicht in den Zwergenbettchen, und klein waren sie auch nicht! Nein – sie waren genauso groß wie alle anderen Kinder.

Im hohen Gras einer Wiese lagen sie, genau an dem Ort, an dem sie am Vormittag herumgestreift waren.

Herbert richtete sich plötzlich auf und starrte seine Schwester einen Augenblick stumm an, strich sich über die Stirn und schien angestrengt nachzudenken.

„Du, Lottchen", sagte er dann zögernd, „ich hatte einen seltsamen Traum. Du wirst es mir nicht glauben, aber ich war im Zwergenreich, und ich war nicht größer als die beiden Zwergenkinder Wurzel und Purzel."

„O Herbert", sagte Lottchen erstaunt, „ich hatte ja den gleichen Traum, und die Zwergenkinder hatten die gleichen Namen."

„Das ist doch eigenartig", grübelte Herbert und faßte sich an die Stirn, „fast glaube ich, wir waren wirklich im Zwergenreich."

„Das werden wir wahrscheinlich nie erfahren", murmelte Lottchen.

„Ach, was tut's – jedenfalls war es interessant, finde ich", sagte Herbert forsch. „Doch nun ist keine Zeit mehr zum Träumen. Wir müssen eiligst nach Hause, es ist schon recht spät, und Mutter wartet mit dem Essen auf uns. Ich muß sagen, ich bin ganz schön hungrig trotz des Regenwurmbratens, den wir bei den Zwergen gegessen haben!"

Beide lachten laut, faßten sich an der Hand und liefen auf dem schnellsten Wege nach Hause.

Karin Blümner

Freud und Leid im Wartezimmer
Erlebnisse bei der Kinderärztin

Kapitel im August:
Wir warten noch

Im dritten Band des Jahrbuchs „Im Regenbogenland" können mich meine Leserinnen und Leser, groß und klein, bereits kennengelernt haben: das Wartezimmer bei der Kinderärztin.

Jeden Tag erlebe ich etwas Neues. Aber nicht alles kann ich mir merken. Und dann muß ja erst das Manuskript geschrieben und gedruckt werden!

Ihr erinnert euch sicher noch an das Team mit der Chefin, mit Schwester Donata, Fräulein Hübsch, der Laborantin Frau Grau, den Azubi-Zwillingen Lotte und Motte und natürlich mit der Müllern, die Putzfrau und nicht Raumpflegerin sein will.

Frau Müller hat heute über mich den Kopf geschüttelt und gebrummelt: „Det sieht ja aus wie 'ne Quasselstunde, een Stuhl in de Mitte und die andern drumrum, die Tische an de Wände."

Heute hatte ich, das Wartezimmer, nämlich einen Märchen-Opa bei mir, und alle haben sich im Kreis um ihn gesetzt. Er sah gar nicht so aus wie andere: mit schmalem Schnurrbart, weißem Halstuch und feingliedrigen Händen. Er sprach leise und lächelte dazu so warm, wie sein Halstuch aussah.

Dieser Großvater Dowedeit war dagewesen, um das Rezept für seine Urenkelin zu holen, und war ins Plaudern gekommen. Da gingen die Stunden hin. Die Chefin entließ gerade die letzte der „Großen", die Sondertermine gegen Abend hatten; die etwa 14jährigen Freundinnen warteten auf sie. Aber auch Mütter mit ihren Kleinen lauschten und murmelten: „Ich warte lieber, und ich lasse jemanden vor!"

Unerhört klang dies für das Wartezimmer!

Jetzt erzählten sich alle draußen auf der Treppe noch mal die Geschichte von dem Mann mit der Tasse, denn Peterle hatte gerufen: „Ob die Tasse sich in was Lebiges verwandelt?"

Und da ist das Märchen:

Die Tasse

Ein allegorisches Märchen

Es war einmal ein junger Mann, dem schenkte eine Fee eine wunderschöne Tasse. Sie war mit bunten Blumen bemalt und hatte einen breiten Goldrand. Innen auf dem Boden prangte sogar eine rote Rose.

Der Mann war stolz auf seinen Besitz, erzählte allen seinen Bekannten von der Tasse und benutzte sie täglich von morgens bis abends.

Mit der Zeit wurde sie ihm alltäglich. Er spülte sie nicht mehr sauber, stieß sie an die Schrankecke und brach vom Rand Stückchen um Stückchen heraus. So bekam die Tasse Sprünge, und eines Tages zerbrach sie.

Der nun schon nicht mehr junge Mann erschrak, denn er konnte die Tasse nun nicht mehr brauchen, auch tat sie ihm leid. Er brachte sie zu einem geschickten Alten, der ihm gegen hohen Lohn die Tasse kittete, neu bemalte und den Goldrand ersetzte. Die Rose innen konnte er nicht neu machen, es waren zu viele Sprünge darin.

Der Mann konnte nur noch selten aus der geliebten Tasse trinken, denn sie hielt nichts mehr aus. Der nun alte Mann stellte sie an den besten Platz in seiner Glasvitrine. Sie sah noch so aus wie früher, und von innen guckte sie keiner an.

Eines Tages war die wunderschöne Tasse verschwunden. Hatte die Fee sie zurückgeholt?

Seine große Schwester, die in der Oberschule auf das Abi zuging, sah Peter spöttisch an: „Lebig! Lebendig! Und dann ist das Märchen eine Parabel! Überhaupt, du Dummbart! Damals wärst du vielleicht an der Bräune erstickt, als es noch keine Impfung gegen Diphtherie gab. Mein Vater hat erzählt, zu seinen kranken Brüdern sei nachts der Doktor mit dem Pferdeschlitten über den vereisten Fluß gekommen, um den Luftröhrenschnitt zu machen."

Alle gingen zusammen die Treppe hinunter.

„Wißt ihr, Großvater Dowedeit hat eine Urenkelin, Tiktakenkelin", krähte Peterle dazwischen, „die ist so winziglich!"

„Frühgeborenes nennt man das, es kriegt auf Rezept Extramilch."

„Zu meiner Zeit gab es Ammen", hatte der alte Herr berichtet, „wenn die Mutter nicht stillen konnte. Hier in Berlin kamen sie vom Lande, meist aus dem Spreewald. Sie trugen noch Tracht mit Flügelhauben und sprachen ihre alte Sprache. Ihr eigenes Kindchen brachten sie mit und stillten dann zwei Babys. Die Amme wurde gut bezahlt, konnte ein Zimmer für sich beanspruchen. Noch früher allerdings hatte sie ihr Kind im Dorf lassen müssen, und das Baby war manchmal ganz schwächlich geworden."

Aber Schluß mit „von früher". Peter hatte noch eine Bitte: „Erzähl doch noch was vom Schloß und den Pferden auf der Koppel und den Gänsen mit Nudeln (?) am Hals! Stimmt es, daß du als Junge nachts beim Mond den Schnee gerufen hast?"

„Ja, man mußte sich ans offene Fenster stellen, ohne was an, und ganz doll an die Schneeflocken denken", wiederholte Cornelia, Peters große, kluge Schwester.

Inzwischen waren alle Patienten unten, der Wind pfiff, und die meisten huschten zum Parkplatz. Das Wartezimmer hörte nun nichts mehr. Es wußte aber, daß Peter sich vorgenommen hatte: Nachts im Mondschein Fenster auf, Schlafanzug aus und denken: Nackedei im Schnee. Schnee wird am Morgen gefallen sein, wenn Peter das andere auch träumt.

Unten auf der Straße rannte die Chefin wie immer zu ihrem roten VW-Käfer, weil ja zu Hause der Schnauzer auf sie und auf das Gassi-Gehen wartete. Schwester Donata ging zu ihrer „Ente" und dachte an die Heimat der Eltern im Osten. Fräulein Hübsch wurde von ihrem neuen Freund auf dem Motorrad begrüßt. Frau Grau sah sich fröstelnd um, aber da hatten die Zwillinge sie schon von rechts und links eingehakt: „Wir bringen Sie noch ein Stück."

Mutter Müllern schloß oben ab.

'Ob meine Leser beim nächsten Kapitel wieder mithalten?' dachte das Wartezimmer, klappte seine Lampenaugen zu und döste bis zum Morgen.

Anita Dohmen

Das Geheimnis der magischen Tafel

Es ist kurz vor Mitternacht. Kathrin ist in süßen Träumen versunken. In der Geisterwelt wird eine Hochzeit vorbereitet. Zusammen mit Jonathan schwebt sie auf einer goldenen Wolke. Beide sind in prachtvolle Gewänder gekleidet, und ein herrliches, warmes Licht umgibt sie.

Gerade wollen sie sich in die Arme schließen, als Kathrin plötzlich durch laute, polternde Geräusche aufwacht. Sie ist noch ganz durcheinander und bemerkt traurig, daß ihr Herzenswunsch nur ein Traum war.

Unter der Tür fallen flackernde Lichtstrahlen ein, und sie hört, wie jemand mit schweren, schlurfenden Schritten in der Halle auf und ab geht. Kathrin steht auf, um nachzusehen, was da los ist. Leise schleicht sie sich aus dem Zimmer, den Flur entlang, einige Stufen hinunter.

Als sie sich über das Treppengeländer reckt, sieht sie, daß es Lisz ist, die da schweren Schrittes umherwandelt. Wie eine Schlafwandlerin hält sie die Arme ausgestreckt und jammert: „Nein, das kann nicht sein! Das ist doch nicht möglich ..."

'Ist die übergeschnappt?' denkt Kathrin und läuft die Treppe hinunter.

Lisz scheint sie überhaupt nicht zu bemerken. Auf jeden Fall bekommt sie einen ganz schönen Schreck, als Kathrin sie antippt. Die Haushälterin von Eastwood Manor hatte nicht damit gerechnet, daß jemand kommen würde. Sie jammert: „Sieh, Kathrin, sieh, die Bilder ... sie sind ... nein, ich kann's nicht glauben ..."

Als Kathrin näher hinschaut, sieht auch sie, was Lisz so beunruhigt hat: Sämtliche Ahnen in der Galerie sind aus den

Rahmen verschwunden. Auf der Leinwand sind nur noch verlaufene Farbflecken zu sehen. Einige Rahmen sind an den unteren rechten Ecken auseinandergebrochen, und man sieht noch, wie die Farbe an den Wänden herunterläuft. 'Das ist wirklich sehr merkwürdig', denkt Kathrin, 'aber doch kein Grund, so ein Theater zu machen.'

„Es wird ein Unglück geschehen! Es wird ein Unglück ...", schreit Lisz mittlerweile hysterisch.

Kathrin hat Mühe, die Alte zu beruhigen. Aber ein Gefühl sagt ihr, daß Lisz etwas weiß!

Plötzlich hört Kathrin Stimmengewirr. Es kommt ganz deutlich von oben, vom Turmzimmer. Sie läuft schnell die Treppen hinauf, um nachzusehen, wer dort ist.

Als sie die Tür zu der kleinen Kammer im Turm aufreißt, traut sie ihren Augen nicht: Da sitzen alle Ahnen beisammen und haben aufgeregt die Köpfe zusammengesteckt. 'Darum sind also alle Rahmen leer! Die Geister halten wohl eine geheime Sitzung ab. Aber was hat das zu bedeuten?!'

Als hätten die Geister der Ahnen ihre Gedanken gelesen, kehren sie alle gleichzeitig Kathrin ihre Gesichter zu und erzählen ihr, daß etwas Schreckliches geschehen sei. Jemand habe die geheimen Pläne von Eastwood Manor gestohlen.

Kathrin ist ziemlich erstaunt darüber, daß solche Pläne existieren. Die Geister sagen ihr, daß es sich um Aufzeichnungen handle, die das geheime Versteck der Manor-Diamanten verraten. Auch darüber ist Kathrin überrascht, daß es offensichtlich irgendwo einen Schatz gibt.

Die Geister der Ahnen bitten Kathrin um Hilfe. Der Plan müsse unbedingt gefunden werden, denn das Orakel sage, daß Eastwood Manor zerstört werde, wenn die Pläne in falsche Hände gerieten.

Kathrin schlägt vor, Jonathan zu rufen, der könne sie durch

das Tor der Vergangenheit führen, und so könne man sehen, wer die Pläne gestohlen hat.

Die Geister sagen aber, daß das nicht gehe, denn die Tat sei frisch und noch nicht in der Vergangenheit zur Wahrnehmung registriert. Daher könne nur die magische Tafel helfen. Nur sie verrate, wer der Dieb sei.

Kathrin ist sichtlich durcheinander. Geheime Pläne, Diamanten, magische Tafel – von alldem hat sie nichts gewußt.

Die Geister sagen, Kathrin müsse sich beeilen, man dürfe keine Zeit mehr verlieren.

Aufgeregt rennt Kathrin zu Jonathan in den Turm hinüber. Atemlos berichtet sie ihm, was geschehen ist und daß sie unbedingt die magische Tafel finden müssen. Egal, wie!

Fast gleichzeitig fällt Lisz in eine tiefe Ohnmacht.

Jonathan weiß sich auch keinen anderen Rat, als zuerst einmal mit Kathrin durch das Tor der Vergangenheit zu schauen. Aber was sehen sie da: Lisz beobachtet heimlich den Onkel von Kathrins Mutter, wie er in der Ahnengalerie einen Umschlag hinter dem Gemälde seines Urgroßvaters versteckt. Kurze Zeit später stirbt er, und Lisz reibt sich schon siegessicher die Hände. Mehr sehen sie nicht.

„Lisz also war es", sagt Kathrin.

„Das wissen wir noch nicht genau", entgegnet Jonathan.

Auf jeden Fall müssen die beiden die magische Tafel finden, denn die enthüllt, wer der Dieb war. Aber wie sollen sie diese Tafel finden?

Jonathan hat dann die Idee, daß Kathrin ihr Amulett als Pendel benutzen soll, die magische Tafel aufzuspüren.

Das funktioniert tatsächlich, und schon nach kurzer Zeit finden sie die magische Tafel tief unten in den Gewölben von Eastwood Manor. Rasch, aber vorsichtig bringen sie die Tafel nach oben in den Turm.

Die Geister der Ahnen atmen erleichtert auf. Jetzt müssen sie nur noch das Orakel der magischen Tafel befragen, um dem Dieb auf die Spur zu kommen.

Alle, außer Herold, setzen sich um die Tafel herum und warten gespannt. Dann plötzlich leuchten in scharlachrotem Licht die Buchstaben auf:

GINGER.

„Was?" schreit Kathrin lachend auf. „Das kann doch nicht sein! Ginger soll die Pläne gestohlen haben?"

Alle sehen einander erstaunt an, und dann brechen sie in schallendes Lachen aus.

Kurze Zeit später zeigt Jonathan dann Kathrin, was geschehen war: Ginger, die zottelige weiß-graue Bobtail-Hündin, tobte im Haus herum und wollte eine Fliege fangen, die auf einem der Ahnenbilder saß. Ginger sprang hoch, und dabei fiel der Plan herunter. Die Gute nahm ihn in die Schnauze und verscharrte ihn, wie sie es mit Knochen tat, draußen im Park.

Graf Feuerstein

Fridolin Feurich stand da wie angewurzelt. Gespannt blickte er mit weit aufgerissenen Augen auf den feuerspeienden Vulkan, dessen glühende Lavamassen wie eine Riesenquelle den Berg umschlangen.

Genau sieben Tage und sieben Stunden war er gewandert, um diesen furchterregenden Ort zu erreichen. Und genau sieben Minuten blieben ihm vom ersten Donnerschlag an, seine grausige Aufgabe zu erfüllen.

Er zitterte vor Angst bei dem Gedanken, daß er bald in den Schlund des tobenden Kraters kriechen mußte, der nur so wimmelte von lavaspeienden Drachen und wütenden schwarzen Riesenschlangen, die schon gierig nach einem Stück Menschenfleisch lechzten.

Er mußte sich gehörig vorsehen, denn die geringste Verletzung würde ihn selbst zum Ungeheuer werden lassen.

Fridolins Herz klopfte wild und laut. Am liebsten hätte er sich irgendwo verkrochen, doch es gab kein Zurück. Seine Aufgabe war ihm bestimmt. Er mußte das Reich des Grafen Feuerstein bezwingen und die Menschheit von dieser Bestie befreien.

Die einzige Waffe, die er bei sich trug, war ein Spazierstock, dessen untere Spitze einen Giftpfeil verbarg – und mit diesem Pfeil mußte er den Grafen töten. Nur so konnte das ewige Feuer im Berg zur Ruhe kommen.

Doch wie sollte Fridolin den Grafen finden? Dieser hatte nämlich einen Zauberring, mit dem er sich verwandeln oder gar unsichtbar machen konnte. Er mußte ihm den Ring irgendwie abnehmen. Konnte er das überhaupt schaffen, ihm blieben doch nur sieben Minuten?!

Fridolin Feurich stand immer noch da und wartete auf den

ersten Donnerschlag. Mit seiner linken Hand hielt er den Stock, so wie es ihm der fliegende Kobold befohlen hatte, als der ihn vor sieben Tagen aus dem Schlaf gerissen und auf diesen seltsamen Weg gebracht hatte. Dabei sang er dieses Lied:

> Wandre sieben Tage und sieben Stunden,
> bis du dem Lavaberg ganz nah.
> Wenn du Graf Feuerstein gefunden,
> vernichte ihn – mit Haut und Haar!!
>
> Doch denk daran, die Zeit ist knapp,
> den Grafen zu bezwingen.
> In sieben Minuten – vom ersten Donnerschlag –
> hast du dein' Aufgab' zu vollbringen!
>
> Das Böse wird dann von uns weichen
> und friedlich sein die ganze Welt.
> Und du, mein Sohn, wirst dann erreichen
> das Land der Sonne – als ein Held!

Die Wolken zogen sich langsam drohend über Fridolin zusammen. Die ersten Regentropfen fielen.

Da – ein gewaltiger Blitz schoß am Himmel entlang, und dann brach dumpf und unheimlich der erste Donnerschlag über dem Jungen ein. Jetzt war seine Stunde gekommen.

Zögernd setzte sich Fridolin in Bewegung. Sein Herz klopfte immer schneller, je näher er dem Schlund des Kraters kam.

Er war jetzt so nah, daß er ein wenig den Kopf hinunterrekken konnte. Dann wagte er einen Blick in die rauchende Tiefe.

Der Atem blieb ihm stehen, und die Angst trieb Schweißperlen auf seine Stirn beim Anblick der Ungeheuer, die schon gierig die Mäuler nach ihm aufrissen.

Noch einmal wollte er fliehen, doch sogleich klang das Lied des Kobolds laut in seinem Ohr: „... den Grafen *bezwingen – beZWINGEN – BEZWINGEN* ..."

Fridolin wurde schlecht, ihm drehte sich alles ... *bezwINGEN – BEZWINGEN – ein HELD* ... Er taumelte, wollte sich mit den Händen an den glühenden Felsen krallen. Der Stock fiel in die Tiefe. Seine Hände waren zu schwach. Zu spät. Kein Held. Fridolin schrie laut und stürzte in den Krater.

Die Ungeheuer lechzten nach ihm, und das widerliche Lachen des Grafen schallte ihm entgegen. „Komm, Fridolin, komm, mein Held, bezwinge mich", rief er ihm entgegen und lachte immer weiter.

Dann war plötzlich alles still.

Sonnenstrahlen kitzelten Fridolins Nase, als er schweißgebadet aufwachte. – Es war alles nur ein böser Traum gewesen!

'Schade', dachte Fridolin, 'ich wäre gern ein Held geworden.'

Pupilla und das Bad

Man kann ja einiges im Leben verkraften. Zähne putzen, Fußnägel schneiden, Leberwurststullen runterwürgen, vollgekackte Babys schaukeln: aber Baden, in nassem Wasser, geht echt zu weit.

Ich weiß wirklich nicht, was Muttern sich dabei denkt. Jeden Tag Punkt sechs Uhr schreit sie: „Pupillaaaa – es ist soweit!"
„Es ist soweit" bedeutet: baden, essen, schlafen. Also ehrlich, das stinkt mir gewaltig. Als ich noch Baby war, konnte ich das ewige Geplänkel im Wasser schon nicht leiden. War man gerade mal gemütlich eingeduselt, wurde man wieder aus der Wiege gerissen, nur weil es „Zeit war". „Die Kleine muß gebadet werden." Oh, ich habe schon als Säugling gelitten. Pech, daß man sich da noch nicht wehren kann. Man wird ja echt überrumpelt, wenn man noch so 'n Miniwürstchen ist. Tja, was konnte ich tun? Nur lauthals schreien. Mami hat das aber immer falsch verstanden. Sie dachte, es gefällt mir so gut in der schäbigen Plastikwanne, und ließ mich doppelt lange schmoren. Das ging mir ganz schön auf die Pumpe. Aber wie gesagt, als Winzling ist man ja wie im Knast. Man kann mit keinem Aas quatschen, nur mit Händen und Füßen rumfuchteln, und trotzdem kapieren die nichts.

Also, was hilft es schon. Die Mütter meinen es natürlich gut mit den süßen Kleinen, aber man hätte uns doch wenigstens auch mal fragen können, oder?!!

Na ja, heute will ich mal ein Auge zudrücken. Seit meine Eltern mir ein Brüderchen geschenkt haben, sehe ich ja selbst, wie schwer es ist, es so 'nem Würstchen recht zu machen. Und mein Bruder ist kein dummer Junge, er stellt sich halt nur noch 'n bißchen blöd an. Wenn ich ihn was frage, grinst er mich nur an, aber meint ihr, der gibt 'ne Antwort? Das kann einen wirklich ganz schön nerven. Aber der Arme mußte das ja auch mitmachen, also, ich meine die neun Monate Bauchknast. Ich bin manchmal richtig seekrank geworden dadrin, aber echt. Wenn ich mir das so überlege, ist das ja schon ein dickes Ei, was der liebe Gott sich da mit uns ausgedacht hat. Die Welt ist doch verdammt groß genug, und da kapiere ich nicht, warum unsere Mütter uns nicht woanders ausbrüten können als in ihrem Bauch.

Es wäre ja auch alles halb so schlimm, wenn man nicht die ganze Zeit im Wasser schwimmen müßte. Also, ich möcht' nicht wissen, wieviel Liter ich als Embito – oder wie das Ding heißt – von der Brühe geschluckt habe. Und mal ehrlich, man ist doch schon aufgeweicht, wenn man nur eine halbe Stunde in der Wanne bleiben muß. Kein Wunder, daß die Babys so verschrumpelt auf die Welt kommen ...

Gespräch mit dem lieben Gott

Schokolade, Kekse, Nüsse
wünsch' ich mir, Herr Jesu Christ.
Hast du das auch so gern gegessen,
als du Kind gewesen bist?

Gummibärchen und McDonalds,
gab's die vor Millionen Jahren,
und bist du auch als kleines Kind
mit 'nem Skateboard mal gefahren?

In echt kann mir das keiner sagen,
wie das früher bei dir war.
Die Großen kann man ja nicht fragen,
die wissen's nicht, das ist doch klar.
Die reden nur mit dir beim Beten,
meist mit 'nem traurigen Gesicht,
doch ich würd' wirklich gern mal wissen,
wie du als Kind gewesen bist.

'ne Glotze, kann ich mir wohl denken,
haste sicher nicht gekannt.
Mann, wenn ich so hätt' leben müssen,
wär' ich sicher durchgebrannt.

'ne Eisenbahn und Playmobil,
gab's denn das zu deiner Zeit?
Und was ich noch gern wissen möchte:
Was ist denn das, die EWIGKEIT?

In echt kann mir das keiner sagen,
wie das früher bei dir war.
Die Großen kann man ja nicht fragen,
die wissen's nicht, das ist doch klar.
Hey, Master of the univers,
komm doch mal bei mir vorbei,
dann kannste mir von dir erzählen,
wir ham bestimmt viel Spaß dabei.

Kindergebet 1

Schokolade, Kekse, Nüsse,
Weingummi und Negerküsse
wünsch' ich mir, Herr Jesu Christ.
Und wenn du nicht gestorben bist,
leg alles auf die Fensterbank.
Im voraus jetzt schon vielen Dank,
auch in meiner Schwester Namen.
Amen.

Kindergebet 2

Lieber Gott,
auch heute wolln wir nicht vergessen,
unsern Teller leer zu essen,
den du uns serviert hast
in Gottes Namen.
Amen.

Kindergebet 3

Lieber Gott,
ich danke dir
für jeden Tag, den du mir schenkst,
und dafür,
daß du bei mir bist,
mir hilfst, mich leitest
und mich lenkst.

Lied vom Fliegen

Ein Junge hatte einen Traum:
Er saß ganz hoch auf einem Baum
und wollte gerne fliegen.

Traurig dachte er bei sich:
Flügel hab' ich leider nicht,
ich möcht' so gern mal Vogel sein.

Refrain:
Vögel fliegen hoch am Wind,
auch dann, wenn sie noch Kinder sind,
die machen, was sie mögen.
Könn' die Welt von oben sehn,
müssen niemals in die Schule gehn,
die ham ein feines Leben.

Mann, wie fang' ich das bloß an,
daß ich mal richtig fliegen kann,
da muß ich überlegen.

Mensch, ich hab's, ich baue mir
schöne Flügel aus Papier,
dann werd' ich es probieren.

Er stieg ganz schnell von seinem Baum
und begann die Flügel zu baun
aus großen bunten Blättern.

Und wie er sich erheben will,
tönt eine Stimme laut und schrill:
Aufstehn, waschen, anziehn!

Vögel fliegen hoch am Wind,
auch dann, wenn sie noch Kinder sind,
die machen, was sie mögen.

Träumen nie, sie wärn ein Kind,
dessen Flügel Blätter sind
aus buntem Malpapier.

Unser Kätzchen

Wir ham ein kleines Kätzchen
mit einem schwarzen Fell
und süßen weißen Tätzchen,
die sind unglaublich schnell.

Wenn es Mäuse fangen will
und auch fette Fliegen,
liegt es auf dem Bauch ganz still,
als denkt's: Euch werd' ich kriegen.

Dann, langsam, schleicht es sich heran,
um sie zu erschlagen,
die arme Fliege ist jetzt dran,
wenn wir sie nicht verjagen.

Wir ham ein kleines Kätzchen
mit einem schwarzen Fell,
das ist total verfressen
und macht nur, was es will.

Hat es genug herumgetollt,
legt es sich zur Ruh',
auf dem Sofa eingerollt,
schläft es dann im Nu.

Kaum ist es wieder aufgewacht,
streckt es seine Glieder.
Ich werd' mal sehn, was es jetzt macht,
dann komme ich gleich wieder.

Glotze

Hey Mama, hey Mama,
mach die Glotze an,
heute gibt's He Man im Fernsehn
und auch Supermann.

Hey Mama, hey Mama,
ich will heut nicht raus,
Fußball geht mir jetzt nicht ab,
da mach' ich mir nichts draus.

Hey Mama, hey Mama,
um sieben kommt der Kid
mit seinem supergeilen Auto,
guck doch einfach mit.

Hey Mama, hey Mama,
zieh die Schürze aus,
setz dich zu mir vor die Glotze,
dein Kind bleibt heut zu Haus.

Hey Mama, hey Mama,
schau mich nicht so an,
sag jetzt nicht, das Ding bleibt aus,
dann biste aber dran.

Hey Mama, hey Mama,
bitte sei doch nett,
wenn es dann zu Ende ist,
geh' ich auch ins Bett.

Hey Mama, hey Mama,
ich hätt' da 'ne Idee:
Geh doch mal mit Papa aus,
solang ich Glotze seh'.

Poesie-Album

Für meine Tochter
(die nie weiß, was sie in so ein Album schreiben soll)

Heute saß ich ganz schön dumm
vor deinem Poesie-Album.
Lange fiel mir echt nix ein,
nicht mal ein kleiner, süßer Reim.
Dann wollt' ich meine Eltern fragen,
und ich hörte sie schon sagen:
Von großen Menschen ein Gedicht
versteht ihr Kinder doch noch nicht.
Drum mal ich dir von dieser Welt,
wie ich sie seh', ein kleines Bild.
Sonne soll in deinem Herzen wohnen,
alles Liebe, Avi Dohmen!

Volker Engelhardt

Der Spielmann und die Lilofee
Altdeutsch

Vor vielen langen Jahren zog ein Jüngling durch die Lande. Das war ein Geigenspieler. Er hatte sich selbst eine Fiedel aus dem Holz einer Erle gebaut, und so ergreifend, so berückend spielte er, daß die Vögel in den Bäumen zu singen aufhörten; ja, der Wind schlief ein, und wer von den Menschen ihm lauschte, der deckte jedesmal mit den Händen sein Herz, damit es nicht vor Freude oder Wehmut zerspränge.

Der meisterliche Geiger war aber sehr schweigsam und lächelte zuweilen nur leise, wenn die Leute, alt wie jung, ihm unter der Dorflinde, auf dem Marktplatz der Stadt oder wo er sonst spielen mochte, ihren Beifall zuriefen. Niemand wußte auch, wie er hieß und woher er gekommen war, und wenn man ihn darüber befragte, gab er keine Antwort, sondern zeigte immerfort sein halbtrauriges, unergründliches Lächeln. Sein Gesicht war bleich wie das milde Mondlicht und sein Haar so goldblond wie reife Weizenähren. Seine hellen Augen schienen träumend in ein fernes Land zu schauen, das nur er und sonst niemand sah.

Es ging aber, wo er auch hinkam, ein Mädchen mit ihm. Dessen Haar war weiß und zart wie Seide und wurde von einem Geflecht aus bunten Bändern zusammengehalten. Es trug ein blaßgrünes Kleid, und jedesmal, wenn der Fiedler vor dem Volk fertiggespielt hatte, lief es mit einem Tellerchen herum – und wer nur irgendwie konnte, warf einen Heller oder gar einen Taler darauf.

Der Spielmann hatte dem Mädchen einen schönen Namen gegeben. Er nannte sie seine Lilofee.

Das war so gekommen:

Einmal, in einer lauen Sommernacht, wanderte er durch ein weites, stilles Tal. Da fühlte er sich unsagbar einsam. Er kam sich vor wie von Gott und aller Welt verlassen; unruhig pochte sein Herz; es tat ihm weh vor Leid. Tagsüber hatte er so viele Menschen mit dem Geigenspiel erfreut, des Nachts aber war er nun allein, und keiner kümmerte sich um ihn.

In jenem Tal stand eine unzählige Menge weißer Lilien. Die sahen mit ihren Blütenkelchen wahrlich ganz bezaubernd aus, doch der trübsinnige Fiedler bemerkte diese reiche Anmut der Natur fast gar nicht. Er fühlte sich auch vom Gehen müde, legte sich in dem Blumenmeer auf seinen alten Mantel und schlummerte bald ein.

Nicht lange dauerte es, so wurden alle die herrlichen Lilien zu lieblichen Mädchen; die faßten sich bei den Händen und fingen an, um ihn herum zu tanzen und zu singen.

Da vernahm er in dem Gesang die Worte:

> Holder Jüngling, so alleine,
> Wach doch auf und wähl dir eine,
> Die am besten dir gefällt –
> Bist dann nicht einsam auf der Welt.

Und so streckte er auch wirklich einer, die ihm am hübschesten und lustigsten schien, die Arme entgegen, zog sie zu sich und drückte sie an seine Brust.

Als er sie fragte, ob sie denn für immer bei ihm bleiben wolle, sagte sie: „Ja, bis an dein Lebensende!"

Das brachte dem Spielmann die Erlösung von seinem Seelenschmerz, und seitdem haben sich die beiden innig geliebt und nie verlassen.

So gingen die Jahre dahin. Der Spielmann wurde allmählich alt. Sein Haar war grau wie Spinnweb geworden; um den Mund trug er tiefe Falten. Schon lange konnte er nicht mehr so vortrefflich spielen wie früher, denn seine Finger zitterten, wenn er sie auf die Saiten drückte, und auch sein Geigenstrich wurde kraftlos. Die Leute fragten nicht mehr nach ihm. Sie strömten kaum noch in den Scharen zusammen wie vordem, so daß Lilofee nur allzuoft das Tellerchen umsonst herumreichte. Die beiden litten manchmal schlimme Not. Während aber der Spielmann zunehmend schwächer und älter wurde, blieb das Mädchen jung und gesund. Und das war gut, weil es ja für ihn noch sorgen konnte, so schlecht und recht es eben ging.

Eines Abends, als die Sonne schon untergegangen war und der erste Stern am Himmel seine Goldwimpern bewegte, wandelten sie gemächlich Arm in Arm durch dasselbe blühende Tal, wo sich für den Spielmann das Wunder ereignet hatte, daß Lilofee seine Geliebte wurde. Er konnte nur noch mühevoll einen Fuß vor den anderen setzen, so hinfällig war er nun schon. Genauso wie damals mußte er sich vor Müdigkeit niederlegen.

Das Mädchen kniete neben ihm. Es merkte, daß es mit ihm in dieser Nacht zu Ende gehen würde, und achtete auf seinen schweren Atem. Bei dem letzten Hauch, den er tat, mußte es bitterlich weinen. Vor lauter Traurigkeit legte es sein Köpfchen auf den toten Leib des Geliebten.

Da verwandelten sich auf einmal wieder alle Lilien in Lilienmädchen, tanzten im Reigen und sangen:

> Traure nicht und komm zurück!
> Warst ihm lange ja sein Glück,
> Nicht bedarf er deiner mehr –
> Reich uns deine Hände her!
> Komm, o komme doch zurück:
> Warst ihm lange ja sein Glück.

Lilofee aber antwortete: „Nein, ich will nicht zu euch zurück ins Blumenreich. Ich bleibe bei ihm."

Darauf sagte die Lilienkönigin: „Und wenn du auch nicht zu uns zurück willst, so ist dein Versprechen nunmehr erfüllt, und du mußt doch wieder werden, was du vorher gewesen und was wir sind."

Die Blumenfeen stimmten von neuem eine wundersame Weise an:

> Spielmannsbraut, Spielmannsbraut,
> Die des Mondes Schnee betaut,
> Werde wieder wie vorzeit'
> Eine weiße Lilienmaid.

Kaum war das Lied verklungen, da spürte das Mädchen, wie ihm das Herz zerbrach – und war wieder eine Lilie geworden. –

Am anderen Morgen ging ein Mann über das Feld und sah den alten Fiedler dort hingestreckt liegen. Auf seiner Brust lag eine taunasse Lilie. Die mochte er nicht von ihm wegnehmen. Mit ihr zusammen wurde dann auch der einst so froh umjubelte Spielmann im nächsten Dorf begraben, und zwar an einer Mauer des Friedhofs, denn niemand mehr kannte ihn, und die Leute wollten nicht, daß der fremde Tote zwischen ihren eigenen Verstorbenen seine letzte Ruhe fand.

Da nun auch keine treue Menschenseele das Grab pflegte, wuchs im Laufe der Zeit wildes Moos darüber. Aber aus ihm hervor ragte jedes Jahr eine prächtig blühende Lilie, die ihr weißes Köpfchen über die vergessene Gruft und den Schläfer darin neigte, gleichsam als wolle sie ihm ständig geloben: Ich bin auf ewig die Deine!

Die Elfenkönigin

Schottisch, eine Variante zu „Thomas the Rhymer"

> Was huscht um die Bäume so lustiger Schein
> Und tönt so wie liebliche Silberglöcklein?
> Auf milchweißem Zelter, wer mag das wohl sein –
> Drüben im Wald?

Thomas Learmont von Erceldoune, genannt der Reimer, soll einst diesen Vers zu seiner Laute gesungen haben, als er an einem heiteren Maientag der Königin aus dem Land der Elfen begegnete. Eigentlich wollte Thomas nur einen Freund in den Bergen besuchen, doch je näher die zauberhafte Erscheinung auf ihn zukam, desto mehr vergaß er sein Vorhaben. Sie war eine sehr schöne Frau mit langem blondem Haar. Und dann, sobald er in ihr engelsreines Antlitz gesehen hatte, zog er den Hut und fiel ehrfürchtig auf die Knie.

„So laß nur weiter dein Lied erschallen!" redete sie ihn an. „Wahrlich, es stimmt gut zusammen mit den Glöckchen hier an der Mähne meines Schimmels, die uns den Frühling einläuten."

Da zupfte Thomas, überwältigt von dem großen Liebreiz der Elfin, die Saiten, reimte und sang ihr zur Antwort:

> Will vor dir knien dürfen, dir in die Augen schaun,
> Bewundernd mich verneigen, du göttlichste der Frau'n.
> Oh, und dein Haar, wie's leuchtet, wie Sternengold so hell!
> Dein Mündchen möcht' ich küssen, den purpurroten Quell.
> Bist du von dieser Erde, kein Trugbild oder Wahn?
> Wo kamst du her, du Holde, von welchem Ort, sag an?

„Ich bin Godiva, des Elfenkönigs Godwin Gemahlin aus dem Land, das jenseits des Schwarzen Moores liegt. Jetzt befinde ich mich auf dem Weg nach Hause. Bevor ich aber weiterreite, soll dein Verlangen auch mir Erfüllung geben, denn dir, deinem Gesang und deiner Werbung kann ich nicht widerstehen", sagte sie.

Als Thomas ihre Worte vernommen hatte, trat er ganz nahe heran, schwang sich zu ihr aufs Pferd, umarmte sie und küßte sanft ihre Lippen. Rasch gab sie ihm den Kuß zurück, innig, heftig jedoch, als ob der Wind wehe, wobei die Silberglöckchen leise klingelten. Wirklich, sie hatten sich auf den ersten Blick ineinander verliebt.

Thomas war dermaßen glücklich, daß es ihn drängte, wieder in Reimen zu sprechen. Und das ging so:

> Oh, selige Lust,
> Du wonniger Drang,
> Weit in der Brust,
> Wie froh und bang
> Bringt sie mein Herz zum Schwingen!

> Oh, du bist schön,
> So himmlisch zu schaun.
> In Tälern, auf Höh'n,
> In Wäldern und Au'n
> Will ich dich, Liebste, besingen!

Während die beiden nun in gemächlichem Gang daherritten, äußerte Godiva den Wunsch, daß Thomas doch für immer bei ihr bleiben möge. Sie werde ihn als Botschafter zwischen der Welt der Elfen und der Welt der Menschen am Hofe ihres Gatten einführen. Ihre Liebe freilich müsse König Godwin wie ein Siegel verborgen bleiben, sonst könnten ihnen böse Dinge zustoßen.

Diese Einladung schien Thomas gleichsam die eigenen Gedanken vorwegzunehmen, und er willigte freudig ein.

„Unser Ritt zum Elfenland wird für mich gefährlich sein",

sagte Godiva, „denn wir müssen am Abend das Schwarze Moor durchqueren, wo heimtückische Wassergeister ihr Wesen treiben, die den Elfen schaden und sie sogar umbringen können. Dir werden sie nur als tanzende Lichter erscheinen. Halte mich fest umschlungen, wenn du sie siehst, dann kann mir nichts geschehen."

„Ich werde dich beschützen, wo immer du auch bist", beteuerte ihr Thomas.

Bei Einbruch der Dunkelheit erreichten sie das Moor, auf dem rötlich-gelbe und blaue Flämmchen schwebten, plötzlich verloschen, doch ebenso schnell an anderen Stellen wieder aufflackerten. Godiva hörte es brodeln und zischen. Das größte der Irrlichter, der finstere Wassermann, tauchte aus der Tiefe. Sein struppiger Körper und die Krallen an seinen Händen, spitz wie Fischgräten, ließen sie zitternd zusammenschrecken. Dreimal rief er ihren Namen. Thomas spürte Godivas Angst; er umfaßte sie, so eng er nur konnte.

Aber auch des Wassermanns Töchter, die kleinen Irrwische, wollten Godiva zu sich locken. Sie versprachen ihr wundersame Geschenke, glitzernde Steine, bunte Schneckengehäuse, hauchzarte Schleier aus Spinngewebe und manches mehr. Solche Versuchungen konnten bei ihr aber nicht das geringste bewirken.

Standhaft setzte das Liebespaar seine Reise durch die unheimliche Nacht fort bis zum Morgen, und frohgemut erblickte es die Höhen in der Ferne, die vom Licht der aufgehenden Sonne übergossen waren. Das Grün der Gräser und Farnkräuter schimmerte perlend im Tau.

Bald darauf befanden sie sich vor einer jähen Felskluft, über die ein längswegs halbierter Baumstamm als Brücke führte. Nahe davon fielen die steilen Hügel in einen Talkessel ab. Da lag ein See, fast kreisrund, unbewegt und geheimnisvoll. Nur hier und dort ragte aus ihm eine kleine Insel hervor, auf der niedriges Buschwerk wuchs. Stille rundum ruhte über dieser Landschaft, die den erwachenden Tag begrüßte.

„Hier müssen wir hinüber. Es ist nicht schwierig, weil mein Roß den Weg kennt", erklärte Godiva selbstsicher. „Hinter dem See liegt das Schloß, wo König Godwin, mein Gemahl, wohnt und das Elfenreich regiert. Hast du denn gar keine Zweifel an dem so ganz veränderten Leben, das dich erwartet?"

„Ach, doch, ein wenig schon", gab Thomas zu, „aber um unserer Liebe willen bin ich getrost und voller Zuversicht."

Sie überschritten die schmale Brücke und gelangten wohlbehalten zum Elfenschloß. Blendend weiß – es war unterdessen heller Mittag geworden –, zeigte es sich in seiner ganzen Pracht.

König Godwin stand auf der Freitreppe. „Wen bringst du da mit dir?" fragte er Godiva.

„Einen Boten aus dem Menschenland, einen Mittelsmann, der uns nützlich sein wird, die Quellgeister vom Moor zu vertreiben", erwiderte sie.

„Sei willkommen, Botschafter der Menschen, und tritt herein in meine Residenz", sprach König Godwin. Dabei deutete er dem von diesem freundlichen Empfang doch etwas überraschten Gast mit einer Handbewegung an, daß er ihm die Räumlichkeiten des Schlosses zeigen wolle.

Gemeinsam durchschritten sie nun die Gemächer und Säle. Welch eine Wunderwelt trat da Thomas entgegen! Kristallene Kronleuchter hingen von den prunkvoll bemalten Decken herab; die Wände waren mit poliertem Marmor getäfelt; leichte, durchsichtige Vorhänge wallten zu beiden Seiten der großen Fenster; kostbare Teppiche lagen aus; den Thronsaal schmückten ringsum hohe Pfeiler, überall besetzt mit glänzenden winzigen Spiegeln.

Zuweilen schwebten Elfen herbei, junge Mädchen, die von ihren luftigen Florgewändern umfächelt wurden. Beim Anblick des Fremden machten sie öfters halt, richteten ihre fragenden Augen eine Zeitlang auf ihn und flogen alsbald wieder scheu von dannen.

Thomas fühlte sich unmittelbar an Träume aus früher Kindheit erinnert. Vor lauter Staunen konnte er nur wenige Worte zu seinen Begleitern sagen. –

Allmählich aber gewöhnte er sich an die neue Umgebung. Auch seine Rolle bei Hofe blieb zunächst unverdächtig, weil Godiva ihr geheimes Verhältnis zu ihm vor König Godwin geschickt zu tarnen wußte. Sie mußten sich ja sehr in acht nehmen. Godwin verfügte nämlich über dunkle Zauberkräfte.

Eines Abends geschah jedoch das Mißgeschick: Sie saßen versteckt in der lauschigsten Ecke des Gartens auf einer Bank, küßten und herzten einander, als plötzlich die Büsche vor ihnen in Bewegung gerieten. Hervor trat wütend der König.

„Ha, ahnte ich's doch! Ihr seid ertappt! Das sollt ihr mir tausendmal büßen!" schrie der Betrogene sie an. Sofort hob er beschwörend die Arme; seine Hände zitterten. Er sprach folgenden Bannspruch über sie aus: „Alter und Häßlichkeit befalle euch auf sieben Tage, und genauso lang werdet ihr zum Schweigen verurteilt, damit eure Liebe vergeht! Merke auf, Thomas Learmont, du Falscher, du Heuchler! Danach wirst du auf der Stelle fortgeschickt ins Menschenland, wo du hingehörst!"

Kaum waren die Unglücksworte verklungen, so sprang Godwin zurück hinter das dichte Laub der Sträucher. Zugleich fühlten Godiva und Thomas, daß eine teuflische Verwandlung mit ihnen vor sich gegangen war. Godiva sah jetzt aus wie eine uralte, abgelebte Frau, und Thomas hatte die Gestalt eines hochbejahrten, gebrechlichen Greises angenommen. Sie wollten miteinander reden, konnten aber keinen einzigen Laut von sich geben. Vom Schloß her hörten sie Godwins hämisches Lachen. –

Sieben Tage und Nächte – o weh, was für eine qualvolle Zeit sind sie denen, die stumm sein müssen! Und wie schrecklich kann man sie sich vorstellen, wenn Verliebte einen Widerwillen voreinander bekommen, weil ihnen die Jugend verlorenging!

Jede Woche geht freilich einmal zu Ende, und keiner freute sich mehr darüber als das somit vom Zauberbann wieder befreite Paar.

Da rief König Godwin drei dienstbare Elfenmädchen zu sich. Er fragte sie: „Wie rasch könnt ihr Thomas Learmont, den ich entlassen habe und nicht mehr sehen möchte, zum Menschenland bringen?"

„So flink, wie der Falke fliegt!" sagte das erste.

„So geschwind, wie der Nordsturm bläst!" entgegnete das zweite.

„So schnell, wie deine Gedanken sind, Herr!" erbot sich das dritte.

„Dies ist am besten. Du sollst es tun", entschied Godwin.

Allerdings hatte inzwischen Godiva, obwohl sie von Thomas getrennt bleiben mußte, noch eine wichtige Nachricht an ihn übermitteln lassen. Die besagte, daß er ein Erkennungszeichen von ihr erhalte, falls sich die Umstände am Hof irgendwie geändert hätten, das heißt, wenn sie für ihn frei sein würde. –

Kurz darauf sah sich Thomas an der gleichen Stelle stehen, wo er Godiva zum erstenmal getroffen hatte. Sogar seinen Hut hielt er grüßend in der Hand, und die Laute hing ihm um die Schulter. Vorbei, zerronnen, so glaubte er, war dieses Tagträumen, doch unauslöschlich, unvergeßlich dem Innern und der Seele eingegraben. Weshalb war er eigentlich hierher gekommen? Ja, richtig, seinen Freund, den Bergbauern Winnock, hatte er besuchen wollen. Dafür war es jetzt wohl zu spät geworden. So ging er denn zurück ins Dorf.

Als er in Erceldoune eintraf, fielen ihm gleich einige Gebäude auf, die dort vorher nicht gestanden hatten. Zudem schien die Hauptstraße ein Stück länger zu sein, und seltsamerweise war sie neu gepflastert.

In der Nähe seines Hauses begegnete ihm Mrs. Stevens, die Nachbarin. Fast hätte er sie nicht wiedererkannt, so mollig und behäbig kam sie ihm vor.

„Mein Gott, ist's möglich?" rief sie aus, „das müssen mindestens sieben bis acht Jahre her sein, seit du aus Erceldoune fortgingst. Warst du in fremden Ländern? Na, du wirst schon davon erzählen. Gut siehst du aus, genauso wie damals. Die Zeit ist offenbar spurlos an dir vorübergegangen."

Thomas fiel es wie Schuppen von den Augen: Die sieben Tage des Schweigebanns durch den Elfenkönig hatten in Wirklichkeit als Jahre gezählt! Anders konnte er sich diese sprunghafte Wandlung um ihn herum nicht erklären. Im Laufe der nunmehr wieder normalen Erdenzeit mußte er sich damit abfinden, ob er's mochte oder nicht. –

Und noch etwas hatte der Aufenthalt im Elfenreich bewirkt. Es waren die prophetischen Gaben, welche Thomas überhaupt erst berühmt machten. Eine seiner bekanntesten Voraussagen betraf den Tod Alexanders III. von Schottland. Darüber ist ein Reim von ihm überliefert. Er lautet:

> Es reitet ein Herrscher auf steinigen Wegen,
> Am Rande der Klippe, in strömendem Regen;
> Stürzt ab, zur tiefen Schlucht hinein. –
> Das wird der Schotten Unheil sein!

Mit letzterem sind ebenso auch die bald nach diesem Ereignis einsetzenden Grenzkriege gegen die Engländer gemeint.

An einem Sonntagnachmittag saß Thomas mit mehreren anderen Gästen in der Dorfschänke, wo es sehr lustig herging, da der Wirt seinen Geburtstag feierte und schon ein paar Runden Ale spendiert hatte. Man darf wohl im allgemeinen nicht annehmen, daß die Schotten geizig sind, sondern gerade bei festlichen Anlässen oft recht freigebig auftreten. Ein rüstiges Volk sind sie eben, das die Arbeit nicht scheut, aber wenn's gilt, freuen sie sich mit der gleichen, ungeschwächten Kraft auch ihres Lebens.

Diese Fröhlichkeit wurde nun unversehens durch drei Männer unterbrochen, die in die Wirtsstube traten. Ganz aufgeregt berichteten sie, eine weiße Hirschkuh sei droben im Wald erschienen. Sie laufe dort immerzu hin und her.

Da erkannte Thomas, daß dies die versprochene Ankündigung Godivas war.

Alle Leute gingen hinaus vor den Eingang, um das merkwürdige Wesen zu beobachten. Thomas aber zögerte keinen Augenblick; er stieg hastig den Berg hinauf. Verwundert sahen die Menschen aus Erceldoune, wie das weiße Tier ihm entgegenrannte, wie er sich auf seinen Rücken setzte und in leichtem Trab jenseits des Waldes verschwand. Es war natürlich Godivas Glöckchenschimmel gewesen, der Thomas wiehernd zum Ritt nach Elfenland aufgefordert hatte. –

Zu fragen bliebe schließlich noch, warum Godiva ihren Geliebten auf solche Weise benachrichtigte. Hierfür gab es zwei bedeutende Gründe: einmal den, daß König Godwin im Schwarzen Moor durch die Wassergeister zu Tode gekommen war; zum anderen hatte sich Godiva eben deswegen auch nicht in Gefahr setzen wollen, wenn sie selbst hergeritten wäre.

Jedenfalls fehlte dem Glück der beiden nun nichts mehr, und wahrscheinlich leben sie noch heute, denn wir wissen ja, daß die Zeit bei den Elfen viel langsamer vergeht als bei uns.

Annette und Annabelle
Provenzalisch

Unser Märchen trug sich vor langer Zeit im sonnigen Süden Frankreichs zu, dort wo die sogenannten Seealpen bis zur Küste reichen. Das ist die Gegend um Nizza und das Fürstentum Monaco.

Hier lebte in einem Dorf ein liebes Mädchen mit Namen Annette, dessen Eltern früh verstorben waren, so daß es zu seinem Großvater kam. Der besaß eine Gärtnerei, in der Rosen, Jasmin, Lavendel und viele andere schöne Blumen wuchsen. Seit seine Enkelin bei ihm wohnte, hatte sie die Aufgabe übernommen, die Blumen auf den Wochenmarkt in Nizza zu bringen und da zu verkaufen. Der Erlös stand nicht immer zum besten, aber bei ihren bescheidenen Ansprüchen konnten die zwei doch einigermaßen damit zurechtkommen.

Eines Tages erschien ein stattlich gekleideter junger Mann bei Annette am Blumentisch. Er blieb eine Zeitlang stehen, betrachtete jedoch weniger die sorgfältig ausgestellten Gebinde und Bukette, sondern immer nur sie. Schließlich wollte er wissen, was die Blumen kosteten.

„Insgesamt?" fragte Annette.

„Ja, alle."

Sie nannte den Preis.

„Gut, ich schicke jemanden, der sie abholt."

Als der vornehme Jüngling gegangen war, kam bald darauf sein Diener, zahlte und nahm die Blumen mit. Dabei sagte er, für die nächste Woche habe sein Herr, der Prinz, bereits dieselbe Menge bestellt; sie solle sich also darauf einrichten.

Zu Hause erzählte Annette sogleich dem Großvater, welch günstiges Geschäft sie in der Stadt gemacht hatte und wie es zustande gekommen war. Er aber fand das gar nicht so erfreulich. „Sieh dich nur vor!" warnte er. „Die Art und Weise dieses Handels ist doch recht eigenartig. Du darfst bei solchen noblen Herren, auch wenn sie gute Kunden sind, nicht zu vertrauensselig sein."

Annette lächelte ein wenig. Sie hielt das Ganze für harmlos, was sich dann auch in den folgenden Wochen zu bestätigen schien, da der Prinz sich ja nicht einmal selber auf dem Markt zeigte. Ständig hatte sie allein mit dem Diener zu tun, der bezahlte, die Blumen in Empfang nahm und wieder einen Auftrag erteilte fürs nächste Mal.

Aber so blieb es nicht. Ein halbes Jahr mochte vergangen sein, da sagte der Diener, er werde fortan keine Zeit mehr haben, um am Markttag zu kommen, weil er im Schloß andere Arbeiten tun müsse. Deshalb solle sie die Blumen künftig dem Prinzen selbst bringen.

So begab sich nun Annette zu dem Schloß, das in einiger Entfernung von Nizza auf der Höhe eines steil ansteigenden Hügels lag. Die Fenster glänzten im Sonnenlicht; von den Türmen wehten bunte Fahnen.

Oben angelangt, erwartete sie der Prinz schon vor dem Tor und hieß sie mit herzlichen Worten willkommen. Die Blumen wurden von dem Diener, den sie kannte, entgegengenommen.

Alsdann führte sie der Schloßherr in den großen Rittersaal. So etwas hatte Annette noch nie gesehen, denn er war ringsum mit wunderschönen Säulen und Wandteppichen ausgestattet. An der Decke strahlten, in Mosaike eingefaßt, die herrlichsten Edelsteine.

„Schau", sagte der Prinz, „dies alles soll dir gehören. Ich möchte dich zur Frau nehmen. Wenn du einwilligst, kann die Hochzeit schon in wenigen Tagen stattfinden."

Annette zuckte überrascht zusammen. „Oh", antwortete sie,

„ich fühle, daß Ihr mich liebt, und auch ich bin Eurem Herzen nahe, aber meinen alten Großvater, der Beistand braucht, darf ich nicht verlassen."

„Für ihn werde ich sorgen. Er bekommt genug Geld, damit er sich helfen kann", versprach ihr der Prinz.

Da schloß sie ihn froh in die Arme, küßte ihn und gab ihm ihr Jawort. –

Die Ehe von Annette und Louis Charles, so hieß der Prinz, war in der ersten Zeit überaus glücklich, zumal ihnen bald ein Sohn geboren wurde, den sie sehr lieb hatten. Es währte dann zwei Jahre, da bekamen sie auch ein Mädchen.

Mehr und mehr jedoch machte sich bei Louis Charles eine Neigung bemerkbar, die man als Hochmut zu bezeichnen pflegt. Er war nämlich außerordentlich stolz auf seinen Adel. Kaum ließ er auch eine Gelegenheit aus, seinen höheren Rang gegenüber Annette hervorzukehren. Darüber kam es oft zum Streit, wobei Louis Charles einmal sagte: „Ich, ein Wohlgeborener aus edlem Geblüt, soll zulassen, daß meine Nachkommen von einer Blumenverkäuferin erzogen werden? Nein, nimmermehr!"

Er nahm die beiden Kinder und brachte sie zu einem befreundeten Fürstenpaar in der Nachbarschaft. Diese Adelsfamilie war genauso selbstherrlich und eitel wie er. Zudem hatte er sich in die Tochter des Hauses, die schöne, aber nichtsdestoweniger eingebildete Annabelle verliebt.

Annette freilich ging nun traurig von ihm fort. Wie früher, lebte sie wieder bei ihrem Großvater in der Gärtnerei. –

Der Fürst und die Fürstin betrachteten die Werbungen, die Louis Charles um ihre Tochter unternahm, durchaus wohlwollend, hofften sie doch, daß deren Vermählung mit ihm einen beträchtlichen Zuwachs für ihr Herrschaftsgebiet einbringen würde. Allerdings hatte Annabelle schon eine ganze Reihe von

Verehrern demütigend abgewiesen. So kamen sie, nicht zuletzt weil einer erneuten Peinlichkeit vorgebeugt werden sollte, auf den Gedanken, den Prinzen zur Feier von Annabelles zwanzigstem Geburtstag einzuladen. Louis Charles nahm dankend an. Er hatte die Absicht, Annabelle einen förmlichen Heiratsantrag vor den versammelten Gästen zu machen, und zwar durch seinen alten Harfner, der als einstiger Troubadour sich auf die Kunst des Vortrags leidenschaftlicher Liebeslieder verstand.

Wie gedacht, so getan. Der Harfner sang, nachdem das reichliche Geburtstagsmahl beendet war, zu Anfang diese Verse:

> Oh, Annabelle, du bist der Stern,
> Der freundlich meine Nacht durchglüht,
> Die rote Rose, die im Traum
> An meiner heißen Brust erblüht,
> Der Vogel, der ein Lied anschlug
> Und es zu mir ins Herze trug.
>
> Oh, Annabelle, ich fleh' zu dir!
> So neige doch dein Angesicht
> Ganz nah mir hin, daß dann ein Kuß
> Mit sanfter Macht dein Schweigen bricht,
> Das mich gequält, seit in mir brennt
> Verlangen, wie's sonst niemand kennt.

Und so ging es fort, noch achtzehn Strophen lang. In der zwanzigsten Strophe brachte der Sänger schließlich Prinz Louis Charles' sehnlichsten Wunsch zu Gehör, daß Annabelle seine Gemahlin werden möge.

Die letzten Töne waren verklungen. Unter den vielen Festgästen herrschte feierliche Stille. Es schien, als würde jeder wachend die Liebesträume weiterspinnen, die der Gesang hervorgerufen hatte. Erst als der Fürst für das zu Ehren seiner Tochter gedichtete Lied dankte, brachen auch die anderen in lautes Lob aus – alle außer Annabelle selbst, die plötzlich aufsprang und vor ihren Anbeter hintrat. Voller Empörung rief sie ihm zu: „Wie plump, wie töricht war Euer Schauspiel! Sogar den Teufel verlache ich als dummen Esel, sollte er mich jemals gewinnen wollen. Um wieviel mehr aber Euch!"

Darauf rannte sie zur Tür hinaus. Draußen tobte ein schlimmes Unwetter, doch kümmerte sie dies wenig. Ach, hätte sie das Verhängnis doch nur ahnen können! In ihrer Unbesonnenheit lief sie den gefährlichen Bergpfad hinauf. Der Sturm löste oben einen großen Stein, der herabrollte und sie unter sich begrub. Sie war sofort tot. –

Tiefe Trauer befiel die Eltern, und auch Louis Charles tat sie nun trotz der schnöden Abweisung leid.

Im Volke erzählte man indessen die Geschichte völlig anders. Da hieß es, tatsächlich sei der Leibhaftige zu Annabelle gekommen, weil sie ihn verhöhnt habe. Sie hätte dann nach dem ersten Schreck dem Teufel die Bedingung gestellt, daß er, bevor sie ihm dienen werde, zum Beweis seiner Macht einen drei Tonnen schweren Stein vom höchsten Berg der Alpen, dem Montblanc, herbeischaffen solle. Auf dieses Verlangen sei der Teufel eingegangen. Er wäre aber mit dem Stein etwas verspätet zurückgekehrt und hätte ihn vor rasender Wut aus der Luft zu Boden fallen lassen, genau auf die Stelle, wo sich sein Opfer befand. –

Viele Jahre vergingen. Was hatte sich, so möchten wir fragen, bei Annette ereignet?

Nun, ihr Großvater war inzwischen gestorben. Die Arbeit im Garten lastete seitdem ganz allein auf ihr.

An einem hellen Sommertag saß sie vor dem Haus und band Blumensträuße. Da erblickte sie von weitem eine weiße Kutsche. Sie dachte bei sich: 'Wer kommt denn auf der staubigen Straße zu mir dahergefahren?'

Ein Mann, den sie sehr wohl kannte, stieg aus. Es war Louis Charles. „Annette, liebste Annette", redete er sie an, „wie verblendet muß ich gewesen sein, daß ich einem Trugbild nachlief. Du weißt, was mit Annabelle geschah. Bitte verzeih mir – um unserer Kinder willen! Und sieh, welch teures Geschenk ich dir mitbringe!"

„Nein", entgegnete Annette, „ich will es nicht haben. Geh deiner Wege! Laß die Vergangenheit ruhen!"

Doch als Louis Charles die Tür der Kutsche öffnete, die beiden fast schon erwachsenen Kinder heraustraten und ihre Mutter freudig umarmten, war aller Gram vergessen. Die vier fuhren, glücklich wie sie nun sein konnten, heim aufs Schloß, und wenn ihnen bislang nicht ein böses Mißgeschick zugestoßen ist, dann leben sie noch heute.

Margot Esser

Woran Oma sich erinnert

Steffi drückte ärgerlich auf den Schalter „Off" des Fernsehers. „Wieder nichts Gescheites für Kinder!" maulte sie. „Nur Nachrichten."

Mißmutig wandte sie sich an ihre Oma, die gerade den Kaffeetisch abräumte. „Müssen die denn immer was vom Krieg in Bosnien berichten?"

„Hm, das bewegt die Erwachsenen halt sehr", meinte die Oma. „Weißt du, lieber Schatz, wenn man als Kind selbst den Krieg im eigenen Land erlebt hat, interessiert man sich schon für das Leiden der armen Menschen in Kriegsgebieten. Es tut weh, wenn man die Bilder sieht, und weckt unliebsame Erinnerungen. Ich muß jedesmal mit Grauen an die schrecklichen Jahre denken, die wir durchgemacht haben."

„Hast du denn auch schon einen Krieg erlebt?" Steffi war sehr hellhörig geworden und sah ihre Großmutter neugierig an.

„Natürlich!" Oma strich ihrer zehnjährigen Enkelin leicht über die Haare. „Das hast du nicht gewußt, was? Ich war nur wenig älter, als du jetzt bist, da brach der Zweite Weltkrieg aus."

Steffi war betroffen. „Wann war das denn?"

„Nun, das war genau am 1. September 1939. Habt ihr in der Schule noch nie etwas darüber gehört?"

„Doch!" gab Steffi kleinlaut zu. „Aber ich wußte nicht, daß du da schon auf der Welt warst. Das ist doch so lange her."

Nun mußte Oma lachen. „Machst mich ja richtig jung!" Dann fuhr sie, ernster werdend, fort. „Rechne mal selbst mit, dann weißt du, in welchem Jahr ich geboren bin. Als der Krieg im Mai 1945 endete, war ich gerade siebzehn."

Eine Weile sagte Steffi nichts. Sie überlegte. Dann platzte es aus ihr heraus: „Wie schlimm! Ich möchte jetzt keinen Krieg erleben. Man kann dann doch gar nicht mehr froh sein."

Oma nickte. „Das ist ja das Fürchterliche an einem Krieg: Die Menschen, besonders die Frauen und die Kinder und natürlich die alten Leute, sind die Hauptleidtragenden. Sie können sich nicht wehren, müssen oft genug hungern und frieren, verlieren ihre Bleibe und manche liebgewonnenen Dinge, die sie sich vielleicht mühsam erworben haben. Sei froh, daß wir hier in Deutschland in einem relativ sicheren Land leben!"

„Aber Oma!" widersprach Steffi. „Du sagst: Deutschland sei sicher. Warum war bei euch dann damals Krieg?"

Oma überlegte einen Augenblick, ehe sie antwortete. „Wir hatten seit 1933 einen größenwahnsinnigen Führer, den Adolf Hitler. Er glaubte, die ganze Welt erobern zu können, und hat alle ins Unglück gestürzt. Doch die Hintergründe seines Handelns werdet ihr noch im Geschichtsunterricht lernen und genauso verachten, wie wir es heute tun. Traurige Tatsache ist, daß Hitler in Polen mit seinen Truppen einmarschierte und das Land besetzte. Er hat das polnische Volk regelrecht überrollt. Die waren darauf nicht vorbereitet und konnten sich kaum wehren. Ach, Steffi! Diese böse Zeit ist in der deutschen Geschichte ein solch dunkler Punkt, daß man wohl nie Verständnis für den Wahnwitz aufbringen kann."

Steffi schüttelte energisch den Kopf. „Ich kann mir auch nicht richtig vorstellen, daß es einfach Krieg gibt. Was ist überhaupt Krieg, und wie ist er?" Sie sah ihre Oma fragend an.

„Krieg? Krieg, dieser Moloch, ist ein Kampf unter Menschen, angezettelt von denen, die glauben, sich nur durch Gewalt bereichern und einig werden zu können. Der Krieg ist gierig!"

„Gierig?"

„Ja, ausgesprochen gierig. Er kann nicht genug bekommen, ist unersättlich, verschlingt Männer, Frauen, Mütter und Kinder, zerstört alle Hoffnungen auf ein menschenwürdiges Dasein."

Steffi war betroffen. In ihrem Kopf spukte ein Ungeheuer mit einem riesiggroßen Maul, in das wahllos Menschen verschwanden. Und das nannte man Krieg?

„Aber ihr hattet doch nicht immer Krieg?" begann sie wieder. „Wie habt ihr denn vor diesem Krieg gelebt? War es da auch schon schlimm?"

„Nein, ich hatte eine wunderschöne Kindheit. Niemand hätte in den dreißiger Jahren gedacht, daß es mit Deutschland so enden würde. Aber komm, wir schauen uns mal das alte Fotoalbum aus meiner Jugend an, dann kann ich dir alles viel besser erklären."

Oma war zum Schrank gegangen und nahm nun aus einer Schublade ein braunes Album heraus. Steffi hatte es noch nie gesehen und schlug voller Neugier die erste Seite auf.

Eine junge Frau stand stolz lächelnd neben einem Steffi komisch anmutenden Gestell eines Kinderwagens mit Riesenrädern, in dem ein süßes Baby mit großen Augen lag. Ein kleines Mädchen saß am Fußende.

„Bist du das?" fragte Steffi und zeigte auf die junge Frau.

„Nein! Das ist meine Mutter, deine Uroma. Ich bin das Baby, und das Mädchen dort ist Tante Ulla, meine Schwester."

Steffi lachte laut auf. „Du als Baby! Du warst ja richtig knubbelig!"

Auch Oma mußte lachen. „Meine Mutter hat mich gut gefüttert. Doch schon als ich laufen lernte, ging der Babyspeck weg, und ich war nie wieder dick."

Steffi sah ihre Omi an. „Ich kenn' dich auch nur schlank", bestätigte sie.

Sie blätterte weiter. Die vielen Leute, die in altmodischen Kleidern als Gruppe fotografiert worden waren, interessierten das Mädchen nicht so sehr. Nur die Bilder der kleinen Kinder betrachtete sie länger. Ab und zu schaute Steffi die Oma prüfend an, schüttelte leicht den Kopf. Einmal meinte sie: „Du hast dich aber sehr verändert!"

Oma lachte. „Nun ja, ein Baby bin ich heute nicht mehr. Aber schau mal hier, das ist ein Foto von meinem ersten Schultag." Sie tippte auf ein Bild in Postkartengröße, auf dem sie stolz als Sechsjährige stand, mit einer riesigen Schultüte im Arm, in einem dunklen Kleid mit einem großen weißen Kragen und einer weißen Schleife im Haar, ganz festlich.

„Endlich durfte ich in die erste Klasse gehen", erklärte Oma. „Ich konnte es gar nicht mehr abwarten, zumal ich schon mit Tante Ulla in dem Jahr davor die Schulbank freiwillig gedrückt hatte. Auf meiner Schiefertafel konnte ich alle Buchstaben und Zahlen fein säuberlich aufmalen."

„Was hängt denn da für ein Lappen aus deinem Ranzen?"

„Das kennt ihr nicht mehr." Oma mußte selbst lachen. „Wir schrieben doch mit einem Griffel auf einer Schiefertafel und hatten im Griffelkasten ein Schwämmchen zum Auswischen liegen, und dieser selbstgestrickte Lappen war zum Trockenwischen der Tafel, damit es keine Streifen gab."

Steffi schüttelte lachend den Kopf und blätterte weiter. Sie machte sich ein Vergnügen daraus, auf den Fotos mit Schulkindern ihre Oma ausfindig zu machen. „Schau mal!" rief sie plötzlich, „da sind welche, die keine Schuhe anhaben."

Oma schaute genau hin. „Ja", sagte sie dann, „manche Kinder waren so arm, daß sie nur im Winter Schuhe tragen konnten. Ich bin auch fast den ganzen Sommer über barfuß gelaufen. Das fand ich wunderbar. Du mußt wissen, daß die Sommerzeit damals, und besonders in unserer süddeutschen Heimat, sonnig und warm war. Nicht alle Straßen waren gepflastert wie heute, so daß wir mit Begeisterung über die trockenen Landwege laufen konnten. Daran erinnere ich mich noch gut. Manchmal nahmen wir unseren Leiterwagen und kutschierten uns gegenseitig in der Gegend herum. Wir Kinder waren bis zum Dunkelwerden im Freien und haben gespielt. Wir bauten uns irgendwo in den Hecken eine Wohnung mit Stöcken und alten Bettlaken, und meistens gab uns die Mutti was zu essen mit."

„Ein Picknick mache ich auch gerne!" Steffi nickte, seufzte dann. „Aber hier weiß man ja nie, wo man sich niederlassen kann. Nur wenn wir sonntags alle zum Rhein fahren, können wir uns auf die Wiese setzen, wenn es nicht regnet. Aber dann sind da so viele Leute, daß es auch keinen Spaß macht."

„Die Zeiten sind halt anders geworden." Oma versuchte, ihre Enkelin zu trösten. „Ihr habt dafür ganz andere Dinge, an die wir nicht im Traum gedacht haben, weil es die noch nicht gab. Zum Beispiel hatte ich, als Kleinkind, nur einen einfachen Tretroller, nicht so ein tolles Gefährt, wie du es hattest. Wir besaßen weder ein Fahrrad noch ein Auto. Es gab kein Fernsehen, geschweige denn einen Computer."

„Auch kein Radio?"

„Doch, das war das erste, was mein Vater kaufte, als der Volksempfänger auf den Markt kam. Es war eine große Sensation zur damaligen Zeit. Und mein Opa hatte sogar ein Grammophon, einen Plattenspieler, the Master's Voice. Den mußte man allerdings per Hand mit einer Kurbel aufdrehen. Die Musik kam aus einem großen Trichter, ziemlich blechern. Das war ein Zauberding, mit dem ich mich, wenn ich zu Besuch bei meinen Großeltern war, stundenlang beschäftigt habe."

Steffi grinste verständnislos. Was muß das für ein komisches Ding gewesen sein! Sie konnte sich einfach nicht in die frühen Jahre der Oma hineinversetzen. Wie gut, daß sie in der heutigen Zeit lebt! Nein, auf das tägliche Fernsehen, auf den Gameboy und auf die vielen anderen schönen Dinge, die sie immer geschenkt bekam, wollte sie nicht gern verzichten.

„Wir waren aber trotzdem glücklich und zufrieden, haben viel gesungen und musiziert", fuhr Oma fort. „Mein Vater hat Klavier und Geige gespielt, wir Mädchen später auch. Und dann haben wir alle, auch unsere Mutti, mehrstimmig Volkslieder gesungen."

„Das machen wir auch!" warf Steffi stolz ein. „Und du weißt ja, daß ich seit einigen Wochen im Kirchenchor singe."

Oma strahlte. „Ich finde es wunderbar!" lobte sie.

Ihre Enkelin hatte sich wieder in das Album vertieft. Sie las voll Interesse die kurzen Erklärungen, die Oma unter die einzelnen Fotos geschrieben hatte.

„Was ist das denn?" Steffi zeigte wißbegierig auf ein Foto, das eine große Anzahl junger Mädchen zeigte, die in Dreierreihen fröhlich marschierten. Alle trugen die gleiche Kleidung. „Ist das eure Schulklasse?"

Oma schüttelte den Kopf. „Nein, das sind die Jungmädchen. Mit zehn Jahren mußten wir Kinder alle dieser Vereinigung beitreten, das war die Vorstufe des BDM. Dorthin kam man erst mit vierzehn Jahren. Wir trugen alle die gleiche Uniform, einen schwarzen Rock, eine weiße Bluse mit einem schwarzen Schaltuch, das um den Hals verknotet wurde, weiße Kniestrümpfe oder Söckchen und bei Kälte eine braune Kletterweste."

Steffi sah ihre Oma erstaunt an. „Was habt ihr denn in dem Klub gemacht?"

„O mein Schatz, darüber gibt es noch viel zu berichten. Das kann ich dir heute nicht alles erklären. Dieser sogenannte Bund Deutscher Mädchen war eine politische Vereinigung, die Hitler und seine Genossen angeordnet hatten, um schon junge Menschen – das gab es nämlich auch für die Jungen – in seinem Sinne zu schulen. Es war für alle Pflicht, dem Bund beizutreten. Wir trafen uns jede Woche, sonntags zum Aufmarsch und mittwochs zu den Heimnachmittagen, worauf wir uns sehr freuten. Dann haben wir nämlich miteinander gesungen, Theater gespielt, geturnt, gebastelt und vorgelesen. Natürlich wurden wir, wie ich schon sagte, geschult, und zwar im Sinne des sogenannten Dritten Reiches. Was das bedeutete, haben wir zur damaligen Zeit leider nicht begriffen. Man hat uns junge Menschen regelrecht manipuliert, hat uns die falschen Lehren des Nationalsozialismus eingetrichtert, ohne daß wir es merkten. Für uns standen das Zusammensein mit den Kameraden, so nannten wir uns, das gemeinsame Erleben und Handeln im Vordergrund. Wir fühlten uns schlichtweg wohl in der Gemeinschaft."

Oma schwieg. Nach einer Weile meint sie: „Sogar die Kriegszeit hat uns zusammengeschweißt. Wir haben für Kinder gebastelt, haben Heilkräuter für Tee gesammelt, sind auf die Felder, um die schädlichen Kartoffelkäfer zu entfernen. Wir haben Strümpfe, Handschuhe und Schals für die Soldaten gestrickt, aus Zuckersäcken Pullover, und wir haben Unmengen von Paketen gepackt, die an die Front geschickt wurden. Die Älteren unter uns schrieben an die jungen Soldaten, erzählten von unseren Erlebnissen, um sie aufzumuntern."

Einen Augenblick war Oma in Gedanken versunken.

„Es wurde von Jahr zu Jahr schwieriger. Die Front rückte näher, wir saßen oft stundenlang in den Kellern oder in Bunkern, und über uns entlud sich ein Inferno von Bomben und Geschossen. Die Nächte haben wir fast nur in diesen Gewölben zugebracht. War dann Entwarnung, erlebten wir draußen wer weiß wie oft ein Brandmeer. Dann mußten wieder alle helfen.

Auch wir jungen Mädchen schleppten Wassereimer und löschten, kümmerten uns um die Ausgebombten, halfen überall, wo Not am Mann war. Der Krieg war furchtbar. Er hat unsere schönste Jugendzeit überschattet. Keiner hatte damit gerechnet, daß er so lange dauern würde. Ich vergesse nie den Tag, als ich vom Spielen nach Hause kam und meine Mutter weinend vorfand. Sie nahm mich wortlos in die Arme und sagte mit erstickter Stimme: 'Es ist Krieg!' – 'Krieg?' fragte ich, fast ein wenig freudig erregt. 'Das ist doch nicht so schlimm, Mutti! Wir haben so tolle Soldaten. Du sollst mal sehen, in ein paar Wochen ist alles vorbei!' Ich wollte meine Mutter trösten. – 'Hoffentlich hast du recht, mein Kind', meinte sie traurig, 'ich weiß, von nun an wird alles anders.' – Ich war mir sicher, daß es nicht so schlimm kommen konnte. Hatten wir doch immer wieder bei den Jungmädchen gehört, daß unsere Wehrmacht unschlagbar sei und sie die Rechte und Grenzen der Deutschen um jeden Preis verteidigen würde. – Mein Vater, der war richtig zornig. 'Nun haben sie erreicht, was sie wollten!' preßte er hervor. – Ich verstand ihn nicht. Er war immer ein Pessimist. Man durfte nicht alles, was er sagte, wörtlich nehmen."

Oma stockte.

Steffi hatte mit offenem Mund zugehört. „Mußtet ihr denn trotzdem in die Schule gehen?" fragte sie.

„Ja, das Leben ging die ersten ein, zwei Jahre weiter wie bisher. Natürlich wurden die Lebensmittel rationiert. Wir bekamen Essensmarken, mit denen wir das Nötigste, was man den einzelnen zugestand, kaufen konnten, und Marken für Kleidung und Seife und so weiter. Aber dann setzten immer stärker die Feindflüge ein. Mittlerweile stand Deutschland mit fast jedem europäischen Land im Kriegszustand. Das bedeutete, daß feindliche Bomber unsere Industrieanlagen und Städte angriffen und sie in Schutt und Asche legten. Und wie das heute in Bosnien ist, wurden auch die Wohnungen, Schulen, Kirchen zerstört. Während des Schulunterrichts gab es oft Alarm. Diese unheimlichen Sirenen gingen uns allen durch Mark und Beine, und wir hatten Angst. Dann hörten wir schon die Nachrichten, daß ein Bombengeschwader Anflug auf unsere Stadt nahm. Das hieß: Sofort in den Luftschutzkeller! Du kannst dir sicher vorstellen, wie wenig man dabei lernen konnte. Es war uns allen aber auch nicht mehr so wichtig. Die rauhe Wirklichkeit mit dem unentwegten Anblick des Elends und der Trauer bestimmte unser ganzes Denken."

„Da wart ihr sicher froh, als der Krieg endlich vorbei war?" Steffi mochte nicht mehr darüber hören. Ihr war beklommen zumute.

Oma bemerkte es, stand auf und meinte: „Ja, Liebchen, das Gefühl, das uns bewegte, kann ich kaum beschreiben. Es war eine Mischung aus Trauer über den Tod der vielen Menschen, den der Krieg gekostet hatte, über die völlig zerstörten Städte, aber auch aus Freude, daß wir endlich ohne feindliche Flieger und ohne das Geräusch der Artilleriegeschütze leben konnten, ohne Verdunklung und ohne Angst. Es war aber auch ein Gefühl der Wut, daß die nationalsozialistische Regierung uns so betrogen hat und wir uns haben betrügen lassen. Es hat lange gedauert, bis wir uns wieder unseres Lebens freuen konnten. Glaub mir, wir wünschen euch Kindern nur, daß ihr dies alles nie erleben müßt."

„Nein, Oma, das wird auch nicht so kommen! Wir passen schon auf, verlaß dich drauf!"

Oma nahm ihr großes Mädchen herzlich in die Arme.

Tom Ettinger

Die Bitte

Eines Tages verabschiedete ich mich von meinen Eltern, um in den Wald zu gehen.

Als ich schon ziemlich tief darin war, hörte ich auf einmal empörte Geräusche. Nach kurzem Überlegen schlich ich mich in die Richtung, aus der sie kamen. Da sah ich plötzlich Hasen, die viele Schilder trugen, so wie es die Demonstranten machen. Darauf war ein unleserliches Gekritzel.

Ich trat aus dem Gebüsch hervor, und sofort stoben sie auseinander. Ich rief: „Ihr braucht keine Angst zu haben!"

Kurz darauf erschien sichtlich ängstlich ein grauer Hase mit Stock und Brille. Er schien älteren „Baujahrs" zu sein, war aber trotzdem noch sehr rüstig. Er fragte mit leichtem Akzent: „Wer bist du? Warum bist du hier? Was willst du?"

Nachdem ich ihm geantwortet hatte, fragte ich: „Woher kannst du sprechen wie ein Mensch?"

Daraufhin erzählte er folgendes: Er war vor langer Zeit von einem Professor gefangen worden. Dieser sprach jeden Tag mit ihm. Der Hase – er hieß übrigens Püffi – lernte das Sprechen auch bald, ließ sich aber nichts anmerken. Nach einiger Zeit schnallte ihm der Gelehrte einen Sender um den Hals und ließ ihn frei. Püffi lief sofort zu seinen Artgenossen und rief nach einem Fuchs namens Karl-Otto. Er hatte diesem einmal das Leben gerettet, und darum waren sie Freunde. Der Fuchs hatte versprochen, ihm, wenn irgend möglich, jede Bitte zu erfüllen. Püffi bat, er solle ihm doch den Sender abreißen. Es gelang Karl-Otto, und sie schmissen den Sender weg. Seitdem hatte Püffi den Professor nicht mehr gesehen.

Ich erkundigte mich, was auf den Schildern stand.

Die Hasen waren inzwischen wieder herbeigekommen, und Püffi übersetzte aus der Hasensprache: „'Wir wollen unseren Wald behalten', und auf dem: 'Baut eure Häuser anderswo, Menschen!', und hier: 'Jeder braucht seinen Lebensraum, auch wir!' – Wir haben nämlich erfahren, daß hier gebaut werden soll, und wollen zum Bauamt hüpfen, um uns dort zu beschweren."

Ich war gerührt über solche Einsatzbereitschaft. Plötzlich fiel mir etwas ein: Bis zum Bauamt waren es ja über zwanzig Kilometer!

Doch dann kam mir die Erleuchtung: „Bis zum Bauamt ist es so weit wie zweitausendmal von hier bis zur der Eiche; aber ich habe eine Idee! Ihr könnt mit meinem Vater und mir in einem Auto dorthin fahren. Das geht zwar erst morgen, aber es dauert nur so lange, wie wenn einer von euch bis zu dem Hügel dahinten laufen würde."

Püffi übersetzte dies, aber bei einem bestimmten Punkt hörte ich ängstliche Stimmen. Nach einiger Zeit berichtete der Hase verzweifelt: „Sie sind nicht zu überreden, in das Auto zu steigen."

Ich erwiderte kurz: „Wenn einem von euch etwas passiert, werde ich jedem innerhalb von zwei Stunden soviel Möhren besorgen, wie der Stein dort groß ist" und wies auf einen Brokken von ungefähr einem halben Meter Breite, einem Meter Höhe und siebzig Zentimeter Länge.

Als Püffi der kleinen Schar dies vortrug, war keinerlei Widerstreben mehr zu bemerken.

Ich ging mit ihnen zu dem Haus meiner Eltern. Als wir dort ankamen, fiel meine Mutter fast in Ohnmacht, als sie sah, daß ich von lauter Hasen umgeben war. Sie wollte auf keinen Fall, daß ich mit diesen Hasen zur Tür reinkam, wurde aber sanfter, als ein Hase auf sie einredete, und zwar der älteste.

Wir riefen meinen Papa, und zu dritt, natürlich mit dem alten Hasen, berieten wir, was zu machen sei.

Daraus entstand folgender Vorschlag: Am nächsten Tag, sobald die Schule vorbei war, würden wir mit meinem Vater und unserem großen Auto zum Bauamt fahren, das in der nächsten großen Stadt lag. Dann wollten wir mit den Hasen dort eintreffen und die Herren vom Bauamt zu überzeugen versuchen, daß die Hasen ihren Lebensraum behalten sollten. Außerdem gab es ja noch allerlei anderes Getier, auch größere Tiere, wie Rehe und Hirsche, die ebenfalls ihren Lebensraum behalten wollten.

Am folgenden Tag ging es dann los. Die Hasen wurden in den Kofferraum gehievt, und der Sitz wurde nach vorn geklappt, damit die Hasen nicht erstickten.

Die Fahrt verlief ziemlich ruhig. Ich hatte meinem Vater eingeschärft, bitte vorsichtig zu fahren. Das nahm er sich wohl zu Herzen, denn er fuhr sehr weich in die Kurven, bremste langsam und gab sehr wenig Gas.

Als wir beim Bauamt angekommen waren, wurden die Hasen, wie vorgesehen, erst mal in eine Kiste verladen, damit nicht auf der Straße sämtliche alten Omas in Panik ausbrachen.

Als wir dann im Büro bei den hohen Herren eingetroffen waren, öffnete ich den Karton, und die Hasen schritten äußerst würdevoll aus diesem heraus. Sie stellten sich in einer Reihe auf, und der Oberhase las die vielen Schilder – er hatte mir ja im Wald nur einige vorgelesen – vor. Daraus wurde ein Vortrag von etwa einer Viertelstunde. Als dieses Schilder-Vorlesen beendet war, meinte er, sie wären hierher gekommen, um friedlich zu demonstrieren, müßten aber sehr enttäuscht sein, wenn die hohen Herren sich nicht erbarmen würden, weil, wie auf einem der Schilder zu lesen war, jeder seinen Lebensraum brauche.

Der oberste Beamte sagte, er müsse sich mit seinen Kollegen beraten. Wir sollten bitte ins Wartezimmer gehen, die Hasen natürlich im Karton, weil sich in dem Zimmer noch andere Herren und Damen befänden. Man würde sich dann beraten.

Nach einiger Zeit des Wartens wurden wir wieder zu ihnen gerufen. Der oberste Beamte gab bekannt: „Wir haben beschlossen, daß wir euch Lebensraum geben werden, wenn ihr uns sagen könnt, wo wir unsere Häuser *sonst* bauen sollen, denn auf euren Schildern steht: 'Jeder braucht seinen Lebensraum', also auch wir. Es gibt sehr viele Menschen, die ihr eigenes Heim haben wollen und nicht immer auf der Straße oder im Gasthof herumlungern möchten. Also, paßt auf: Wenn einer von euch mir sagen kann, wo wir diesen Leuten ihre Unterkünfte bauen können, werden wir euren Wald stehenlassen."

Schweigen. Überlegen.

Schließlich, nach ungefähr drei Minuten, meldete sich sehr lebhaft ein ziemlich junger Hase. Er lieferte dem alten Hasen einen erregten Vortrag, den dieser übersetzte: „Der junge Hase meint, im Wald gibt es viele Stellen, wo schlechter Boden ist, saurer Regen fällt und die Bäume sterben. An diesen Stellen will kein Tier sein. Im Gegenteil. Viele verirren sich dort und finden nicht wieder nach Hause. Wenn an diesen Stellen Häuser oder, bei größerem Bedarf, eine Stadt gebaut würden, schadete es niemandem. Im Gegenteil. Das Holz, das größtenteils schon krank ist, kann noch für Möbel verwendet werden. Der Boden ist schon sehr hart, und deswegen könnten die Häuser darauf gut stehen, und kein Tier würde sich mehr dorthin verirren, weil eine Stadt schon weithin sichtbar ist. Diese Stellen sind sogar für Menschen ziemlich nah, das heißt ungefähr sechs, sieben Kilometer von unserem Wald entfernt. Außerdem ist es da ziemlich flach. – Was haltet ihr davon?"

Der oberste Beamte überlegte, meinte schließlich, er müsse sich erneut beraten.

Das ganze Theater ging wieder von vorne los: Die Hasen verschwanden im Karton, der Karton und wir verschwanden im Wartezimmer.

Als wir wieder gerufen wurden, lautete der Entschluß: Der Vorschlag sei sehr gut. Man würde sofort damit beginnen. In genau einer Woche würde man uns telefonisch mitteilen, ob dies möglich sei.

Die Hasen, mein Papa und ich fuhren wieder zurück, und wir waren alle glücklich. Jetzt war schon fast alles geregelt.

Die Hasen waren wieder im Wald. Ich ging sie oft besuchen.

Nach einer Woche rief der Herr vom Bauamt an und teilte mit, es würde alles klar sein. Der Boden und der Wald seien wirklich so wie von den Hasen beschrieben, hätten Spezialisten festgestellt. Und die Arbeiten seien bereits im Gange.

Ich lief zu den Hasen und berichtete es ihnen. Sie freuten sich und erzählten es im ganzen Wald herum.

Bald darauf waren fast alle Tiere glücklich. Und ich ging die Hasen noch oft besuchen. Sie halfen mir bei Problemen, die ich nicht lösen konnte, und ich bei ihren.

So durchleben wir wohl noch eine lange Freundschaft.

Eleonore Falkenburg

Heinerle und der Mann im Mond

Heinerle, das erste Kind eines jungen Ehepaares, bedeutete das große Glück für die kleine Familie. Die Eltern waren glücklich und hatten keine anderen Wünsche an das Leben mehr offen.

Dagegen hatte das kleine Heinerle mit seinen kaum vier Jahren immer viele Wünsche vorzutragen. Unter anderem wollte es unbedingt den Mond sehen und kennenlernen. In seinen Bilderbüchern war immer ein schöner Mond am Himmelszelt, der auf die Welt herunterschaute.

„Nein, mein Schatz, das geht aber nicht, da mußt du schon noch warten, bis du etwas größer geworden bist", meinte Heinerles Mami.

„Warum denn, Mami, warum muß ich warten, bis ich größer bin?"

„Weil du bereits schlafen wirst, wenn der Mond am Abend sein Licht auf unsere Erde erstrahlen läßt."

Das vierjährige Heinerle zog sofort eine kleine Schnute. Mit dem, was seine Mami ihm sagte, war es nicht zufrieden. „Ich habe doch in meinen Bilderbüchern auch den schönen Mond, den ich ansehen kann. Warum nur in den Bilderbüchern?" quengelte das kleine Heinerle vor sich hin. „Mami, warum ist das so?" fragte es dann ganz aufgeregt. Vor Aufregung hatte der Junge ganz rote Backen.

„Das werde ich dir nun gleich ganz genau erklären, mein Sohn", antwortete seine Mami. Sie legte den Jungen in sein Bettchen, nachdem er vorher gründlich gewaschen worden war. Danach setzte sich die junge Mutter an den Rand des Bettes ihres kleinen Sohnes und fing an, ihr Kind aufzuklären, was den Mond betraf.

„In meinen Bilderbüchern ist doch auch immer ein Mann im Mond", sagte der wißbegierige Sohn nun zu seiner jungen Mutter, „ist der wirklich da drinnen im Mond?"

„Paß auf, Heinerle, was ich dir sage. Was in deinen Bilderbüchern steht, das sind alles Märchen. Wenn du ein paar Jahre älter bist, wirst du zur Schule gehen und lesen und schreiben lernen. Dann wirst du auch imstande sein, deine wunderschönen Märchenbücher zu lesen. Da ist auch ein Text zum Lesen dabei, bisher konntest du ja nur die schönen Bilder anschauen, mein Junge, nicht wahr?"

„Ja, schon, aber in den Bilderbüchern war immer ein Mann im Mond", meinte das Heinerle beharrlich. „Ist dieser Mann auch wirklich dort, Mami?" fragte der Junge – und damit seiner Mami fast ein Loch in den Bauch.

„Das ist es ja, was ich dir bereits gesagt habe. Du mußt erst noch ein wenig größer werden, viel schlafen und gut essen, damit du schnell wachsen kannst, dann erst werde ich dir den Mond bei Gelegenheit zeigen können. Aber das wird noch eine Weile dauern, und so lange mußt du dich gedulden, Heinerle. Weißt du, mein Schatz, es gibt vieles im Leben, wo man sich einfach gedulden muß, ob nun als kleiner Junge oder als Erwachsener. Aber Geduld ist eine gute Eigenschaft, die du schon sehr früh an dir selbst erproben solltest, mein kleines Heinerle. – Bist du nun zufrieden, was deine Mami dir alles erzählt hat? Sicherlich kannst du jetzt gleich einschlafen."

Heinerle riß sein kleines Mündchen auf und fing an zu gähnen – ein Zeichen, daß der Junge bereits müde war. Und das war deshalb so, weil seine Mami ihm eben in den Schlaf hinein so viel erzählt hatte, daß das Heinerle unbedingt müde sein mußte. Auch war seine Einschlafzeit schon herangerückt, und so paßte alles zusammen.

Heinerle mußt ja außerdem sehr viel mitdenken, was ihm

seine Mami erzählt hatte, um auch alles zu verstehen, was sie ihm gesagt hatte. Das alles ermüdete schon einen vierjährigen Jungen, wie es das Heinerle war.

Plötzlich fielen ihm die Augen zu. Mami streichelte noch einmal über den Wuschelkopf ihres geliebten Sohnes, aber da war das Sandmännchen schon gekommen, und das Heinerle war vor Müdigkeit bereits eingeschlafen. Seine Mami überzeugte sich noch einmal durch ein paar Küßchen, die sie ihrem Jungen gab, daß er wirklich schlief. Als sie sah, daß das liebe Heinerle auf nichts mehr reagierte, zog sie dem Jungen noch die Decke weiter hinauf, damit er nicht bloß liegen würde, und verließ ganz leise das Kinderzimmer.

Der Schlaf hatte den Jungen übermannt, und es gab plötzlich keine Fragen mehr: keinen Mond, keinen Mann im Mond, den er sehen und kennenlernen wollte – der Schlaf hatte alles ausgelöscht. Und seine Mami dachte, daß das auch gut so war. Kleine Kinder müssen schlafen, sie müssen regelmäßigen Schlaf haben, sonst können sie nicht wachsen und sich entfalten.

Heinerles Mami eilte zu ihrem Mann und erzählte ihm alles über ihren wißbegierigen Sohn, darüber, was der Junge alles wissen wollte und daß sie beinahe überfordert gewesen wäre, wenn nicht bei Heinerle der Schlaf die Oberhand gewonnen hätte. Sie berichtete: „Der Junge hat mir heute fast ein Loch in den Bauch gefragt, alles nur wegen des Mondes, der doch in seinen schönen Bilderbüchern als Märchen dargestellt ist. Der Junge glaubt aber, daß das auch in der Wirklichkeit so sei. Bis ich Heinerle das auseinandergesetzt hatte, war ich selbst am Ende meine Lateins. Ob der Junge irgend etwas von dem kapiert hat, was ich ihm erzählt habe, wird sich erst morgen herausstellen."

Als am nächsten Morgen das kleine Heinerle erwachte und quietschvergnügt in die Welt schaute, war sogleich seine Mami bei ihm. Heinerle gab und bekam seine Guten-Morgen-Küßchen und hing seiner Mami sofort am Hals.

„Hast du gut geschlafen, mein Schatz?" fragte die Mami.

„Ja, Mami, ich habe gut geschlafen. Ich war nicht ein einziges Mal wach, so daß ich den Mann im Mond auch nicht hätte sehen können", antwortete der kleine Junge.

Heinerle war putzmunter. Gleich ging es nun mit seiner Mami in das Bad, wo das Kind immer gewaschen oder auch gebadet und danach fest abgetrocknet wurde. Diese Prozedur machte dem Heinerle nichts aus – es gab immer viel zu lachen, wenn seine Mami ihn am Bauch kitzelte.

Aber das Thema „Mann im Mond" hatte das Heinerle nicht vergessen. Immer wieder bohrte der Junge bei seiner Mami, ob es nicht doch möglich wäre, daß er vielleicht schon heute abend den Mond sehen durfte. „Mami, glaubst du nicht, daß ich seit gestern schon ein Stückchen gewachsen bin?" fragte das Heinerle seine Mami, um ja nicht vom Thema abzukommen.

Das bevorzugte Thema würde immer und immer wieder der Mann im Mond sein. Heinerles Mami mußte sehr viel Geduld für den Vierjährigen aufbringen.

Eines Tages war es, nach Rücksprache der Mutter mit dem Vater, schließlich doch so weit, daß Heinerle an einem Abend etwas länger aufbleiben durfte, um endlich seinen Mond ansehen zu können. Das Elternpaar hatte einen Abend ausgesucht, an dem der Himmel azurblau war und die Mondsichel silbrig glänzend am Firmament hing, als wollte sie jeden Augenblick auf die Erde herunterfallen. Dem war aber nicht so: die Mondsichel hing sehr fest oben am Himmelszelt.

Nun ging endlich Heinerles heißester Wunsch in Erfüllung: Es durfte auf Mamis Arm die Mondsichel sehen, die sehr eindrucksvoll auf den Junge wirkte. Mit vielem „Ah!" und „Oh!" nahm Heinerle das Mondgebilde am Himmelszelt wahr.

„So, mein Heinerle, nun hast du genug gesehen von deinem Mond, aber einen Mann im Mond, den gibt es nicht, den gibt es nur in deinen schönen Märchenbüchern. Ob du das alles schon verstehst, weiß ich nicht, mein Sohn, aber wenn du noch Fragen hast, dann mußt du eben noch einmal mich oder Papi fragen." Abschließend meinte Heinerles Mami: „Hoffentlich kannst du heute nacht schlafen, denn du bist heute später dran, als es normal wäre."

Das Heinerle riß wieder einmal sein Mündchen auf, zum Zeichen, daß es schon sehr müde war. Auch war der Junge von dem wirklichen Mond doch etwas enttäuscht. „Der Mann im Mond in meinen Märchenbüchern ist doch viel schöner", sagte er zu seiner Mami.

Diese packte den Jungen in sein Bettchen und bedachte ihn noch mit vielen Küßchen, damit Heinerle trotz des wirklichen Mondes, den es heute gesehen hatte, gut schlafen konnte. Das war die Devise von Heinerles Mami, als sie den Jungen in sein Bettchen legte.

Heinerle war plötzlich fest davon überzeugt, daß der Mond in seinen Bilderbüchern schöner war als der, den er heute in der Wirklichkeit am Horizont sehen durfte, und so schlummerte das Kind mit diesen guten Gedanken in den Schlaf hinüber.

Seine Mami verließ den Jungen erst, als sie sicher war, daß ihr Heinerle bereits fest schlief.

August Feierabend

So ein Lümmel

Langhaardackel Lümmel war mal wieder verschwunden. Spurlos. Frauchen suchte ihn überall, fand ihn aber nicht.

Nach fast drei Stunden schlich er sich in die Küche. Schuldbewußt? Nein. Frauchen hatte sogar den Eindruck, daß er sich freute und um ein schönes Erlebnis reicher war. Aber um was für eins? Hatte er eine Dackeldame kennengelernt oder Max, dem schwarzen Pudel, einen Knochen weggeschnappt? Wenn so ein Hund doch bloß erzählen könnte ...

Da kam Henning nach Hause. Der wußte, wo Lümmel gewesen war: „In der Schule war er mit mir. Zuerst schnupperte er in der Klasse herum, dann legte er sich unter meinen Tisch und schlief – schlief, während wir zu büffeln und verdammt schwere Aufgaben zu lösen hatten. In der zweiten Stunde lief er mit in den Naturkunde-Raum. Unsere Lehrerin hatte nichts dagegen. Im Gegenteil. Sie hob ihn auf den Tisch, erklärte uns seinen Körperbau und erzählte uns einiges über die Entwicklung und das Wesen der Hunde. Dann schrieb sie ins Klassenbuch: 'Heute bekamen wir einen neuen Schüler, er ist ein Langhaardackel und heißt Lümmel.' Alle Klassenkameraden fanden das sehr lustig und lachten. In der großen Pause lief Lümmel mit auf den Schulhof. Mensch, war das ein Hallo! Alle wollten ihm etwas von ihren Frühstücksbroten abgeben, aber er nahm nur welches mit Leberwurst. Als für uns der Unterricht wieder begann, haute er ab ..."

Lümmel war auch jetzt schon wieder aus der Küche verschwunden. Durch das Fenster sah Frauchen ihn unten im Garten lang ausgestreckt in der warmen Mittagssonne liegen. Er döste so behaglich vor sich hin, daß er die Gefahr gar nicht witterte, die sich ihm in Gestalt eines großen, dicken Katers näherte – des Katers Hermann, den Lümmel schon oft in seinem Revier aufgesucht und gejagt hatte. Es sah so aus, als wollte der Kater sich rächen: Er schlich sich an den Hund heran, kam ihm näher und näher und versetzte ihm, bevor er Frauchens Warnruf wahrnahm, einen solchen Tatzenhieb, daß er hochschreckte und gepeinigt aufjaulte.

Da der Kater angriffslustig und fauchend dem jämmerlich klagenden Lümmel gegenüber stehenblieb, ergriff Frauchen kurzentschlossen einen für das Mittagessen bereit liegenden Kohlkopf und schleuderte ihn zwischen die beiden Gegner.

Die Tiere erschraken. Der Kater wich allerdings kaum zur Seite. Er guckte mit großen, leuchtenden Augen wie verständnislos fragend zum Küchenfenster hinauf, während Lümmel in panischem Schrecken erst das Weite und dann Frauchens Nähe suchte – Frauchens und der Familie Nähe, von der er wußte, daß sie ihm immer Schutz und Geborgenheit gewährt, immer, auch in Zukunft.

Aufregung um Lümmel

„Alarm, Vati, Alarm!" schrie Henning durch das ganze Haus und trommelte mit beiden Fäusten gegen die Tür des Schlafzimmers seiner Eltern.

„Ruhe! Heute ist Sonntag. Vati will ausschlafen und nicht Räuber und Gendarm mit dir spielen!" herrschte ihn seine Mutter an.

„Aber ich gebe doch Alarm, Mutti, Alarm: Lümmel ist weg!"

„Lümmel – weg?" Der Vater, der eben noch im tiefsten Schlaf gelegen und geschnarcht hatte, fuhr erschrocken hoch.

„Ja. Ich habe ihn rausgelassen, weil er mal mußte. Plötzlich ist er jaulend hinter einem Karnickel her und unter die alte Baracke geflitzt. Da scheint er eingeklemmt zu sein. Er jammert fürchterlich."

„Eingeklemmt? Er jammert fürchterlich?" Die Eltern sprangen aus ihren Betten.

Der Vater warf sich seinen Morgenmantel über und eilte in den Garten. Da hörte er es schon, das dumpfe Jammern seines geliebten Hundes, des Langhaardackels Lümmel. Kein Zweifel: Er war in den Kaninchenbau geraten, der sich auf dem Nachbargrundstück unter dem Fußboden einer Barackenruine befand.

„Lümmel, komm! Komm raus!" befahl Hennings Vater, aber der Hund gehorchte nicht. Konnte er nicht gehorchen, weil er da unten irgendwie eingeklemmt war?

Ja, er mußte eingeklemmt sein, denn nach unendlich langen, sorgenvollen Minuten war Lümmel immer noch nicht ans Tageslicht zurückgekehrt. Und weil er das Jammern plötzlich einstellte und es ganz still wurde, fingen seine Leute an zu jammern, allen voran Henning: „Jetzt ist er tot."

„Tot?!" schrie Birgit, Hennings Schwester, entsetzt auf.

„Wir müssen was tun", sagte die Mutter aufgeregt.

Der Vater stimmte ihr zu. Er hatte zwar mit seiner Schlafanzughose Schwierigkeiten, weil sie wegen des zerrissenen Gummibandes zu rutschen drohte, aber er dachte nur an den in Not befindlichen Liebling der Familie. Er eilte in den Keller, kehrte mit Brecheisen und Spaten zurück, riß den Fußboden auf und fing an, am Eingang des Kaninchenbaus in die Tiefe zu graben.

Das war schwierig und dauerte nicht nur den Umstehenden viel zu lange, sondern auch dem Vater. Er gab das Werkzeug aus der Hand, legte sich, ungeachtet der guten Kleidung, auf den Boden und steckte einen Arm suchend in den Kaninchenbau hinein.

Der „Schatzsucher" hatte Glück: Er ertastete einen Schenkel – einen Schenkel seines Hundes oder einen Schenkel eines Karnickels? Dem Mann gelang es, das Bein zu umklammern und das Tier vorsichtig aus dem Bau herauszuziehen. Es war – völlig verdreckt – Lümmel.

Auch der Vater war dreckverschmiert. Aber darüber schimpfte nicht einmal die Mutter. Sie alle kannten nur eins: das Glück, Lümmel gerettet zu haben – Lümmel, ohne den es für die Familie ganz einfach kein Glück gibt.

Meine Kirschen – deine Kirschen – unsere Kirschen oder Das Starenbaby und der Sieg über die Donnerbüchse

Kirschen sind eine köstliche Frucht – nicht nur für uns Menschen, auch für manche Tiere. Sogar Hexe, die Dackeldame, bestand darauf, von den Kirschen, die die Mutter zum Einmachen vorbereitete, zu kosten. Und siehe da: Der Hündin schmeckten die runden roten Dinger so gut, daß sie „Nachschlag" verlangte und – bekam. Na klar! Schließlich war Hexe nach den Kindern Rudi und Ingrid das liebste Kind im Hause. Manchmal rangierte sie sogar an erster Stelle.

An letzter Stelle, weit hinter den lästigen Stubenfliegen und Mücken, rangierten im Ansehen der Familie die Stare. Sie benahmen sich aber auch – ja, das war empörend! Sie fielen im Garten über die beiden Kirschbäume her, daß die sparsamen und auf eine reiche, eigene Ernte bedachten Eltern vor Zorn bebten, ihre Tierliebe unterdrückten und den Kirschenräubern „sonst was an den Hals" wünschten. Aber Wünsche allein vermochten es nicht, die freßlustigen Vögel zu verjagen und die köstlich-kostbaren Früchte für den Einmachtopf zu retten. Also mußte zur Tat geschritten werden – und es wurde zur Tat geschritten!

Der Vater riß eine alte, von der Mutter geopferte Gardine in Streifen und spannte sie kreuz und quer über die Kirschbäume.

Weil sich die Stare über diese urgroßväterliche Methode offensichtlich aber nur lustig machten und weiter eine Kirsche nach der anderen mausten, zimmerte der Vater einige Tage später aus ein paar Latten, einem an sich noch tragbaren Anzug und einem alten Hut eine Vogelscheuche. Aber auch sie hielt die Stare nicht fern.

Nun sollte es eine Windklapper tun. Klapp, klapp, klapp! – und alle Stare lassen erschreckt von den Kirschen ab. Denkste! Die Vögel gewöhnten sich auch an dieses Ungetüm.

Da war der Vater nicht mehr zu halten. Voller Wut besorgte er sich ein Kleinkalibergewehr und – krachbum! Aber nein, dazu kam es gar nicht.

Als der Vater mit dem Gewehr die Wohnstube betrat, stürmten Rudi und Ingrid ihm freudestrahlend entgegen. „Rate mal, Vati, was wir haben!" rief Ingrid mit leuchtenden Augen.

„Hat Mutti euch Schokolade gekauft?" entgegnete er.

„Nein!" schrien die Kinder wie aus einem Munde.

„Neue Sandeimer und Backformen?"

„Nein! Etwas Lebendiges", sagte Rudi.

„Etwas …?"

Da ertönte vom Fenster her ein piepsig-krächzender Laut. Der Vater ging darauf zu und sah die „Bescherung": In Mutters schönem Einkaufskorb, von einer Graspolsterung und einer nicht geringen Portion Kirschen umgeben, saß – der Vater traute seinen Augen nicht – ein Vogel. Ein Vogel? Irgendeiner etwa? Ein Spatz, ein Grünfink, eine Grasmücke? Nein! Der Vater hatte ihn, obwohl er noch sehr jung war, sofort erkannt. Der Vogel, der ihm aus dem Korb unschuldig zuzwinkerte und den Schnabel plötzlich weit aufriß, weil er mit einer Kirsche gefüttert werden wollte, das war – ein Starenkind, ein künftiger Kirschenräuber!

„Sagt – sagt mal", stotterte der Vater bestürzt, „seid ihr noch bei Trost?"

„O ja, noch sind wir bei Trost", antwortete die Mutter. „Ob wir es aber bleiben, wenn du mit der brutalen Donnerbüchse die Eltern dieses kleinen, süßen Wesens abknallst …"

„Aber du warst doch damit einverstanden!" brauste der Vater auf.

„Ich war es", sagte die Mutter, „bis Ingrid im Garten dieses kleine, hilflose Vogelbaby fand."

„Sieh mal, Vati, ist es nicht niedlich?" fragte Ingrid.

„Ja, aber – aber die Kirschen!" mahnte der Vater.

„Ich mag gar keine Kirschen mehr", beteuerte Rudi.

„Und über die paar, die die Stare uns rauben, kommen wir hinweg", fügte die Mutter hinzu.

„Die paar Kirschen, die sie uns rauben, bezahle ich von meinem Taschengeld", versprach Ingrid.

Der Vater holte tief Luft. „Ich will euch mal was sagen ...!" begehrte er verärgert auf, aber im gleichen Augenblick begegneten seine strengen Augen jenen unschuldigen und treuherzigen des Vogelkindes, so daß er mitten im Satz innehielt. Dann fiel sein Blick auf die Kinder und auf Hexe, die Dackeldame, die ja auch schon so manchen Unfug angerichtet und letzthin erst einen Hausschuh zerfleddert hatte, ohne dafür umgebracht worden zu sein. Und Hausschuhe kosten Geld, viel Geld; sicherlich hätte man viele Pfunde Kirschen dafür kaufen können ...

„Was wolltest du uns sagen, Vati?" fragte Ingrid arglos.

„Ach!" stieß er ärgerlich, aber doch einsichtsvoll hervor und ging davon. Er brachte die „Donnerbüchse" zurück, ohne einen Schuß daraus abgefeuert zu haben. Sicherlich war er ganz froh darüber, denn im Grunde genommen lag ihm das Hantieren mit so einem brutalen Ding gar nicht. Ihm lag es eher, sich mit Tieren friedlich zu beschäftigen. Er liebte sie – auch das Starenkind.

Noch am selben Tage beobachtete die Mutter, wie der Vater eine Kirsche entkernte und den kleinen Vogel damit – mit einer seiner köstlich-kostbaren Kirschen! – fütterte. Ja, auch der Vater sorgte dafür, daß das Starenkind genas und flügge wurde. Eines Tages flog es mit einem dankbaren Schrei auf und landete – mitten im Kirschbaum ...

Pips, zwei Sternengucker und die Igelfamilie

Eigentlich sollte nicht die Igelfamilie auf der Wiese im Blickpunkt jenes Sommerabends stehen, sondern der Große Löwe am Sternenhimmel. So jedenfalls hatte Detlef, der Sternengukker unserer Familie, es sich gedacht. Deshalb war auf der Terrasse schon bei Anbruch der Dämmerung sein Teleskop aufgestellt und auf den Südhimmel ausgerichtet, als der „Professor" mit seinem treuen „Mopspudeldackelpinscher" Pips eintraf.

Der „Professor", das war Detlefs Freund und Klassenkamerad Martin, der auf vielen Wissensgebieten erstaunliche Kenntnisse besaß, weshalb ihm von einem seiner Lehrer der vielsagende und Anerkennung aussprechende Spitzname „Professor" gegeben worden war.

Natürlich kannte sich der „Professor" auch am Sternenhimmel aus. So stellte er mit einem kurzen Blick auf das Teleskop sachkundig fest: „Mit dieser Einstellung wirst du nicht den Südhimmel erfassen, sondern den Südwesthimmel. So würden wir also nicht den Großen Löwen, sondern den Kleinen Hund beobachten."

In diesem Augenblick jaulte Pips, Martins kleiner Hund, von der Wiese her laut auf.

„Aber damit bist du doch nicht gemeint, Pips", rief sein Herrchen.

Pips, der bis dahin ruhelos auf der Terrasse und auf der davor liegenden Wiese herumgeschnüffelt hatte, ließ sich jedoch nicht beschwichtigen. Er kam erbärmlich jaulend näher und veranlaßte die beiden Jungen, das Teleskop im Stich zu lassen und sich ihm zuzuwenden. Und als Martin seinem Hund beruhigend den Kopf kraulte, da sah er es: Von Pips' Schnauze troff Blut.

„Blut? Pips, was ist los? Was hast du gemacht?"

Das verständige Tier lief heulend davon, bis es am Rande der Wiese vor einem in der Dämmerung nicht klar erkennbaren Gegenstand stehenblieb. Es mochte ein Stein sein. Jedenfalls mußte er mit der Verletzung des Hundes im Zusammenhang stehen.

Pips, der ein typischer Vertreter der sogenannten Promenadenmischung war – vom Mops hatte er die kurze Schnauze und den Ringelschwanz mitbekommen, vom Pudel das krause, schwarzweiße Haar, vom Dackel den langen Leib mit den niedrigen, krummen Beinen und vom Pinscher die klugen, treuen Augen –, dieser Pips, den Martin als den „klügsten und treuesten Hund der Welt" bezeichnete, führte sich nun sonderbar auf. Er blickte gebannt auf den leblos scheinenden Gegenstand, zitterte vor Erregung, schlich ängstlich um ihn herum und beschnüffelte ihn. Als er ihn mit seiner Schnauze erneut berührte, jaulte er wieder jämmerlich auf.

Nun eilten Martin und Detlef dorthin. Im Scheine einer Taschenlampe betrachteten sie den Gegenstand, der den Hund so sehr in Aufregung versetzt und verwundet hatte: Es war kein Stein, es war – ein Igel. Zusammengerollt zeigte er seinen vermeintlichen Feinden nur Stacheln, nichts als dornenspitze, unheildrohende Stacheln.

„Dagegen ist Pips natürlich machtlos", sagte der „Professor" und sperrte seinen Hund sicherheitshalber in Detlefs Bastelkeller. Danach ließ er sich eine kleine Schüssel voll wasserverdünnter Milch geben und stellte sie dem Igel hin. Aber das Tier kümmerte sich vorerst nicht darum. Es fühlte sich offenbar immer noch bedroht und gab seine Abwehrstellung einstweilen nicht auf.

„Ich verstehe Pips nicht", sagte Detlef, „er ist doch viel stärker. Warum hat er den Igel nicht auf den Rücken geworfen?"

„Ganz einfach: Weil er ihn nicht packen kann", erklärte Martin. „Guck dir die kleine Festung doch an. Sie zeigt nicht eine Lücke – nur spitze, Blut verheißende Stacheln. Wohin ein Hund beim Igel auch schlägt, er trifft auf Stacheln und holt sich Wunden und Schmerzen."

„Der großmäulige, rauflustige Hund ist dem kleinen, stummen Igel also unterlegen?"

„Nicht nur der Hund ist es", antwortete der „Professor". „Fast alle anderen Tiere ziehen diesem Insektenfresser gegenüber den kürzeren. Sogar die Kreuzotter kommt gegen ihn nicht an. Du, das habe ich mal erlebt. Bei meinem Onkel in Schierhorn in der Lüneburger Heide. Da stöberten mein Vetter und ich eines Tages eine Kreuzotter auf. Wir bewarfen sie mit Steinen und trieben sie, ohne es zu ahnen, in die Nähe eines Igels. Sie war gerade ein wenig zur Ruhe gekommen, als sie plötzlich ihren Kopf zurückschnellen ließ und mit ihren gefährlichen Zähnen auf ihr Schwanzende einen Biß abfeuerte. Das hatte natürlich seinen Grund: In ihr Schwanzende hatte sich der Igel verbissen. Von wahnsinnigen Schmerzen gereizt, schlug die Schlange wieder und wieder zu, aber an dem Stachelpanzer prallten die wütenden Angriffe wirkungslos ab. Und als der Angriffs- und Widerstandswille der Kreuzotter nach einiger Zeit erlahmte, sie sich in einem letzten Aufbäumen aber doch noch einmal ihrem Schwanzende zuwandte, da ließ der Igel es frei, um im nächsten Augenblick sein kräftiges Gebiß in den Hals der Kreuzotter zu schlagen. Sie krümmte sich und mußte sich kurz darauf von dem Sieger tot unter einen Baum zerren und verspeisen lassen."

In diesem Augenblick gab der Igel zu Füßen der beiden Jungen seine Abwehrstellung auf. Erst schob er seine rüsselartige Nase und seine listig blinzelnden Augen unter dem Stachelpelz hervor, schließlich seinen ganzen Kopf. Nun wandte er sich unverzüglich der Milch zu. Es war zu hören, daß sie ihm schmeckte – so laut schmatzte er.

Nach einer Weile hielt er plötzlich inne. Er schien ein Geräusch wahrzunehmen. Jetzt hörten auch die beiden Jungen, daß es in dem auf der Erde liegenden Laub raschelte. Im nächsten Augenblick lief der Igel davon.

Warum? Wohin? Was war los?

Detlef und Martin verhielten sich mucksmäuschenstill. Sie ahnten, daß etwas Besonderes auf sie zukam, und stellten fest, daß sich das Rascheln im Laub näherte.

Und dann – „Oh! Oh!" –, dann gewahrten sie etwas, was ihre Herzen höher schlagen ließ: Ein anderer Igel, wahrscheinlich die Frau desjenigen, der sich aus dem Staube gemacht hatte, trippelte eilig herbei – im Gänsemarsch gefolgt von zwei, drei, vier, fünf Jungen! Die Alte hob schnüffelnd ihre feine Rüsselnase, witterte die Milch und führte ihre Kinder an die Schüssel. Dort nahmen sie rundherum Aufstellung, und es schien, als wollte die Mutter den Kleinen zeigen, wie man es macht: das Milch-Schlabbern. Jedenfalls bemühten sie sich eifrig, es ihrer Mutter gleichzutun. Zwei von ihnen waren jedoch so ungestüm, daß sie über den flachen Rand der Schüssel direkt hineinstiegen in das kostbare weiße Naß, das sie offenbar zum ersten Mal in ihrem erst wenige Wochen währenden Leben genossen.

Oh, was für ein entzückendes Bild war das, was für eine große Freude! Detlef und Martin mußten sich zusammennehmen, um nicht in laute Begeisterungsrufe auszubrechen. Sie wußten, daß Unruhe gerade für Tierbeobachtungen gänzlich unangebracht ist, daß man dabei still sein muß und sich nur so wenig wie nötig bewegen darf.

So (und bei behutsamem Gebrauch ihrer Taschenlampe) war den Jungen das Beobachtungsglück eine Zeitlang hold. Erst als die Igelfamilie die Milchschüssel ausgeschlabbert hatte, lief sie im Gänsemarsch davon – zwei Freunde zurücklassend, die an diesem Abend wegen aufziehender Wolken zwar nicht mehr dazu kamen, den Großen Löwen am Sternenhimmel zu beobachten, die dafür aber ein Glück erfahren hatten, das sie sicherlich ihr Leben lang nicht vergessen werden.

Ostersensation: Lebendige Küken!

Es war einige Wochen vor Ostern, als einem geschäftstüchtigen Süßwarenhändler ein Werbeeinfall kam, der seiner Überzeugung nach außerordentlich originell und vor allem sehr erfolgversprechend war.

Der Kaufmann beeilte sich, seinen Genieblitz unverzüglich in die Tat umzusetzen. Er rief einen Eier- und Brutfabrikanten an und bestellte bei ihm unter strikter Geheimhaltung 50 lebendige Küken. Als Liefertermin vereinbarten die beiden Geschäftsleute: Donnerstag vor Ostern, morgens 7 Uhr.

Am Mittwoch der Osterwoche lüftete der Süßwarenhändler in einer Zeitungsanzeige und in einem Schaufenster-Aufkleber sein großes Geheimnis:

Achtung! Achtung!
Kommen Sie!
Erleben Sie mit Ihren Kindern
SÜSSWAREN-MÜLLERS
OSTER-SENSATION:
Zu jedem größeren Einkauf
erhalten Sie
EIN LEBENDIGES KÜKEN!!!

Am Donnerstagmorgen um 7 Uhr wurden sie in einem großen Korb angeliefert: die 50 Küken – allerliebste, zarte Geschöpfe, muntere Oster- und Frühlingsboten.

Aber was hatten die kleinen, piepsigen Tiere hier in diesem finsteren, jedenfalls nur künstlich beleuchteten, nur nach Süßigkeiten duftenden Verkaufsraum zu suchen? Nichts!

Nichts? O doch! Der geschäftstüchtige Herr Müller wollte es sich und der einkaufswütigen Bevölkerung beweisen. Er wußte, daß sich die Leute durch sensationelle Ankündigungen in Massen anlocken ließen. Er brauchte auch gar nicht lange zu warten: Noch vor der eigentlichen Geschäftsöffnung kam der erste Kunde – jedenfalls ein Mann, der als erster nach den Küken fragte.

„Die sind schon da!" antwortete Herr Müller triumphierend. „Hören Sie sie nicht piepsen?"

„Ja, ich höre sie", sagte der vermeintliche Kunde. „Was sollen sie denn kosten?"

„Das kommt darauf an. Bei einem größeren Einkauf erhalten Sie ein Tier geschenkt."

„Ich will nicht ein Tier, ich will alle Tiere!"

„Sie wollen – wie bitte?" Herrn Müllers Miene verfinsterte sich. „Kommt gar nicht in Frage!" sagte er. „Wer sind Sie denn überhaupt? Ein Konkurrent? Wollen Sie mir meine Verkaufsidee kaputtmachen?!"

„Wenn Ihre Verkaufsidee mit der Tierquälerei zusammenhängt, dann will ich sie kaputtmachen, ja!"

„Tierquälerei? Wollen Sie mich beleidigen? Ich bin als Tierfreund bekannt, Sie!" schrie Süßwaren-Müller aufgebracht.

„Ist ja großartig, Herr Müller", rief da der Fremde aus. „Wenn Sie ein Tierfreund sind, dann wird es ja gar nicht schwierig sein, Sie davon zu überzeugen, daß der Verkauf oder die Werbegabe von Küken …"

„… keine Tierquälerei ist!" ergänzte Herr Müller mit Nachdruck. „Da, bitte. Da steht der Korb mit den Küken. Macht auch nur eines von ihnen einen gequälten Eindruck? Nein! Im Gegenteil: Sie sind so munter, wie sie nur sein können. Ist ja auch kein Wunder: Als Tierfreund habe ich den Lieferanten dazu verpflichtet, daß die Küken gesund und gut genährt geliefert werden und daß sie auch im Korb genügend Nahrung finden!"

„Und danach?"

„Danach?"

„Was wird aus den Tieren, wenn sie nicht mehr in dem Korb und nicht mehr in Ihrer Obhut sind?"

„Das – das –", stotterte Herr Müller.

„Nun?" forschte der fremde Mann. „Darüber haben Sie sich wohl keine Gedanken gemacht, wie?!"

„Aber selbstverständlich! Die Tiere kommen doch in die Obhut vernünftiger Leute, in die Hände von Tierfreunden."

„... in die Hände von Tierfreunden, die wissen, wie man Hunde und Katzen und Stubenvögel hält, die aber keine Ahnung davon haben, wie man ein Küken großzieht. Bedenken Sie doch, Herr Müller: Diese leicht zerbrechlichen Tiere sind verloren, wenn sie in eine für sie völlig ungeeignete Umgebung kommen, in Wohnungen, in denen sie nicht den geringsten Auslauf haben!"

„Nicht den geringsten Auslauf? Warum nicht? Sie sind sehr genügsam, man kann sie doch ..."

„Nein, nein, Herr Müller! Machen Sie sich nichts vor. Kein Mensch wird die Tiere sich auf dem Teppich tummeln lassen. Die Küken würden nur im ersten Augenblick Begeisterung hervorrufen und dann die meiste Zeit unbeachtet im Pappkarton hocken bleiben. Den Kindern würden sie eine Weile als Spielzeug dienen und schließlich elendig zugrunde gehen. Wollen Sie als Tierfreund das verantworten?"

„Ich – äh –", suchte Herr Müller nach Worten. „Ich – ich sehe das nicht so pessimistisch. Ich ..."

„Herr Müller! Bitte, machen Sie sich nichts vor. Überlegen Sie doch mal ..."

„Nein! Nein, so schwarz sehe ich das nicht. Ich sehe, daß ich meinen Kunden damit eine freudige Überraschung bereite, und das – das ist mir die Sache wert."

„Nun tun Sie auch noch so, als ginge es Ihnen um die freudige Überraschung Ihrer Kunden ..."

„Aber selbstverständlich!" fuhr Herr Müller entrüstet auf. „Um was denn sonst?"

„Wollen Sie, Sie angeblicher Tier- und Menschenfreund, daß ich diese Frage ungeschminkt beantworte?"

„Ersparen Sie sich Ihre Antwort! Ich will, daß Sie jetzt gehen, und zwar sofort!"

„Herr Müller, bitte!"

„Gehen Sie! In wenigen Minuten kommen die ersten Kunden. Gehen Sie!"

Der um die Küken besorgte Mann schlug noch einmal einen versöhnlichen Ton an: „Herr Müller ..."

„Schluß jetzt!" brauste der Süßwarenhändler wütend auf. „Wenn Sie nicht sofort mein Geschäft verlassen, dann rufe ich die Polizei!"

Der so barsch Angeredete dachte eine Weile nach, dann sagte er ruhig und entschlossen: „Gut, dann rufen Sie die Polizei."

Und tatsächlich eilte Süßwaren-Müller in den Nebenraum ans Telefon und rief die Polizei an.

Als er eine Minute später in seinen Laden zurückkehrte, erstarrte er vor Entsetzen: Der Fremde hatte mit dem Korb voller Küken das Weite gesucht.

„Hilfe!" schrie Müller, nachdem er sich gefaßt hatte. „Hilfe! Raubüberfall!"

Die etwas später eintreffende Polizei sah den Fall nicht ganz so dramatisch. Sie protokollierte ihn zwar und setzte den eingehend beschriebenen Räuber und das gestohlene Gut auf die Fahndungsliste, betonte aber, sich vorerst dringenderen Fällen widmen zu müssen.

Das ärgerte Süßwaren-Müller natürlich, aber durch den Ansturm seiner Kunden kam er bald darüber hinweg. Erst fiel es ihm schwer, eine Erklärung dafür zu finden, warum die so groß angekündigte „Oster-Sensation" ausblieb – war er sich doch nicht sicher, wie seine Kunden die Version vom Raubüberfall aufnehmen würden –, aber dann brachte eine Kundin ihn auf den erlösenden Gedanken. Die ihm bis dahin unbekannte Frau behauptete nämlich, in der Stadt sei man über Süßwaren-Müller des Lobes voll, weil er als Tierfreund es nicht übers Herz habe bringen können, die Küken als Werbeschlager zu mißbrauchen. Müller fand, daß das die beste, offenbar sogar werbewirksamste Erklärung war, und gab sie gegenüber jedem ab, der nach den Küken fragte – mit dem Erfolg, daß viele Kunden für seinen „selbstlosen Werbeverzicht" nicht nur Verständnis zeigten, sondern ihn sogar lobten.

Der Gipfel des Lobes – wenn leider auch verallgemeinert – stand bereits in der Mittagszeitung: *Die Süßwarenhändler unserer Stadt haben sich als vorbildliche Tierfreunde erwiesen! Sie verzichteten darauf, lebendige Küken als erfolgversprechenden Werbeschlager zu mißbrauchen. Sie sind der Meinung, daß diese so leicht zerbrechlichen Tiere kein Spielzeug sind und daß sie nicht in unsere Wohnungen, sondern auf einen Bauernhof gehören. Verständnis und Zustimmung unserer tierliebenden Bevölkerung sind den Süßwarenhändlern gewiß!*

Süßwaren-Müller konnte nicht anders: Er fertigte in aller Eile einen im Sinne der Zeitungsnotiz abgefaßten, aber natürlich ganz auf sich bezogenen Schaufenster-Aufkleber an und freute sich, allenthalben als der „vorbildliche Tierschützer" anerkannt und gelobt zu werden.

Auch die Kundin vom Donnerstag lobte ihn noch einmal, und zwar am Dienstag nach Ostern. Und als sie feststellte, daß er sich darüber sehr geschmeichelt fühlte und daß er, nicht zuletzt wegen des guten Ostergeschäfts, bester Laune war, da öffnete sie die Ladentür und rief: „Herbert! Herbert, komm ruhig herein!"

Und wer kam herein? – Herr Müller traute seinen Augen

nicht und erstmals auch nicht seinem Verstand –: der Kükenräuber, dieser freche, unverschämte Mensch.

Der Kaufmann wurde krebsrot vor Zorn. Da sich aber der Eingetretene in aller Form entschuldigte, beherrschte er sich – ja, er machte bald gute Miene zu dem vermeintlich bösen Spiel und lächelte, konnte sich schließlich jedoch die Frage nicht verkneifen: „Und wer bezahlt mir den Spaß?"

„Ich", sagte der „Räuber". „Was haben Sie zu kriegen?"

Der Geschäftsmann nannte ihm einen so stolzen Preis, daß er erschrak und für einen Augenblick zögerte.

„Wenn Ihnen die Küken das nicht wert sind, dann hätten Sie sie nicht stehlen dürfen."

„Doch, doch, das sind sie mir wert."

„Und wenn Sie sich die Kosten mit meinem Mann teilen?" fragte die Frau.

„Kommt nicht in Frage!" sagte Müller bestimmt und strich das ihm auf den Kassentisch hingeblätterte Geld ein.

„Würden Sie mir bitte eine Quittung geben", bat der Kükenräuber.

Da lächelte Müller. „Die bekommen Sie vom Tierschutzverein."

„Vom –? Donnerwetter, Herr Müller, das ist ein Wort!" erwiderte sein Gegenüber und streckte dem Süßwarenhändler die Hand entgegen.

Der schlug freudig ein. „Eine Frage müssen Sie mir noch beantworten, bevor ich meine Anzeige bei der Polizei zurücknehme: Wo sind die Küken eigentlich geblieben?"

„Die? Die tummeln sich unter freiem Himmel bei einem Bauern im Neugrabener Dorf – bei einem Bauern, der Legebatterien und übrigens auch Mastboxen ablehnt – bei einem Menschen, der noch weiß, was er seinen Tieren schuldig ist …"

Du und das Tier

Dem Tier – ob groß es ist, ob klein –
sollst Freund du und Beschützer sein!
Nicht nur dem Tier in deinem Haus,
dem freien auch im Wettergraus.
Vergiß es nicht! Neig dich ihm zu.
Stell dich mit ihm auf du und du.
Blick ihm ins Aug', lern es verstehn –
das Tier macht deine Welt erst schön!
Doch wie es deine Welt erhellt,
erhelle du des Tieres Welt:
Betreue es, spiel mit dem Tier,
doch halt es nicht als Spielzeug dir!
Vergiß nie, daß es atmet, lebt,
daß es wie du nach Freiheit strebt!
Sorg, daß es Sonne hat und Licht!
Daß es gequält wird, dulde nicht!
Und wenn ein Tier in Not gerät,
pack zu und hilf, eh' es zu spät.
Dem Tier – ob groß es ist, ob klein –
sollst Freund du und Beschützer sein!

Marianne Gregor

Die Schneeflockenprinzessin

Peter lag mit einem dicken Schal um den Hals im Bett. Er hatte längst ausgeschlafen und langweilte sich. Außerdem spürte er jetzt wieder deutlich, daß sein Hals immer noch schmerzte. „Mutti", rief er, „Mutti! Bitte, lies mir doch eine Geschichte vor!"

Weil er krank war, konnte die Mutter nicht zur Arbeit gehen. Und Peter genoß es, daß die Mutter für ihn Zeit hatte. Ein dickes Märchenbuch hatte sie ihm schon vorgelesen in diesen wenigen Tagen. Nun angelte er das Buch mit den Tiergeschichten von seinem Regal überm Bett. Dabei fielen seine kleinen Spielautos herunter, die daneben aufgereiht gestanden hatten.

Die Mutter, die auf sein Rufen hin aus der Küche gelaufen kam, runzelte die Stirn. Peter sah erschrocken zu ihr hinüber. Aber im nächsten Augenblick half sie ihm schon beim Aufräumen. Als alles wieder an Ort und Stelle war, stellte sie ihm ein paar Kissen hinter seinen Rücken, daß er bequem sitzen konnte, stopfte die Bettdecke um ihn herum und zog die Gardine fort. „Sieh mal, Peter, ich glaube, da tanzen ein paar Schneeflocken vorm Fenster. Vielleicht schneit es heut mal richtig! – Da wird es nicht langweilig, wenn ich dich kurze Zeit allein lassen muß. Ich gehe nur schnell einkaufen."

Peter maulte ein bißchen, denn es gefiel ihm nicht, daß seine Mutter weggehen wollte. Und an Schnee glaubte er schon gar nicht. Auch im letzten Winter hatte es keinen Schnee gegeben. Weshalb sollte es ausgerechnet heute schneien?

Trübsinnig hockte er in seinem Bett und starrte auf das nackte Fenster. Draußen tanzte wirklich etwas vor der Scheibe. „Der Wind wird etwas Staub aufgewirbelt haben", dachte Peter. Von

Schnee war nichts zu sehen, so sehr er seine Augen auch anstrengte. Schließlich wurde er müde davon, und die Augen fielen ihm immer wieder zu.

Plötzlich sah er glitzernde weiße Gebilde herunterschweben. Sie wehten zu ihm her, bis sie an der Scheibe klebten, die ihnen den Eintritt verwehrten.

Es war, als wollten sie sagen: „Peter, wir sind zu dir gekommen, weil du dir Schnee so sehr gewünscht hast. Sieh uns an, wie schön wir sind!" Peter konnte sich nicht satt sehen an den wunderschönen Schneeflocken. Lauter Blüten und Sterne! Wie die Scherenschnitte in seinem Bastelbuch. Ach, noch viel schöner und vielfältiger!

Die größte und schönste Schneeflocke zog ihn magisch an; und als sie sich jetzt in wildem Wirbel in den Lüften drehte, dachte Peter sehnsüchtig: „Ach, wenn ich doch mitfliegen könnte!"

„Komm, Peter, flieg mit mir! Schwing dich auf meinen Rücken!" hörte er ein feines Stimmchen. Konnte die Schneeflocke Gedanken lesen? Peter glaubte zu träumen. Dann hörte er wieder diese lockende Stimme.

„Aber ich bin doch krank", wollte er sagen, doch dazu kam es nicht mehr. Er fühlte plötzlich, daß er schwebte, mitten zwischen den wirbelnden Schneeflocken. Wie leicht und fröhlich war ihm zumute! Kein Halsweh zwickte, kein Husten schüttelte ihn. Nicht einmal die Nase lief.

Auf der Straße hatte sich schon eine dünne Schneeschicht gebildet. Der Pförtner, der vor dem großen Werk Dienst tat, schlurfte aus der Tür und knurrte mißmutig: „Das fehlte gerade! Da werde ich wohl heute gar noch Schnee schieben müssen!"

Am Ende der Straße, die schon ziemlich rutschig geworden war, tänzelte eine Frau von einer Seite zur anderen. Von weitem sah das lustig aus. Aber plötzlich zog es ihr gänzlich die Beine weg, und plumps, saß sie auf der Straße. Der Inhalt ihrer Einkaufstasche lag verstreut um sie herum. Die alte Frau jammerte und konnte nicht allein aufstehen. Das war nun gar nicht mehr lustig.

Im Haus gegenüber öffnete ein Mann gerade die Tür, sah die Bescherung und rannte los, um der Frau aufzuhelfen. Dann schimpften beide um die Wette auf den Schnee. Und der Mann jammerte, daß er nun wieder soviel Kohlen kaufen müsse, wo doch seine Rente schon kaum reichte.

„Siehst du", flüsterte traurig das feine Stimmchen Peter ins Ohr, „die Leute wollen uns gar nicht!"

„Aber die Kinder wollen den Schnee, bitte, Schneeflöckchen, seid doch nicht traurig, wir wollen ihn wirklich sehr", sagte Peter flehentlich. „Wie sollen wir denn sonst Schlitten fahren oder einen Schneemann bauen?"

Die Schneeflockenprinzessin wollte sich überzeugen, ob Peter recht hatte. So flog sie mit Peter zur Schule, wo zu dieser Tageszeit die meisten Kinder zu finden waren. Schon von weitem hörten sie lautes, fröhliches Kindergeschrei.

Es war Pause, endlich Pause! Schon in der Stunde waren die Kinder unruhig auf ihren Stühlen herumgerutscht, weil sie vorm Fenster die Schneeflocken hatten tanzen sehen. Die Lehrerin hatte natürlich die Aufregung der Kinder bemerkt, und da sie sich selbst als Kind immer sehr über Schnee gefreut hatte, stimmte sie das Lied „Schneeflöckchen, Weißröckchen" an, das alle begeistert mitsangen. Als es aber zur Pause klingelte, waren sie wie ein Wirbelwind auf den Hof gestürmt. Lachend und schreiend tobten sie herum, bewarfen sich mit Schnee. „Schade", sagten einige, „für einen Schneemann reicht es noch nicht und zum Schlittenfahren auch nicht."

„Siehst du", frohlockte Peter, „die Kinder freuen sich über den Schnee!"

„Ja, ich sehe es", bestätigte die Schneeflockenprinzessin, nun schon versöhnlicher gestimmt. „Aber wie soll man es jedem recht machen?"

Weiter sausten sie, immer weiter, über Gärten, wo die Blumen klagten: „Uns ist kalt. Wir sterben vor Kälte. Wenn es doch keinen Winter gäbe!

> Der Sommer, das war unsre Zeit,
> trugen unser Blütenkleid,
> das mit seinen Farben fing
> manchen losen Schmetterling."

Über Felder ging es, die der Frost hart gemacht hatte. Tiefe Seufzer kamen aus den Erdrissen: „Hu, hu, der Frost dringt bis in unsre Eingeweide. Wie häßlich doch der Winter ist!

> Sommersonne war uns hold.
> Ähren reiften ihr zu Gold.
> Halme wogten hin und her
> über uns, ein Ährenmeer!"

Peter taten die Blumen und die Felder leid. Aber auch die kahlen Bäume ächzten und stöhnten unter der Kälte, dem eisigen Wind und verwünschten den Winter.

> „Fort all unsre Blätter sind,
> weg trug sie der Winterwind.
> Stehn jetzt ohne Blätterkleid,
> nackt und bloß zur Winterzeit."

„Ich glaube, die mögen alle den Winter und den Schnee nicht, schade, liebes Schneeflöckchen", tröstete Peter traurig.

„Sie brauchen uns sogar sehr, sie wissen es nur nicht", seufzte die Schneeflockenprinzessin. „Nur meine Brüder, die Prinzen Frost und Wintersturm, waren schon wieder übereifrig."

„Weshalb brauchen sie euch?" wollte Peter wissen.

„Hast du schon einmal etwas von einer 'Schnee-*Decke*' gehört? Wenn der Schnee schön dick liegt, alles richtig zudeckt – da ist das Wort 'Decke' wieder –, wärmt er das Feld mit der Saat, den Garten mit seinen Blumen und Früchten, die Bäume – und schützt sie vorm Erfrieren."

Peter machte große Augen. „So etwas soll der kalte, nasse Schnee können?"

„Er kann sogar noch mehr!" entgegnete sie geheimnisvoll.

Dann wurde Peter sehr müde, denn die Reise wollte noch immer kein Ende nehmen. Als er wachgerüttelt wurde, sah er große halbkugelige Schneeberge vor sich, die alle eine Öffnung hatten. Es waren Schneehäuser, Iglus genannt. Darin lagen Menschen, in Felle gewickelt, und schliefen. Man sah nur wenig von ihren Gesichtern. Peter konnte nicht genug staunen und tippte ein Gesicht mit dem Finger an. Es war tatsächlich warm.

„Pst!" machte die Schneeflockenprinzessin und zog ihn rasch weiter.

Ein Eismeer lag vor ihnen, große Eisschollen schoben sich zusammen, krachten, ächzten. Vor einem Eisgebirge machen sie halt.

Tief im Innern saß ein uralter Mann. Er sah aus, als wäre er selber ein Felsen aus Eis mit einem langen Rauschebart aus Schneewolle. „Da bist du ja endlich, du Herumtreiberin!" grollte er so laut, daß es in dem Berg wie Donner hallte. „Du hast dich lange nicht mehr bei deinem Vater sehen lassen. Und deine Pflichten hast du auch gröblich vernachlässigt. Sieh dir deine Brüder an", fuhr er fort, da die Schneeflockenprinzessin verstockt schwieg, „Prinz Frost versieht gewissenhaft seinen Dienst, wie auch dein anderer Bruder, Prinz Wintersturm. Aber du sorgst nicht für den nötigen Schnee!" Und leiser und versöhnlicher brummelte der Winterkönig, denn das war er: „Ach, ach, kleine Schneeflockenprinzessin, dabei warst du immer mein Herzblatt!"

„Ja, Vater", seufzte die Schneeflockenprinzessin. „Aber wozu soll ich mich so anstrengen, meine Gefährtinnen antreiben, wo mich doch so viele gar nicht haben wollen? Sieh her, ich habe dir einen kleinen Jungen mitgebracht, den Peter. Der kann dir das bestätigen."

„Na ja", murmelt Peter verlegen, „es gibt natürlich Leute, denen der Schnee nicht gefällt und der Winter überhaupt nicht, weil man friert, viel heizen muß, Schnee schieben und weil man hinfallen kann. Aber wir Kinder freuen uns sehr über Schnee. Ja, wirklich!" fügte er noch zur Bekräftigung hinzu.

König Winter lachte dröhnend, daß der Berg wackelte. Als er endlich aufhörte zu lachen, wurde er plötzlich ernst: „Komm einmal her, mein Töchterchen!" sagte er fast zärtlich. „Man kann es nie allen recht machen. Aber unsere Familie hat ihre Aufgaben genauso ernst zu nehmen wie die Familie Frühling, die Familie Sommer oder Herbst. Wenn irgend jemand seine Arbeit nicht ernst nimmt, klappt es nicht mehr auf der Erde. Dann gibt es keine guten Ernten ..."

„Ich weiß, ich weiß", mischte sich Peter jetzt übereifrig ein, „die Schneedecke – das hat mir die Prinzessin erzählt."

Jetzt lachte König Winter wieder, ja, er schlug sich sogar vor Vergnügen auf die scharfkantigen Schenkel, und die Schneeflockenprinzessin lachte auch. „Da hat dir meine Tochter ja schon was Ordentliches beigebracht."

Vergnügt wirbelte die Schneeflockenprinzessin um den versöhnten Vater herum, kitzelte ihn im Bart und sagte zärtlich: „Ich weiß ja, du hast doch immer recht!"

„Ihr seid ein schönes Paar!" lobte er geschmeichelt. „Er wünscht sich Schnee, und du hast die Macht, ihm seinen Wunsch zu erfüllen. Also, was zögerst du noch? Auf, auf! Laß es tüchtig schneien, damit der Kleine und seine Freunde mal wieder einen richtigen Winter erleben!" Dabei klatschte er laut und fordernd in die Hände.

Erschrocken fuhr Peter in die Höhe. Vor ihm stand die Mutter und tat dasselbe. „Hallo, Peter, komm zu dir. Ich bin schon lange hier. Aber du hast überhaupt nichts gehört, auch nicht nach mir gerufen. Da habe ich noch schnell das Mittagessen zubereitet."

Peter wischte sich immer wieder die Augen. Dann sagte er leise, wie zu sich selbst: „Ich war ja auch nicht da!" Dabei lächelte er ganz rätselhaft.

Aber dann sprang er aus dem Bett, lief zum Fenster, schaute hinaus, jubelte und führte dabei einen regelrechten Indianertanz auf: Die Bäume hatten Schneemäntel bekommen, die Zäune weiße Pudelmützen und Gärten, Felder, Straßen eine dicke, warme Schnee-*Decke*.

„Morgen geh' ich rodeln", verkündete er triumphierend. „Ich bin auch schon ganz gesund, wirklich!"

Irmtraud Henze

Hans

Mein Onkel wohnte
nah am Walde
Des Wintermorgens
zog er gern zum Füttern aus
Der kühnste Rehbock kam
wenn er sich je verspätet
und klopfte ihn
mit dem Gehörn heraus

Von diesem Klopfen
trug die Pforte eine Kerbe
Hans pochte pünktlich und genau
Der Onkel folgte
stets beladen
Das Rudel wartete ja auch

Ich weiß nicht ob
das alte Zeichen
noch an der Tür ist
wünschte mir an meinem Haus
an meiner Pforte
eine Kerbe
von einem Wildtier
das mir so vertraut

Jakob

Großvater hatte
eine Raben
der Farben liebte
kräftig strahlend
den Kohlenstall
hat er bepflanzt
mit Plastikblumen
die er von den
Wirtshaustischen
durchs Fenster holte
Wirt und Wirtin stritten
Es war gerade Ruhetag

Großvater hatte
einen Raben
der Wörter liebte
kräftig strahlend
Schulkindern hat
er zugehört
Schimpfwörter hörte
er von ihnen
er lernte emsig
wie die Bienen
Kurgästen rief er
sie gern hinterher

Und niemand wußte
daß das nur ein Rabe tat

Doch eines Tages bekam
Großvater den Bescheid
daß er den Täter
zu entfernen hätte
der gegen jede gute Sitte
der Stadt verstoße
Nichts half seine Bitte

Großvater hatte
keinen Raben mehr

Bambi

Nach einer Pressenotiz

Fern in Sibirien zog eine Frau
ein Hirschlein mit der Flasche auf
So wuchs es ihr ans Herz
Als nun die Zeit kam
da der Junghirsch in die Wälder wollte
wußte sie wohl wie sie ihn schützen sollte
Sie dachte hin und her
strickte mit langen Nadeln kreuz und quer
ihre Idee für das geliebte Tier:
Einen Pullover aus hochroter Wolle
wie ihn die Treiber bei den Jagden trugen –
Als Treiber könnte er entkommen –
Nun der Pullover saß wie angepaßt
Der Rothirsch war noch seinen Wäldern angepaßt
ist vielen Jagden drum entronnen
Jedoch den Jägern war
das Wesen eines Treibers
– mit mächtigem Gestänge – sonderbar –
Sie mußten ihm noch auf die Schliche kommen –
umgarnten ihn und fingen ihn
jubelten auf vor Wonne
und ließen den „Kollegen" frei
der umwerfend bestrickend sei ...

Sein Leben war gewonnen!

Zarte

Meine Mutter   meine Schwester
nahmen nachts noch Wäsche ab
sahn ein endlos Heer von Faltern
über ihre Häupter schweben
hoben fassungslos die Hände
um zu beten   nur zu beten
überwältigt von dem Flug des
Riesenheeres das verwehte ...
Millionen Schmetterlinge
überwintern in den warmen
Ländern unsrer Erde ziehn zur
Zugzeit in gewaltigen Zügen
um den ganzen Globus während
wir nichtsahnend schlafen liegen
Und das Große streift vorüber ...
Um in Mexiko zu schlafen –
In den hochgelegnen Tälern
des Gebirges überwinternd
Kraft zu tanken für den Heimflug
und in Kindern – Kindeskindern –
welch Entzücken – heimzukehren!
Mancher Falter flog im Leben
bis 6000 Kilometer –
Heimat will unfaßbar jeder ...
Schmetterlinge ziehen heimwärts
erst als Kinder – als die Enkel –
Hold ans Herz der Heimat schmiegen
sich Millionenheere wieder

Süße Heimat! Süße Heimat!

Isabell Kappe

Ein winterlicher Reinfall

Es ist mal wieder eiskalt, Winter mit Eisschicht auf Seen, Tümpeln und Schwimmbecken. Mißmutig ziehe ich mir einen dicken Pullover und meine Jacke an, denn ich „muß" nämlich noch, wie immer, zu meinem Pferd Harlekin. Sonst gehe ich natürlich gern hin, aber heute ist es wirklich eher ungemütlich draußen, deshalb will ich ihn, weil es gleich dunkel wird, aus dem Auslauf holen und in seine Box bringen.

Auf dem Bauernhof angekommen, rufe ich wie immer laut: „Harlekin!", sehe die anderen Pferde im Auslauf stehen, nur von Harlekin fehlt jede Spur.

'So was Blödes', denke ich. 'Wo steckt dieser verrückte Kerl denn nun schon wieder?' Ich weiß, daß er sich gern etwas entfernt von den anderen aufhält, da sie ihn, was viele Narben belegen, in den Po beißen.

Also mache ich mich auf den Weg, um ihn zu suchen. Ich stapfe durch den Matsch im Auslauf und bekomme klatschnasse Füße. Daß es nun auch noch anfängt zu hageln, versteht sich ja von selbst.

Ich komme näher – immer noch kein Harlekin zu sehen. Ich rufe, rufe lauter und werde etwas ärgerlich. Normalerweise kommt er spätestens jetzt.

Da – ein jämmerliches Wiehern, gleichzeitiges Platschen und Spritzen. Was ist denn nun passiert? Ich beginne zu rennen. Es ist nicht zu glauben ... Ich bin ja auf allerhand gefaßt, aber das ist nun doch zuviel!

Neben dem Auslauf befindet sich, hoch eingezäunt und gut abgegrenzt, das Familienschwimmbecken des Bauern. Jedes Pferd weiß: Bis hierher und nicht weiter!

Entsetzt sehe ich, wer hier, in lausiger Kälte, sein Bad nimmt. Harlekin planscht und trampelt durch das Becken voller Wasser und zersplittertem Eis. Fast der gesamte Zaun liegt mit ihm im Becken.

Ich bin verzweifelt. Wie kann ich ihm helfen? Ich kann ihm ja schlecht die Hand reichen und ihn herausziehen. Mir schießen Gedanken wie Erkältung, Lungenentzündung und horrende Tierarztrechnungen durch den Kopf.

Was kann ich bloß tun? Wenn er doch nur schon wieder draußen wäre!

Zum Glück ist der Bauer im Anmarsch, da er den Vorfall vom Haus aus gesehen hat. Er kommt mit Traktor, starken Seilen und der ganzen Familie angerückt.

Ich weiß nicht, wie wir es schaffen, aber wir haben Harlekin rausgekriegt. Angeleint an Bauch und Rücken sowie mit Hilfe der Familie und der PS des Traktors. Mit viel Mühe, Strampeln, Spritzen und Bangen stellten wir ihn an Land wieder auf die Hufe.

Sofort wird er mit Stroh abgerieben, ehe wir ihm Decken, Säcke und Tücher mit Stricken um Bauch und Rücken binden. Verpackt wie ein Riesenpaket bringe ich ihn in seine Box.

Er ist ruhig geworden. Wohl der überstandene Schreck und das schlechte Gewissen? Denn das war ja wohl ein bißchen zuviel des Guten.

Inzwischen weiß ich auch, wie es zu dem Bad kam.

Harlekin rannte mal wieder um sein Leben, denn er wollte nicht in den Po gebissen werden. Er machte auch noch eine Vollbremsung vor dem Zaun, aber der Schreck war wohl zu groß. Der Vollstop klappte nicht so ganz, der Zaun geriet unter seinem Gewicht ins Wanken und dann mitsamt Harlekin ins Wasser.

Glücklicherweise ist er nicht krank geworden – keine Erkältung und keine Lungenentzündung. Nur ein paar Schrammen von der Befreiungsaktion trug er davon.

Krank wurde allerdings der Bauer, der bis zur Hüfte im Wasser gestanden hatte, um die Leinen zu befestigen. Aber auch er befand sich zum Glück bald auf dem Wege der Besserung!

Nun sollte man ja meinen, Harlekin sei wasserscheu geworden. Ganz im Gegenteil! Manchmal steht er sogar an derselben Stelle im Auslauf und betrachtet das Schwimmbecken. Ich hoffe nur, daß er nicht an ein erneutes Bad denkt ...

Den Schaden am Schwimmbecken übernahm übrigens die Versicherung.

Die Hausmaus

Eines Tages, als ich, wie üblich völlig geschafft von meinem Pferd Harlekin, nach Hause fahren wollte, entdeckte ich rein zufällig hinter einem Heuballen eine kleine, halberfrorene Maus. Da sie mir mehr tot als lebendig erschien, hatte ich Mitleid und nahm sie kurzentschlossen mit.

Zu Hause angekommen, suchte ich eine Unterkunft für die Maus. Das Ergebnis war ein großer, hoher Karton.

Um nun aber die halberfrorene und schreckensbleiche Maus wieder seelisch und körperlich aufzubauen, ging ich in unsere nahe gelegene Drogerie, wo auch Tierfutter verkauft wird, und fragte, ob sie auch etwas für Mäuse hätten. Die Antwort war: eine Mausefalle oder ein schnell und schmerzfrei wirkendes Gift. Mein Entsetzen war groß. Ich erklärte, ich wolle Futter haben und kein Gift. Nun war das Entsetzen des Drogisten wohl groß.

Mit Futter, Streu und Eierbecher als Trink- oder Duschgefäß ließ sich der Stall bzw. der Pappkarton ganz gemütlich einrichten. Der Erfolg blieb auch nicht aus: Die Maus erholte sich erstaunlich schnell, fraß, trank und sah auch sehr freundlich drein.

Bald jedoch erfuhren wir, wie sehr uns so ein kleines Biest ärgern konnte. Es machte nämlich nachts immer einen schrecklichen Krach, kratzte am Karton, flitzte hin und her, so daß es aus meinem Zimmer verbannt wurde und nachts im Badezimmer „schlafen" bzw. stören mußte. Aber nächtliche Badezimmerbesucher erschraken bzw. stolperten öfters über den großen Karton mit der Maus, und so blieb uns nichts anderes übrig, als sie wieder in mein Zimmer zu stellen.

Doch wie schön! Diese Nacht war eine himmlische Ruhe. Morgens bei der „Wildmausfütterung" entdeckte ich allerdings, daß das Mäuschen nicht mehr zu Hause war. Es war einfach aus dem Karton gesprungen. O Schreck – wenn sie unsere wertvollen Teppiche anknabbern würde ...

Nachts wieder das altgewohnte Knabbern und Scharren. Gott sei Dank, wenigstens hielt es sich noch in meinem Zimmer auf. Das Mäuschen wurde also von einer Feldmaus zur Kartonmaus und nun zu einer Hausmaus. Na ja, wir ließen sie in Frieden gewähren. Tagsüber Ruhe, nachts schrecklicher Krach. So blieb es tagelang, so daß ich schließlich das Zimmer wechselte und nun meine Mutter bei mir schlafen mußte.

Das Futter und den Eierbecher mit Wasser stellten wir auf den Fußboden. Schließlich durfte die Maus uns ja nicht verhungern. Leider blieb das Futter unberührt. Die Sorge, wovon unser Zögling lebte, wurde von Tag zu Tag größer, bis ich die Entdeckung machte, daß alle meine Schulbücher, Hefte und sogar Bleistifte stark angefressen waren. Hinzu kam, daß wir in den Urlaub fahren wollten.

Guter Rat war teuer. Es mußte nun doch eine Mausefalle her – aber eine „menschliche", nicht so eine Falle, die unser mühsam aufgepäppeltes Tierchen zerquetschen würde. Wir besorgten uns eine Falle, an der sich das Türchen schloß, wenn die Maus hineinlief, um den Speck, der an einem Haken hing, zu fressen.

Tagelang geschah nicht. Es eilte: Noch eine Nacht, und wir fuhren in den Urlaub. Plötzlich, in dieser letzten Nacht, rief meine Mutter, die immer noch in meinem Zimmer schlief, laut und freudig, so daß alle natürlich sofort aufwachten: „Die Maus, die Maus, sie ist in der Falle!"

Das war das Ende unserer Hausmaus in unserem Haus. Mitfühlend, wie wir sind, rasten wir sofort zum Pferdestall nach Langel, ließen die Maus in ihrer alten Heimat laufen und verabschiedeten uns von ihr. Sie war inzwischen ganz schön dick geworden und wird wohl durch den kalten Frühling kommen.

Ursula Kette

UND WENN SIE NICHT GESTORBEN SIND, DANN LEBEN SIE NOCH HEUTE

Vier weitererzählte Grimmsche Märchen

*

Warum die sieben Geißlein in die Schule gehen wollten

Als der böse Wolf in den Brunnen gefallen war (ihr kennt ja die Geschichte), tanzten die sieben Geißlein vor Freude herum und sangen immer wieder – so heißt es –: „Der Wolf ist tot – der Wolf ist tot!"

Davon erwachte eine alte Eule, die über ihnen in einer Baumkrone geschlafen hatte. Sie schüttelte ihr Gefieder, reckte den Hals und kam dann auf einen der untersten Äste herabgeflogen, um zu sehen, wer da solch einen Lärm vollführte.

„Huhuuu – huhuuu!" rief sie mit ihrer tiefen Stimme den tanzenden und hüpfenden Geißlein zu, so daß diese erschrocken innehielten.

„Ihr freut euch, daß der Wolf tot ist?" fragte die Eule von oben herunter und klappte dabei ihre großen gelben Augen weit auf.

„Ja – ja", antworteten zaghaft ein paar Geißlein, und das kleinste, das sich im Uhrkasten versteckt hatte, erzählte der Eule: „Unsere Mutter hat dem Wolf Wackersteine in den Bauch gelegt und dann wieder zugenäht. Da war er so schwer, daß er in den Brunnen gestürzt ist, als er trinken wollte. Und nun ist er tot."

Die Federbüschel an den Ohren der Eule zuckten vor Aufregung. „Wie könnt ihr nur so dumm sein, ihr Geißlein!" rief sie herab. „Glaubt ihr denn, es gibt in unserem Wald nur den einen einzigen Wolf?"

Die Geißlein machten verdutzte Gesichter. „Gibt es noch einen?" fragte eines von ihnen. „Unsere Mutter hat uns nie etwas davon gesagt."

„Vielleicht weiß sie es selbst nicht", meinte die Eule und flog mit sanften Flügelschlägen, um die Geißlein nicht zu erschrecken, von ihrem Baum herab. „Es gibt noch viele Wölfe, tief drinnen im Wald", fuhr sie dann mit ihrer Belehrung fort. „Ich weiß es genau, denn ich kenne ihre Höhlen. Da ist zum Beispiel der Bruder von diesem hier mit seiner Frau, der Wölfin, und fünf Kindern, die auch einmal groß und gefährlich werden."

Die Geißlein lauschten stumm vor Entsetzen. „Ist das wirklich wahr?" fragte dann eines mit verzagter Stimme.

„Gewiß ist es wahr!" Die Eule plusterte sich auf. „Ihr habt wohl noch nie gehört, daß ich der älteste und klügste Vogel im ganzen Revier bin? Nun ja, ihr wohnt hier am Waldrand und verlaßt eure Wiese und euer Haus wahrscheinlich nie."

„Nein, wir waren noch kein einziges Mal mitten im Wald", sagte eines der Geißlein. „Die Mutter hat es uns verboten."

„Schon recht, schon recht", erwiderte die Eule. „Eure Mutter hat euch lieb und will nicht, daß euch etwas zustößt. Trotzdem – immer werdet ihr nicht soviel Glück haben wie dieses Mal mit dem Wolf."

„Aber was sollen wir denn tun, wenn wieder einer kommt und uns auffressen will?" fragte das Jüngste.

„Oh, es gibt bestimmte Regeln, wie man sich bei Gefahren

verhalten soll und wie man sie überhaupt vermeiden kann. Ihr müßtet in eine Schule gehen! Dort kann man so etwas – und noch vieles mehr – lernen."

Jetzt wurden die Geißlein wieder munter und sprangen lebhaft um die Eule herum. „Erzähl uns von der Schule!" riefen sie alle durcheinander. „Wie ist sie? Und wo ist sie?"

Die Eule beschrieb ihnen nun genau den Weg zu der schönen kleinen Waldschule, in der – wie sie sagte – allerlei Tierkinder durcheinander saßen: Hasen, Kaninchen, Rehe und Eichhörnchen, die alle lernen wollten, wie sie am besten durchs Leben kommen. „Und dazu gehört", erklärte die Eule, „daß man weiß, was man fressen darf und was nicht und wie man sich vor seinen Feinden schützt und in acht nimmt."

Als die Geißmutter aus dem Haus trat, weil sie sehen wollte, was ihre Kinder draußen trieben, wurde sie von den Geißlein bestürmt. „Wir wollen in die Schule gehen!" riefen sie. „Dort lernt man alles über Wölfe."

„Wölfe? Der Wolf ist doch tot!" sagte die Geißmutter und schüttelte verständnislos den Kopf.

Da flatterte die Eule auf den Brunnenrand und guckte hinab in die Tiefe. „Huhuuu – huhuuu", machte sie. „Da unten liegt nur eine Gefahr begraben, aber ihr seid ständig von vielen bedroht! Hört auf mich und laßt euch belehren!"

Damit flog sie wieder hinauf auf ihren Baum und suchte sich das dunkelste Plätzchen, wo sie sonst immer den ganzen Tag verschlief.

*

Und was machen die Zwerge ohne Schneewittchen?

Sieben Jahre lang hatte Schneewittchen bei den Zwergen gewohnt, bevor der Königssohn kam und sie mit auf sein Schloß nahm, weil sie ihm über alle Maßen gut gefiel und er sie zu seiner Frau machen wollte.

Da Schneewittchen dem Königssohn ihr Jawort gegeben hatte, mußten die Zwerge leider von ihr Abschied nehmen. Sie standen vor ihrem Häuschen, schwenkten die Mützen und winkten ihr nach.

„Wir wünschen dir alles Glück auf Erden!" riefen sie im Chor und freuten sich, daß Schneewittchen bald eine Königin werden sollte.

„Sie hat es verdient, glücklich zu werden", sagte der Zwerg Rotmütz zu den anderen. „Sie war immer so fleißig und hat jeden Tag für uns das Essen gekocht."

„Ja", sagte Zwerg Grünmütz, „und jeden Tag hat sie unsere Betten aufgeschüttelt!"

„Sie hat uns sogar die Socken gestopft!" rief Zwerg Blaumütz. Er war der Kleinste von allen.

„Und den Hof und die Zimmer hat sie gefegt!" warf Zwerg Gelbmütz ein.

„Den Garten hat sie auch nie vergessen. Sie hat die Wege geharkt und die Blumen gegossen!" erinnerte Zwerg Braunmütz die anderen.

„Ach, und sie hat unsere Wäsche gewaschen", seufzte Zwerg Weißmütz. „Wer soll jetzt bloß all die viele Arbeit tun?"

„Wir müssen es tun", sagte Graumütz mit betrübter Miene. „Schließlich sind wir früher, bevor Schneewittchen zu uns kam, ja auch damit fertig geworden."

Die Zwerge blickten sich an und nickten.

„Ja, das ist wahr", stellte Rotmütz fest. „Wir hatten es nur ganz vergessen. Es war doch zu schön, als Schneewittchen bei uns war."

Traurig gingen sie in ihr Häuschen, das ihnen auf einmal leer und verlassen erschien. Sie ließen die Köpfe hängen, jeder setzte sich auf den Rand seines Bettes, und so sprachen sie lange kein Wort.

Endlich fingen sie aber doch an, zu beratschlagen, wie sie es in Zukunft mit der Hausarbeit einrichten wollten. Sie faßten den Entschluß, daß immer einer daheim bleiben sollte, während die anderen ins Bergwerk gingen.

Doch es zeigte sich bald, daß das gar nicht so einfach war, wie sie es sich vorgestellt hatten. Schon am nächsten Tag passierten Blaumütz, der als erster daheim bleiben mußte, allerlei Mißgeschicke. Er hatte zum Beispiel vergessen, wie man den Tisch deckt! Und als die Zwerge mittags hungrig nach Hause kamen, da gab es ein großes Geschrei.

„Wer hat mir mein Gäbelchen weggenommen?" rief der eine.

„Wo ist denn mein Löffelchen?" rief ein anderer.

„Ich habe kein Becherlein!" rief der dritte.

„Und ich habe kein Messerlein!" rief der vierte.

So ging es fort, und es dauerte eine Weile, bis jeder hatte, was er brauchte.

Aber auch beim Essen gab es eine unliebsame Überraschung. Blaumütz hatte Milchreis gekocht, weil sie den alle gern aßen. Er hatte auch ganz richtig den Reis in die Milch geschüttet und Zucker dazugetan und dann den Topf auf den Herd gestellt. Doch leider hatte er zu lange gewartet, und da war der Reis inzwischen zwar gar geworden, aber er war auch angebrannt und schmeckte bitter.

Mit Hängen und Würgen aß jeder Zwerg sein Tellerchen leer, doch sagte keiner ein böses Wort zu Blaumütz, denn jeder dachte im stillen, daß es ihm selbst vielleicht genauso ergangen wäre.

Jedenfalls war Blaumütz froh, daß am zweiten Tag Grünmütz an die Reihe kam, daheim zu bleiben.

Grünmütz kochte zuerst das Mittagessen, und als er damit fertig war und nichts mehr schiefgehen konnte, wollte er den Hof und das Häuschen ausfegen. Doch wo zum Kuckuck war der Besen? Er suchte in allen Ecken, aber vergebens. Der Besen kam nicht zum Vorschein.

Nun, was half's? Um die Zeit nützlich auszufüllen, nahm er sich einen Korb vor, der bis an den Rand mit zerrissenen Socken gefüllt war. Einer mußte sich ja einmal erbarmen und anfangen zu stopfen!

Er fädelte einen langen, dicken Wollfaden ein, schob die Hand in den ersten Strumpf und stocherte mit der anderen drauflos. Aber soviel er sich auch mühte, es wollte ihm nicht gelingen, so schön glatt und weich zu stopfen, wie Schneewittchen es immer getan hatte. Bei ihm wurden es lauter Knoten und Falten, weil er die Löcher einfach zusammenzog, anstatt den Faden kunstgerecht hin und her zu ziehen.

'O weh!' dachte Grünmütz. 'Davon bekommen wir bestimmt Blasen an den Füßen.'

Gott sei Dank dauerte es nicht mehr lange, da kamen die Zwerge heim zum Essen und waren sehr zufrieden mit dem, was Grünmütz gekocht hatte. Also schob er den Flickkorb erst einmal wieder zur Seite, denn am folgenden Tag war Gelbmütz mit dem Kochen dran.

Gelbmütz mußte auch noch das Geschirr spülen, was die anderen beiden vergessen hatten, weil Schneewittchen das immer für sie gemacht hatte. Aber Gelbmütz klagte nicht, denn er dachte: 'Die Hauptsache ist doch, daß Schneewittchen glücklich ist.'

Als er das Geschirr fein ordentlich in den Schrank geräumt hatte, kochte er eine Suppe und danach noch ein Gemüse. Die Suppe wurde ein wenig dick und das Gemüse etwas dünn. Deshalb tauschte er beides um und servierte das Gemüse als Suppe und die Suppe als Gemüse. Die Zwerge merkten es nicht, sondern aßen mit gutem Appetit.

Als dann am vierten Tag Braunmütz zu Hause bleiben mußte, setzte er sich, nachdem er das Essen fertig hatte, auf das Bänklein vor dem Haus und überlegte, was er noch tun könnte. Schneewittchen hatte doch immer von früh bis spät alle Hände voll zu tun gehabt! Und er saß da und wußte nicht, was er machen sollte.

Als er so gedankenverloren in die Gegend schaute, erblickte er auf einmal in der Ferne eine wunderschöne Kutsche, von weißen Pferden gezogen, welche direkt auf das Zwergenhäuschen zugefahren kam.

Braunmütz fragte sich verwundert, wer wohl in dem vornehmen Wagen sitzen mochte, aber da guckte schon das liebe, freundliche Gesicht von Schneewittchen aus dem Fenster der Kutsche heraus, und gleich darauf winkte sie Braunmütz zu.

Der Wagen hielt an, und Schneewittchen stieg aus, kostbar gekleidet, wie es sich für eine Königin gehörte, in einem weißen Kleid und mit einem Spitzenschleier um die Schultern.

„Braunmütz!" rief sie aus, beugte sich herab und küßte den Zwerg vor Freude auf die Stirn. „Ich habe so große Sehnsucht nach euch gehabt!"

Braunmütz war ganz verwirrt. Er hatte seine Zipfelmütze abgenommen und drehte sie immerfort in den Händen. „Die anderen werden jeden Augenblick heimkommen", brachte er stockend hervor. „Ach, wird das einen Jubel geben, wenn sie dich sehen!"

Schneewittchen setzte sich neben Braunmütz auf das Bänklein und erzählte ihm, warum sie gekommen war. „Ich will euch alle zu mir aufs Schloß mitnehmen", sagte sie, „denn ich weiß, daß ihr ohne mich gar nicht mehr gut zurechtkommt."

Braunmütz wollte widersprechen: „Ach nein, es geht schon. Wir werden uns allmählich wieder an das Alleinsein gewöhnen, und mit der Hauswirtschaft wird es auch irgendwie gehen."

„Eben nicht!" rief Schneewittchen. „Ich habe ja den Wunderspiegel meiner verstorbenen Stiefmutter gefragt: 'Spieglein, Spieglein an der Wand, was machen die Zwerge in ihrem Land?' Und er hat geantwortet: 'Frag mich solches nicht zum Scherz, was dir künden muß dein Herz!' Da habe ich gleich gewußt, daß es euch nicht gut geht."

In diesem Moment kamen die übrigen Zwerge anmarschiert, aber sie blieben wie angewurzelt stehen, als sie Schneewittchen erblickten.

„Meine lieben Zwerge!" rief Schneewittchen und lief ihnen entgegen. Jedem einzelnen gab sie erst einen Kuß, und dann erklärte sie ihnen, daß der Königssohn und sie selber sich sehr freuen würden, wenn die Zwerge auf das Schloß zögen.

Und was, glaubt ihr, haben die Zwerge dazu gesagt?

*

Das Knusperhäuschen von Hänsel und Gretel, das gibt es noch heute

Wie kommt es wohl, daß wir noch heute um die Weihnachtszeit in vielen Schaufenstern der Geschäfte leckere Knusperhäuschen stehen sehen, obwohl die Zeit, da Hänsel und Gretel durch den Wald irrten und auf das wunderbare Hexenhaus trafen, dessen Fenster aus Zucker und dessen Dachziegel aus süßem Lebkuchen waren, schon lange zurückliegt?

Bestimmt erinnert ihr euch alle an das Märchen, das uns erzählt, wie es Gretel gelungen war, die böse Hexe, welche die Kinder in ihren Zauberwald gelockt hatte, in den Backofen zu stoßen, wo sie elendiglich verbrennen mußte. Und dann befreite Gretel schleunigst den Hänsel aus dem Ställchen, in das ihn die Hexe gesperrt hatte, weil sie ihn mästen wollte, bevor sie ihn aufzufressen gedachte.

Wie froh waren die beiden Kinder danach, daß sie dem Unglück noch einmal entrinnen konnten. Bevor sie sich aber auf die Suche nach ihrem Heimweg durch den Wald machten, wollten sie erst das Innere des Hexenhauses durchstöbern, um zu sehen, was die Alte alles darin aufbewahrte.

Sie staunten nicht wenig, als sie überall Kisten und Kästen mit Gold, Edelsteinen und Perlen vorfanden.

„Davon nehmen wir unseren Eltern etwas mit", sagte Hänsel. „Die Hexe ist tot. Der Reichtum gehört jetzt uns."

So stopften sich die Kinder so viel Gold und Silber in die Taschen, wie sie nur tragen konnten.

„Der Vater wird sich freuen", sagte Gretel. „Er kann das alles verkaufen, und dann haben wir wieder genug Geld, um dafür etwas zu essen zu bekommen, und brauchen nicht mehr zu hungern."

„Was liegt denn da für ein dickes Buch auf dem Tisch?"

fragte Hänsel auf einmal. „Vielleicht ist es das Zauberbuch der alten Hexe?" Neugierig ging er darauf zu und blätterte darin herum. „Ach, es ist nur ein Kochbuch", stellte er geringschätzig fest.

„Was? Ein Kochbuch?" fragte Gretel. „Laß mich einmal sehen." Sie guckte aufmerksam hinein. „Oh, da stehen lauter Rezepte für Süßigkeiten und Lebkuchen drin! Das nehme ich mit."

Hänsel war damit gar nicht einverstanden. „Das alte, schwere Buch mitschleppen!" schimpfte er.

Aber Gretel setzte ihren Willen durch und nahm das Kochbuch mit. Es war wirklich ziemlich schwer, mal trug sie es unter dem linken, mal unter dem rechten Arm, aber sie brachte es wohlbehalten nach Hause. Denn – das war das Verwunderliche – seit die Hexe tot war und nicht mehr die Zauberkraft über den Wald ausüben konnte, da hatten die Kinder plötzlich schnell und leicht ihren Heimweg wiedergefunden.

Wie glücklich waren die Eltern, als Hänsel und Gretel vor sie hintraten und aus ihren Taschen das Gold und die Edelsteine schütteten! Da hatte die Not wahrlich eine Zeitlang ein Ende. Doch nur eine Zeitlang – den eines Tages war auch das kleinste Schmuckstück verkauft, und der Vater hatte noch immer keine Arbeit gefunden.

„Wir gehen zum Hexenhaus und sehen nach, ob noch mehr da ist", sagte Hänsel, und Gretel war damit einverstanden.

Also machten sie sich wieder auf den Weg durch den tiefen Wald. Doch soviel die Kinder auch suchten, sie konnten das Haus nicht mehr finden.

„Es war doch aus Lebkuchen", meinte Hänsel schließlich. „Wahrscheinlich haben die Vögel es mit der Zeit aufgepickt."

„Lebkuchen!" rief Gretel auf einmal. „Ich habe ja das Kochbuch mit den Rezepten ganz vergessen!"

Nun eilten die Kinder wieder heim, und Gretel suchte das dicke, alte Buch hervor. Alle gemeinsam begannen sie dann, gemäß den Angaben in dem Hexenbuch Pfefferkuchen und andere Süßigkeiten zu backen.

Da kam Gretel auf den Gedanken, ein kleines Knusperhäuschen, ganz nach dem Vorbild des richtigen, großen Hexenhauses, zusammenzusetzen. Und als es fertig war, sah es so wunderschön aus mit den roten Zuckerfenstern und den mandelverzierten Dachziegeln, daß sie es auf die Fensterbank in der Küche stellten, damit alle Leute, die vorbeigingen, es anschauen konnten.

Bald stand eine ganze Schar von Bewunderern vor dem Fenster. Und dann klopften die Leute an die Tür und kamen herein und fragten, ob das herrliche Knusperhäuschen zu verkaufen sei. Sie wollten auch gern ein paar Silbertaler dafür zahlen.

Nun, was lag näher, als daß der Vater von Hänsel und Gretel zu einem vielbeschäftigten Zuckerbäcker wurde, der allenthalben für die Menschen – zuerst nur in der Nachbarschaft, doch dann auch in der weiteren Umgebung – Knusperhäuschen aus Lebkuchen backen mußte, wobei ihm Hänsel und Gretel fleißig halfen, indem sie die allerschönsten Verzierungen, Zäunchen und Tannenbäume aus Zuckerguß hinzufügten.

Und so hat sich dann wohl die Sitte, zur Weihnachtszeit Knusperhäuschen zu backen, von einer Generation zur anderen weitervererbt, obwohl ich nicht weiß, ob sie heutigentags noch immer nach den alten Rezepten aus dem Kochbuch der Hexe hergestellt werden.

*

Die Bremer Stadtmusikanten werden berühmt

Nachdem die Bremer Stadtmusikanten – der Esel, die Katze, der Hund und der Hahn – sich so mutig das Haus der Räuber im Walde erkämpft hatten, verbreitete sich ihre Geschichte nicht nur unter den Menschen, sondern auch unter den Tieren. Ja, auf einem Bauernhof in der Nähe von Bremen, wohin die Kunde ebenfalls drang, quiekten die Schweine laut auf vor Vergnügen, die Kühe schlugen mit den Schwänzen, die Pferde trampelten Beifall, und die Schafe blökten: „Bravo! Bravo!" Eine Zeitlang gab es unter den Tieren auf dem Bauernhof kein anderes Gespräch als das über die Bremer Stadtmusikanten.

„Wie sind sie nur auf die Idee gekommen, als Musikanten in die Stadt zu ziehen?" fragte ein altes Pferd nachdenklich.

„Das weißt du nicht?" erwiderte die junge Stute, die neben ihm im Stall stand. „Die Menschen wollten den Esel, den Hund, die Katze und den Hahn nicht mehr haben, weil sie ihnen zu alt waren. Und da sind sie eben fortgelaufen."

„Ich habe auch schon viele Jahre auf dem Buckel", sagte das Pferd traurig. „Mich werden sie auch bald nicht mehr gebrauchen können."

„Dann geh doch zu den Bremer Stadtmusikanten!" riet ihm die junge Stute. „Sie werden dich bestimmt mit Freuden aufnehmen."

Das alte Pferd schnaubte erregt durch die Nüstern. „Meinst du, das sollte ich wirklich tun?"

„Ja, gewiß", sagte die Stute. „Besser von selbst fortgehen als warten, bis man weggejagt oder gar getötet wird."

„Da hast du recht." Das alte Pferd seufzte. „Aber so ganz allein fortgehen, das fällt mir doch schwer."

„Nun, vielleicht findest du jemanden, der mit dir geht",

meinte die Stute. „Es gibt doch noch mehr alte Tiere hier auf dem Bauernhof."

Die müde herabhängenden Ohren des alten Pferdes zuckten lebhaft auf. „O ja, ich kenne sogar jemanden. Die schwarzweiße Kuh Emma! Sie steht im Stall nebenan. Früher, als ich noch jung war, bin ich mit ihr immer draußen auf der Weide herumgetollt."

„Weißt du denn, ob sie noch da ist?" fragte die Stute.

„Sie ist noch da! Ich erkenne sie genau an ihrer tiefen Muh-Stimme. Bei nächster Gelegenheit werde ich sie fragen."

Das alte Pferd hatte Glück, denn an einem der folgenden Tage wollte der Bauer die Ställe gründlich säubern und trieb deshalb seine Pferde und Kühe hinaus auf die Weide. Es bedurfte nicht langer Überredung, da war die Kuh Emma bereit, mit dem alten Pferd fortzulaufen. Sie sonderten sich von den anderen ab und hielten sich an der Seite der Wiese, dort wo die Schweine ihren Auslauf hatten. Als die übrigen schon längst in die Ställe liefen, standen sie noch immer vor dem Schweinekoben.

„Warum geht ihr nicht mit den anderen?" fragte ein dickes Schwein japsend, das so fett gefüttert war, weil der Bauer es schlachten und eine Menge Speck aus ihm gewinnen wollte.

„Wir laufen fort", sagte das alte Pferd. „Zu den Bremer Stadtmusikanten. Hast du die Geschichte von ihnen nicht gehört?"

„Doch, doch, habe ich!" schnaufte das Schwein. „Am liebsten würde ich auch mit euch gehen, aber ihr werdet mich nicht mitnehmen wollen, weil ich so dick bin und nicht sehr schnell laufen kann."

„Doch, wir nehmen dich mit. Komm! Drück den Zaun ein, dann bist du draußen", sagte das Pferd. „Bis zum Wald müssen wir zwar etwas eilen, aber dann sind wir geschützt, und du kannst dich ausruhen."

Als die drei glücklich den Wald erreicht hatten, ließ sich das

Schwein erschöpft auf den Boden fallen. „Ich glaube, ihr müßt allein weitergehen. Für mich ist die Anstrengung zu groß." Es rollte sich auf die Seite und streckte alle viere von sich.

Auch der Kuh taten die Füße weh, und sie fragte das Pferd: „Wie weit ist es eigentlich bis zu den Bremer Stadtmusikanten?"

Das wußte das Pferd natürlich auch nicht, aber da es einen klugen Pferdeverstand besaß, erwiderte es: „Das Haus, in dem sie wohnen, muß man ja leicht finden, denn wenn sie Musik machen, so hört man das doch!"

„Ja, das ist wahr", sagte die Kuh, die sich auch ein wenig niedergelegt hatte. „Wie schön muß das sein, wenn man Musik machen kann. Ich habe immer davon geträumt, singen zu lernen, denn man hat mir versichert, ich hätte eine besonders schöne, tiefe Stimme."

„Das kann ich bestätigen", erklärte das Pferd sogleich. „Ich habe dich stets aus allen Kuhstimmen herausgehört."

Das Schwein stieß einen schwachen Seufzer aus. „Ich fürchte, ich habe keine gute Stimme, aber vielleicht könnte ich lernen, die Flöte zu spielen, denn pusten kann ich genug." Zum Beweis blies es einen Luftstrom durch seine großen Nasenlöcher, so daß vor ihm die trockenen Blätter vom Boden aufflogen.

„Wenn nicht die Flöte, dann bestimmt die Trompete", meinte das Pferd zuversichtlich. „Das wird sich schon alles finden, wenn wir da sind."

Als sich das Schwein und die Kuh genügend ausgeruht hatten, setzten sie ihren Weg fort. Nach einer Weile zeigte sich, daß das Pferd mit seiner Vorhersage recht gehabt hatte, denn sie vernahmen einen mehrstimmigen Gesang, der durch den Wald schallte. Sie gingen den Stimmen nach und gelangten rasch vor das ehemalige Räuberhaus, das nun von den Tieren bewohnt wurde.

Die vier Bremer Stadtmusikanten, der Esel, der Hund, die

Katze und der Hahn, standen unter einem großen Tannenbaum vor dem Haus und übten sich in gemeinsamem Gesang. Doch – so schien es den Neuankömmlingen – kamen sie mit dem Takthalten noch nicht zu Rande, denn der Esel und der Hund sangen immer viel schneller als die Katze und der Hahn.

Als sie das Pferd, die Kuh und das Schwein bemerkten, hielten sie inne. „Oho, wir bekommen Besuch!" rief der Esel und wieherte erfreut. Gleich wurden die drei Neuen neugierig umringt, und das Pferd mußte erzählen, weshalb sie gekommen waren.

„Könnt ihr nicht noch eine gute Singstimme gebrauchen?" fragte die Kuh und ließ ihr tiefes, schönes Muhen ertönen.

„Ja, gewiß!" versicherte der Esel, „deine Stimme paßt zu der meinigen ganz hervorragend!"

„Und i c h könnte die Trommel schlagen", sagte das Pferd.

„Und i c h könnte die Trompete blasen", grunzte das Schwein.

„Ja, ja, ja!" riefen die Bremer Stadtmusikanten alle durcheinander. „Ihr könnt bei uns bleiben. Wir können euch sehr gut gebrauchen."

„Die Sache ist nämlich so", erklärte der Hund, „wir haben die Vorräte der Räuber im Haus schon fast aufgezehrt. Also müssen wir in die Stadt gehen und musizieren, damit wir Geld bekommen, um uns neue Vorrate zu kaufen. Wenn ihr mitmacht, wird es um so besser gehen."

Da sich im Räuberhaus zufällig auch eine Trommel und eine Trompete vorfanden, machten sie sich sogleich an die Arbeit. Doch – das sei ehrlich gesagt – es klang, wenn alle zusammen oder durcheinander loslegten, einfach grauslich.

Ein Wanderbursche, der durch den Wald wanderte, wurde von dem gräßlichen Krach angelockt. Staunend stand er hinter einem Baum und sah den musizierenden Tieren zu. Als seine Ohren die Mißklänge aber nicht mehr ertragen konnten, trat er hervor und rief laut: „Halt! Halt, meine Lieben! So geht das doch nicht!"

Die Tiere blickten sich verwundert um. Ein Mensch? Was wollte d e r denn bei ihnen?

Der Wanderbursche hielt sich aber nicht lange mit Erklärungen auf, sondern schritt gleich zur Tat. „Zuerst einmal müßt ihr euch richtig aufstellen. Die Kleinen nach vorn und die Großen nach hinten. Und dann müßt ihr alle zusammen anfangen und zusammen aufhören und zwischendurch einen gemeinsamen Takt einhalten. Paßt mal auf, ich werde euch die Zeichen dazu geben."

Der Wanderbursche stellte sich also als Dirigent vor die Tiere hin. Zwar ging es beim ersten und zweiten Versuch noch immer etwas durcheinander, doch beim dritten Mal klappte es schon besser. Das Schwein wurde ermahnt, nicht so laut in die Trompete zu blasen, weil man sonst das Miauen der Katze nicht vernehmen konnte, doch im großen und ganzen ließ sich die Musik jetzt schon anhören.

Die Tiere waren sehr dankbar für die Hilfe. „Willst du mit uns gehen, wenn wir zum Musizieren in die Stadt ziehen?" fragte der Esel den Wanderburschen. „Ohne dich haben wir sonst keinen Erfolg!"

„Ja, ich komme gern mit euch mit. Doch wenn ihr immer schön fleißig weiterübt, werdet ihr auch ohne mich Erfolg haben, denn eine Gruppe wie die eure ist einmalig. Die Bremer Stadtmusikanten werden nicht nur für alle Zeiten bekannt bleiben, sondern sie werden auch noch berühmt werden."

Und ich glaube, der Wanderbursche hat recht behalten. Geht einmal nach Bremen und fragt nach den Bremer Stadtmusikanten. Ganz bestimmt kennt man sie dort bis auf den heutigen Tag. Vielleicht musizieren sie sogar noch?

Frieder R. I. Kudis

Susis erster Tag
Für kleine und große Menschenkinder

Ich heiße Susi. Susi ist hebräisch und heißt „mein Pferdchen". Ich bin ein Fohlen. Die Welt, in die mich meine Mutter am 26. April 1989 nachmittags hineingeboren hat, ist naß und windig. Es regnet in Strömen. Ich versuche, im Regen zu stehen. Wenn ich nicht tänzle, falle ich um. So kreise ich tänzelnd auf meinen staksigen Beinen Fell an Fell um meine Mutter.

Ich trinke gern. Am Abend lege ich mich satt und müde nahe bei Muttern hin. Die Welt wird dunkel um mich her. Aber über mir ist ein großes Zelt ausgespannt, mit vielen Sternen. Am Morgen sind Dunkel, Regen und Wind verschwunden. Ich lerne den Sonnenschein kennen.

Plötzlich sind viele andere Pferde da. Ich übe Aufstehen. Dazu rolle ich mich auf den Rücken, strecke meine vier Beine in die Luft und drehe mich mit Schwung auf die Seite. So geht das.

Mutter rupft Grünes. So mache ich es auch. Blumen kitzeln meine Nase. Nichts wie weg! Aber nicht sehr weit. Man weiß nie.

Ich döse in der Sonne. Da träumt mir ein Lied. Ein Fohlenlied. Ein Völkersbacher Fohlenlied. Ein Lied vom ersten Tag meines Lebens. Die Melodie zu diesem Lied hat ein Zweibeiner gemacht. 1539. Martin heißt er. Auch ihm träumte einst ein Lied. 1535. „Vom Himmel hoch, da komm' ich her ..."

Leise singe ich:

> „Aus Stutenleib, da komm' ich her,
> noch fällt das Stehen mir so schwer,
> ich tänzle, weil ich sonst umsink',
> am wohlsten ist mir, wenn ich trink'.

> Noch bin ich wie ein Reh so klein,
> doch kenn' ich schon den Sonnenschein
> und Wind und Regen, Tag und Nacht
> und mache, was die Mutter macht.
>
> Ich neige mich und rupfe Gras,
> die Blumen kitzeln meine Nas',
> da spring' ich weg, zwei Pferde lang,
> und schnell zurück, denn mir wird bang.
>
> Weil ich nun satt und müde bin,
> leg' ich mich nah bei Muttern hin.
> Die Sonn' ist weg, dunkel die Welt
> und über mir ein Sternenzelt."

Da antworten plötzlich all die anderen Pferde. Zunächst die Gebildeteren:

> „Hodie natus est equus,
> schon steht es nah bei Mutters Fuß,
> et mundum spectant oculi,
> und manchmal werden weich die Knie."

Und dann die anderen:

> „Ein Pferd ist uns geboren heut,
> das uns, die Alten, hoch erfreut.
> Die Augen sein sehen die Welt;
> wir hoffen, daß sie ihm gefällt."

Susi wächst heran

Ach, wie ist das Leben aufregend! Plötzlich fallen oben am Waldrand fremde Wesen ein in unser Land. Sie durcheilen es, wir hinter ihnen her. Schon sind sie verschwunden, hinunter ins Moosalbtal. Rehe. Wir stehen, zu hoch ist für uns der Zaun. Die Alten lassen Äpfel fallen. Und ich mache einen Reim dazu:

> „Über die Koppel im wilden Lauf
> jagen zwei Rehe, verfolgt von uns Pferden,
> vorüber an Schafen und Rinderherden.
> Fort sind die Rehe, entkommen uns Pferden,
> wir grasen mit Schafen und Rinderherden –
> und mächtig regt mich das Leben auf."

Mutter und die anderen sind so groß. Alle. So war es bis jetzt. Da! Honigfarben! So klein wie ich. So groß wie ich. Ein zweites Fohlen. Vor Freude fange ich wieder an zu singen:

> „Ich freue mich. Schon sind wir zwei.
> Der Alten Herrschaft geht vorbei.
> Ich bin gewiß, zum guten Schluß
> fliegt bei uns ein bald Pegasus."

Ich springe so gern. Ich springe zu viel. Sagt man. Ich darf, so jung, nicht so viel springen. So ist mein Lied heute voller Traurigkeit:

> „Temperament ist gut und schön,
> viel kannst du hören und viel sehn.
> Zu schnell erobert' ich die Welt
> und steh' nun, in die Box gestellt."

Nur manchmal darf ich mit Mutter auf das kleine Fleckchen Grün vor der Tür des Talhofs. Es dauert lange, bis ich endlich

wieder auf einer Koppel bin. In Bernbach. In Bernbach sind wir vier Fohlen. Manchmal singen wir ein Quartett:

> „In Bernbach sind wir Fohlen vier,
> gern ruhn wir an der Tränke hier,
> nur plagen uns die Fliegen sehr
> und machen uns das Leben schwer."

Sommer, Herbst, Winter, Frühling. Schon ist mein zweiter Geburtstag fast vorüber. Der Abend kommt. Leise summe ich vor mich hin:

> „Heut bin ich alt ein ganzes Jahr,
> vor manchem Übel mich bewahr'
> du, der mich bisher oft verschont'. –
> Silbern fährt hoch dein Sichelmond."

Das Wandern ist des Igels Lust ...

Noch ist nicht Winter, noch ist ein Morgen nach einer Sommernacht.
>Es war eine Sommernacht voller Abenteuer.
>Zunächst die Kröte.
>>Ich trete suchend an den dunklen Teich –
>>da steigt sie rudernd auf aus ihrem Reich,
>>hält kräftig schwimmend auf das Ufer zu
>>und kommt ganz nah auf einem Stein zur Ruh'.
>
>Dann der Feuersalamander. Und die beiden Igel. Wer ihre Sprache verstehen könnte!
>
>Da verstand ich plötzlich ihre Sprache! Ganz deutlich machte der eine Igel dem anderen einen Reim auf den zurückliegenden Teil der Reise, die ihn an diesem Abend in diesen Garten in Völkersbach geführt hatte.
>
>Der Igel erzählte:
>
>„Ich, Igel, der von Igelsberg bis Igelsbach gekommen,
>hab' staubig dort in Igelsbach ein Igelbad genommen.
>Und als im kühlen Igelsbach ich lang genug geschwommen,
>hab' rasch den Weg nach Igelswies zum Trocknen
>>ich erklommen;
>bei Mondschein dann ich kroch zurück ins Igelsloch."

Wie war ich überrascht, als ich im Buch der Postleitzahlen feststellte, daß es Igelsberg, Igelsbach, Igelswies und Igelsloch tatsächlich gibt! Igelsbach sogar zweimal!!

Ich verspürte Lust, selbst einmal auf den Spuren der Igel zu wandern, und begann meine Wanderung da, wo alle Igel beginnen: in Igel natürlich, an der Mosel, an der römischen Säule.

Bei Igelsberg im Schwarzwald fiel ich beinahe in eine Erzgrube, als ich versuchte, das österreichische Igelsberg, weit im Osten, zu erspähen.

Das eine Igelsbach, an der Bergstraße, besteht nur aus vier Bauernhöfen. Viele Rinder, Hunde, Katzen ... Ich rastete auf dem Igelsbacher Kopfweg und unterhielt mich mit Martin, dem Juden, dem mit dem Rosenzweig. Er sprach mir seine Übersetzung des 23. Psalms vor:

„... zu Wassern der Ruh'
führt er mich ..."

Im anderen Igelsbach, am Neckar, habe ich vor vielen Jahren in der Zwergschule gearbeitet.

Auf dem Feldweg in der Nähe von Igelswies, dort im „badischen Geniewinkel", erzählte mir ein anderer Martin, der Philosoph, von seinen ersten Leseversuchen auf der rohgezimmerten Bank unter der hohen Eiche am Waldrand. Aus der Eichenrinde hatten er und die anderen ihre Schiffe geschnitzt, sie mit Ruderbank und Steuer ausgerüstet. In Bach und Brunnen waren diese Schiffe dann geschwommen. Später waren Wanderungen gefolgt, auf denen alle Ufer zurückblieben.

Das Haus, das einst in Igelsloch das Gasthaus zum Rößle gewesen war, konnte ich mir gut als Igelherberge vorstellen. Aber ich blieb nicht dort.

Ich kehrte nach Völkersbach zurück – in den Garten, wo mir Kröte, Igel und Feuersalamander begegnet waren.

> Gestern zur Nacht
> trippelnde Igel schnauften, keuchten –
> aus dunklem Schacht
> tief Salamanderfeuerleuchten.
> Fanden sich gestern Laute,
> rätselhaft unvertraute,
> finden sich heute Farben,
> leuchtend wie Erntegarben,
> im Sommergarten ein –
> was wird morgen,
> noch verborgen,
> was wird im Winter sein?

Inzwischen ist es Winter geworden. Ich wärme mich am Kaminfeuer, führe Selbstgespräche – und fasse einen Entschluß:

Es sei besiegelt.

Nicht eingeigelt,
nicht abgeriegelt,
nein,
aufgewiegelt
lerne hoffen
frei und offen.
Trug der Glaube
dich als Raupe –
Falter,
übe,
fliege
Liebe.

Denn bei aller Zuneigung zu den Igeln – einigeln will ich mich nicht.

Schon kommt der Frühling …

*Für Drutmar Cremer und Polykarp Uehlein,
die Väter der Bücher „Ich preise dich, Herr.
Darum hüpfe ich" und „Bei mir piept es, Herr".*

Gebet der Bisons

Einen breiten, wuchtigen Schädel und
einen massigen Vorderkörper hast du uns gegeben.
Manchem unbewaffneten Menschen – deren gibt es wenige –
flößen wir Furcht ein.
Du aber weißt es: Wir sind scheu und friedlich.
Ohne jeden Alkoholgenuß wissen wir,
was „Kopfschwere" bedeutet.
Du hast uns mit einem Kinnbart geschmückt,
eine dichte Haarkappe sitzt uns zwischen den Hörnern
auf der Stirn,
unser schulterlanges Fell ist braun oder weiß oder grau.
Manchmal auch gefleckt.
Ohne daß wir jemals Dienst in Schreibstuben geleistet haben,
tragen wir auffällige Unterarmmanschetten
an den Vorderbeinen,
bisweilen bis zu den Fußgelenken.

Ob Präriebison (Bison bison bison) oder Waldbison
(Bison bison athabascae) –
wir gehören zur Familie der Rinder.
Wir waren viele, sehr viele, bis uns die Weißen
– die unweisen Weißen – gnadenlos erschossen,
um so die Indianer tödlich zu treffen.
Daß wir schnell sind, half uns nichts.

Als Tag- und Nachttiere sind wir deine großen Vegetarier.
Es stimmt, wir sind nicht anspruchsvoll –
wenn wir es auch nicht gern hören, daß uns manche,
die uns nur als schwergewichtige Delikatesse sehen können,
als „pflegeleicht" einschätzen.
Wir fressen, was die Erde – wie es die Bibel erzählt –
seit dem dritten Tag deiner Schöpfung bietet:
Gräser, Kräuter, grüne Blätter.

Aus Amerika nach Europa gebracht, wo unsere Verwandten,
die Wisente (Bison bonasus), nur noch in Polen,
in den dichten Wäldern von Białowieża, frei umherlaufen,
geisterten wir, wenige Tage und Nächte nur,
im Schwarzwald am Mummelsee,
Flatterleinen überspringend.

Vor dem Ungeist der Motorisierten hast du uns geschützt.
Du bewahrtest uns davor, zu Stars zu werden,
die ins Sommerloch fallen.
Schon waren wir zum Abschuß freigegeben –
doch wir blieben am Leben.

Wie einst die Drei aus Morgenlanden
die Weisheit in der Krippe fanden,
so laß uns finden unsre Speise auch
auf der eignen Himmelsreise.
Amen.

Wilhelm Kusterer

Muschi und Putzi – ausgesetzt
Urlaubszeit: Zeit der Haustiertragödien

So schön der Urlaub für die Menschen ist und so wichtig, so birgt er doch auch Tragödien in sich. Das liegt an der Herzlosigkeit und dem unglaublichen Egoismus von uns Menschen.

Mancher Urlaub, der mit viel Freude verbunden ist, bringt so manchem „Menschenfreund" Not, Leid und Tod. Ich spreche von guten Freunden: von den Tieren, die uns lieben und uns dienen und die angeblich unsere Freunde sind. Ich meine Haustiere, die auf uns angewiesen sind – Hunde, Katzen, Vögel und so weiter.

Jetzt sind sie im Wege!

Ach was, das sind doch nur Tiere! Setzen wir sie einfach aus, ersäufen sie oder weiß Gott was, man kann ja später wieder neue kaufen.

Aber eines ist gewiß: Die so eingestellt sind und handeln, sind keine guten Menschen. Sie tun ähnliches ihren Nächsten an, selbst ihren Kindern. Was sind denn Kinderfeindlichkeit, Kindesmißhandlung und ähnliches anderes als Gefühlskälte und Bösartigkeit.

Dies geschieht und gilt auch nahtlos in der Aussetzungswelle infolge des Urlaubs! Es ist ein Drama!

So ging es Muschi und Putzi in einer wahren Tiergeschichte.

Eigentlich sollten die beiden ins Tierheim gebracht werden, dann aber entschied sich der Besitzer des schnöden Mammons wegen, die hilflosen und putzigen jungen Kätzchen einfach im Wald auszusetzen.

So geschah es dann auch: Muschi und Putzi wurden einfach im Wald ausgesetzt wie Hänsel und Gretel, nur nicht der Armut wegen; es gab auch kein Hexenhaus als Asyl für die Armen.

Erst spielten sie allein in der fremden Umgebung. Es war alles neu, und sie waren sehr neugierig.

Was das bloß für fremde Töne waren? Und die hohen Stangen, ob man da klettern konnte?

Wo denn bloß die Mutter blieb? Die Kleinen miauten, denn sie hatten Hunger, doch weit und breit kam keine Antwort, keine Katzenmutter war da und auch kein Freßnapf.

Es kam die Nacht, und alles war anders als sonst. Fremde Laute, die sie noch nie gehört hatten, machten ihnen angst.

Die zwei schmiegten sich eng aneinander und hatten an einem Baumstumpen ein Mooslager. Vor Hunger, Angst und Ermattung schliefen sie endlich ein.

Auch am nächsten Morgen waren sie allein, als sie erwachten. Traurig und sehr hungrig gingen sie da hin, wo man sie abgesetzt hatte.

Wie knurrte ihnen der Magen, und wie waren sie zerzaust, weil sie so durch die Sträucher und Dornen kriechen mußten. Wo sollten sie bloß etwas zu fressen herkriegen? Sie haschten nach Fliegen, doch sie waren zu tolpatschig. Eine Eidechse, die auf einem Stein saß, wollten sie fangen, doch die war gleich wieder weg.

Plötzlich fuhr ein Auto heran, so ein Ding, mit dem man sie von daheim fortgebracht hatte. Sie sprangen gleich den Menschen entgegen und miauten kläglich, aber diese nahmen gar keine Notiz von ihnen.

Sie konnten gar nicht begreifen, wie ihnen geschah. So sprangen sie hinter einen Baumstamm und drängten sich zitternd aneinander.

Nach einiger Zeit kam wieder so ein brummendes Etwas angefahren. Menschen stiegen aus. Ob sie es bei denen versuchen sollten?

Die Menschen liefen etwas weg, drum faßten sie Mut und liefen hinterher, miauten leise und ängstlich.

Da drehte sich so ein Mensch, der einen Rock anhatte, um und sah die Kätzchen. Die Frau war ganz überrascht und rief: „Schaut euch das mal an, was wir für eine Eskorte haben!"

Sie beugte sich nieder und streichelte die niedlichen Kätzchen, die gleich zu schnurren anfingen. Sie miauten und strichen den Leuten um die Beine und waren sehr zutraulich.

Die andere Frau, sie hieß Ursel, fragte: „Wo kommen bloß die kleinen Kätzchen her? Der nächste Ort ist doch Kilometer weg."

„Die hat man sicher ausgesetzt, es ist doch Urlaubszeit", erwiderte Sandra, die andere Frau.

Was nun mit den beiden tun? Sie beratschlagten miteinander, derweil jede eines der Kätzchen auf dem Arm hatte.

Die schnurrten und schmusten, so als wüßten sie, daß sich jetzt ihr Leben entschied. So war es ja auch.

„Die haben sicher Hunger. Ich hab' noch ein belegtes Brot, mal sehen, ob sie das fressen", meinte Ursel.

Und ob sie das fraßen! Sie schauten, ob noch mehr kommt. Da mußten die Frauen lachen.

„Nein, wir müssen schon für sie sorgen; die würden einen weiteren Tag hier im Wald sicher nicht überleben."

„Du hast recht, Sandra, und ich weiß auch, was wir tun. Die sind so zutraulich und werden sicher nicht schwer zu halten sein. Bringen wir sie einfach zu meiner Mutter, dann werden wir sehen. Sie wollte zwar keine mehr haben, als ihre Katze überfahren wurde, wenn sie aber die hier sieht ..."

Wieviel Freude haben die Tiere ins Haus gebracht! Der Garten war ihr liebster Spielplatz und kein Baum zu hoch, kein

Ast war für sie zu schwach. Sie gaben ganz bestimmt mehr, als sie nahmen. Auch als sie größer wurden, änderte sich da nichts.

Wie wurden die beiden Katzen ob ihrer Schönheit bestaunt! Einmal wollte sogar jemand die Muschi abkaufen – o je, war das ein allgemeiner Protest!

Wir fahren auch in Urlaub, aber für unsere Lieblinge ist immer wer im Haus, man kann sich's doch einteilen. Zudem würden wir lieber auf einen Urlaub verzichten, als sie auszusetzen. Mit Herz und Verstand gibt's immer eine rechte Lösung. Das Aussetzen ist keine, im Gegenteil, das ist böse und gemein. Sicher wird manchen dann das Gewissen plagen, und das war die Ersparnis der Kosten für die Unterbringung im Tier- oder Urlaubsheim schon von daher beileibe nicht wert.

Über unsere Kätzchen wäre wohl ein ganzes Buch zu schreiben. Schade nur, daß sie es nicht selbst tun können. Wie müßte das aus der Sicht zum Beispiel von Putzi aussehen? Was würde sie uns sagen? Ob die Fabeln da die rechte Antwort geben können?

Likos

Die Insel des Mondkinds

Vor langer, langer Zeit lebten auf dem Mond die Prinzessin der Güte und der Zornkönig. Sie liebten sich sehr, obwohl sie von großen Unterschieden waren.

Die Prinzessin der Güte war lieblich anzusehen, von sanftem Gemüt und einem großen Herzen, aber auch etwas ängstlich und zurückhaltend, doch immer voller Liebe für die Schöpfung. Stets trug sie weiße Kleider mit Goldborten, und ihr langes blondes Haar fiel weit darüber hinab. Auch war sie die Hüterin der Sterne und der Weisheit des Universums, aus dem sie gekommen war.

Der Zornkönig hingegen war der unbegrenzten Kraft der Schöpfung entsprungen, er war wild und kraftvoll, und in seinem Zorn konnte er Blitze schleudern, die um die Welten fuhren. Stets war er schwarz gekleidet, mit silbernen Borten, und auf seiner Kleidung tanzten kleine Flämmchen. Er war der Hüter der Kraft, die alles zerstört, was alt ist, und dem Neuen die Fähigkeit gibt zu leben.

Eines Tages wurde ihre Liebe sichtbar: Die Prinzessin der Güte gebar dem Zornkönig ein Kind!

Sie nannten es Mondkind, denn auf diesem Planeten war es geboren.

Das Mondkind wuchs heran und wurde zu einem kräftigen Knaben, der die Eigenschaften seiner Eltern in sich vereinte.

Als der Kleine heranwuchs, gab die Prinzessin ihm etwas von dem magischen Ton des Mondes, dem Stoff, aus dem alles erschaffen ward, zum Spielen.

Das Kind knetete und formte, und nach einer Zeit der Bewegung erschuf es aus dem Ton einen Ort, einen Platz mit Tälern

und hohen Bergen. Dann formte es Wasser, das diesen Ort umgab und das in vielen Grün- und Blautönen leuchtete. Es formte Tiere des Wassers aus Ton, von zahlreichen Fischen über den vielarmigen Oktopus bis hin zu Delphinen, die spielerisch über das Wasser fliegen konnten. Es formte Tiere des Landes, den kräftigen Esel, die zwitschernden Vögel, den hoppelnden Hasen, und setzte sie an ihren Ort. Dann schuf es Höhlen und Häuser und setzte sie auf den Erdton.

Die väterliche Kraft in ihm ließ aus dem Ton eine Sonne entstehen, wie sie sonst nirgendwo scheint: rötlich und gelb. Weil es aber eine solche Sehnsucht nach Sonne hatte, schuf es noch eine zweite: gelb und golden.

Die mütterliche Seite in ihm schuf den silbrig leuchtenden Mond, der ein zärtlich-melancholisches Licht verbreitete. Es bedeckte die Felder mit goldenem Weizen, mit kleinen, aber wunderbar roten Tomaten und mit zahlreichen Stöcken von Wein. In jeder Frucht waren die Lieblichkeit der Prinzessin und das Feuer des Zornkönigs enthalten.

Der Mond war zu der Zeit nur sehr kahl bewachsen, und das Mondkind hatte noch nie Bäume gesehen. Deshalb wuchsen auf seiner Schöpfung nur wenige Sträucher. Auch Wasser, das auf dem Mond sehr selten ist, war nur an einer einzigen Stelle zu finden, doch dort entsprang es silbrig hell und klar dem Boden.

Zum Schluß überzog das Kind den Ort mit dem glänzenden Mantel der Liebe und Güte, wie von seiner Mutter empfangen. Dann brach der Zorn des Vaters in ihm durch, und es schlug mit der Faust in die Mitte des von ihm Geschaffenen, woraufhin dort die Erde verschwand und sich ein brodelnder Vulkan bildete.

Dann nahm es das ganze Gebilde und warf es hoch hinaus in das Weltall. Dort schwebte es eine Zeitlang herum und sammelte in sich das Alter und die Weisheit des Universums.

Anschließend fiel es auf die Erde, und mit einem Aufklatschen, das die ganze Welt erschütterte und für einige Zeit verdunkelte, landete es im blauen Wasser des Meeres.

Nach einiger Zeit näherten sich verängstigt die Menschen mit ihren Schiffen. Die meisten drehten um, als sie das wilde Eiland mit dem Vulkan, der noch leicht brodelte, sahen.

Doch einige wenige spürten die Aura der Liebe um diesen Ort und die grenzenlose Kraft, die von dort ausging, und sie beschlossen, zu bleiben und diese Insel zu ihrem Zuhause zu machen.

Seit dieser Zeit leben auf der Insel Menschen, die die Eigenschaften der Prinzessin der Güte und des Zornkönigs in sich vereinen.

Daniela Loeffelmeier

Geisterzeugnis

Es war ein wundervoller sommerlicher Morgen, und die Sonne schien glitzernd durch die dunklen Vorhänge.

Für Andreas sollte dieser Tag ein schauderhaftes Ende nehmen, denn es war sein letzter Schultag, und es gab Zeugnisse. Er hatte ein ungutes Gefühl, und er hätte all sein Spielzeug verschenkt, wenn er diesen Tag in seinem Leben hätte streichen können.

Aber dann hörte er seine Mutter, die ihm zurief, er solle sich beeilen, es wäre schon spät.

Andreas versteckte sich unter der Decke und versuchte die Luft anzuhalten, aber dann hustete er erschöpft auf. Es half alles nichts: er mußte wohl zur Schule gehen, so schwer es ihm auch fiel.

Später, beim Frühstück, las Vater wie immer schweigend seine Zeitung, und Mutter war noch bei der Morgentoilette. Andreas brachte keinen Bissen runter, und ihm war auch richtig schlecht geworden vor Angst.

Seine Mutter fuhr ihn schließlich zur Schule, und Vater verließ mit ihnen zusammen das Haus. Er fuhr zu seiner Firma, wo er seit einigen Jahren als Werbegraphiker tätig war.

Früher, als Großvater noch lebte, hatten sie oft zu dritt auf dem Hof Fußball gespielt, aber dann, nach Großvaters Tod, hatte sich alles geändert. Mutter hatte ihren alten Job wieder angenommen, und Vater arbeitete jetzt mehr als früher.

Oft kam Andreas nach Hause, und keiner war da, mit dem er sich hätte unterhalten können. Mit Großvater hatte er immer lange gesprochen, und er hatte ihn ernst genommen. Aber in letzter Zeit hatten seine Eltern wenig Zeit, sich um seine Probleme zu kümmern. Und er dachte sogar, daß es sie gar nicht interessieren würde.

Mutter hielt mit quietschenden Reifen vor der Schule an. „Bis später, ich sehe zu, daß ich heute etwas eher Feierabend machen kann", sagte sie und küßte Andreas leicht auf die Wange. Er küßte zurück und stieg mit klopfendem Herzen aus. Mutter fuhr sofort weiter.

Die Schüler sprangen wild auf dem Schulhof herum und freuten sich schon auf die Ferien. Als die Schulglocke ertönte, stürmten alle aufgeregt in ihre Klassen. Sie feierten erst mit der Lehrerin den diesjährigen Abschied, und dann verteilte sie die Zeugnisse.

Sie sah Andreas traurig an, als sie ihm sagen mußte, daß er es diesmal leider nicht geschafft hatte, daß er sitzengeblieben war.

Nach Schulschluß rannte Andreas ohne Umwege nach Hause. Er schämte sich so sehr, und er hatte Angst vor seinen Eltern. Vater würde sein Sitzenbleiben sicher nicht verstehen, und Andreas würde bestimmt eine Tracht Prügel dafür beziehen.

Andreas schloß die Wohnungstür auf und rannte sofort in sein Zimmer. Er schmiß sich aufs Bett und begann zu weinen.

Aber dann hatte er eine Idee. In Windeseile packte er seinen Rucksack und verließ das Haus. Einfach abhauen, sich irgendwo verstecken und erst wiederkommen, wenn seine Eltern das mit dem Zeugnis vergessen hatten!

Er lief ein paar Schritte und blieb plötzlich wie angewurzelt stehen. Irgend etwas hinderte ihn einfach weiterzulaufen.

Er drehte sich noch einmal um und erschrak: Ein grelles Licht schien aus dem Dachbodenfenster und zog ihn magisch in seinen Bann.

Andreas dachte an Einbrecher, als er zum Haus zurücklief und die Wohnungstür aufschloß. Er lief die Treppe zum Dachboden hinauf und blieb beobachtend vor der halb geöffneten Tür stehen. Behutsam, ohne Krach zu machen, öffnete er die Tür.

Sofort strahlte das grelle Licht in seine Augen. Und er brauchte einige Minuten, bis er sich daran gewöhnt hatte.

Er betrat den Raum vorsichtig. Überall standen alte Spielsachen herum, die zum Teil noch von seinem Vater stammten. Das Schaukelpferd, das unter dem Fenster stand, wippte leicht hin und her, als ob es gerade von einem weiten Ritt heimgekehrt wäre.

„Ist hier jemand?" rief Andreas leise. Aber es regte sich nichts. Erst als er weiter in den Raum hineinging, sah er einen Jungen. Dieser saß auf dem verstaubten Boden und weinte.

„Wer bist du? Was hast du hier zu suchen?" schrie Andreas jetzt und lief erbost zu dem Jungen. „He, hast du mich nicht gehört?" Er wollte ihn anschubsen, doch seine Hand griff ins Leere, als wenn da keiner sitzen würde.

Andreas wich zurück. Das gab es doch gar nicht: Er sah diesen Jungen ganz deutlich vor sich, wie er da saß und bitterlich weinte; und doch griff seine Hand ins Nichts.

Er versuchte es noch einmal, doch wieder spürte er keinen Widerstand. „Es ist ein Geist", flüsterte er ängstlich.

Dann kniete sich Andreas zu ihm nieder und sah neben dem Jungen diesen weißen Zettel liegen, der sich ebenfalls nicht anfassen ließ. Aber er erkannte, daß es ein Zeugnis war, und als er es genauer betrachtete, sah er auch den Stempel unten. *Nicht versetzt* stand da. Es traf Andreas wie ein Schlag. Dieser Junge war genau wie er nicht versetzt worden. Versteckte er sich etwa hier? Hatte er genauso Angst vor seinen Eltern wie er selbst?

Andreas betrachtete das Zeugnis genauer und las den Namen, der oben auf dem Zeugniskopf stand: *Hans Peter Orloff.*

Ihm wurde schwarz vor den Augen. Woher hatte dieser Junge das Zeugnis seines Vaters?

Und dann wurde ihm manches klar: Dieser Junge, den er nicht anfassen konnte, war ein Erscheinungsbild seines Vaters, als dieser selbst noch ein Kind war.

Andreas kicherte leise. Vater war also genau wie er sitzengeblieben, obwohl er heute ja einen guten Job hatte.

Und dann erschien eine zweite Person. Sie trat aus dem grellen Licht hervor, und Andreas erkannte in ihr seinen Großvater, der voller Sorge schien. Er kniete sich neben den Jungen, Andreas' Vater, nieder und redete wohl tröstend auf ihn ein.

Was sie sagten, konnte Andreas nicht verstehen, aber Vater schien sich zu beruhigen und wischte sich die Tränen fort. Großvater schimpfte nicht, sondern schien ihm Mut für das nächste Schuljahr zuzusprechen.

Sie standen auf und verließen zusammen den Dachboden. Und mit ihnen verschwand das grelle Licht, das sich wie Nebel über den Boden hinzog.

Andreas saß noch immer fassungslos da. Er überlegte, was er tun sollte. War abhauen wirklich die Lösung? Oder sollte er erst mit seinen Eltern reden und im nächsten Schuljahr etwas mehr für die Schule tun?

Aber noch bevor er die richtige Lösung fand, hörte er seinen Vater, wie er die Treppe heraufkam.

„Ich habe dich überall gesucht. Ich hatte schon Angst, daß du Dummheiten machen könntest." Vater nahm Andreas in den Arm, und Andreas erzählte sofort von seinem schlechten Zeugnis. Aber das mit der Erscheinung verschwieg er lieber, Vater hätte ihm das sowieso nicht geglaubt.

„Es gibt immer einen Grund, warum man sitzenbleibt, aber wenn du nächstes Jahr genügend lernst, wird es vielleicht nie wieder passieren", gab der Vater Andreas mit auf den Weg, und sie verließen wie gute Freunde zusammen den Dachboden.

Claudia Mayer

Ein Kwirk fällt vom Himmel

Es gibt da einen kleinen Planeten schräg rechts hinter dem Mond. Den Forschern war er nie aufgefallen, weil er so winzig klein ist und im Schatten des Mondes verborgen liegt. Seine Oberfläche ist bedeckt mit wogendem, kniehohem grünem Gras. Es gibt an die zehn Obstbäume und zwei Sträucher mit Früchten, die wie Haselnüsse aussehen und schmecken. Das Land selbst ist hügelig, und es weht beständig ein sanfter Wind, was sehr angenehm ist, denn tagsüber kann es ziemlich heiß werden.

Zwei Sorten Lebewesen bewohnen den kleinen grünen Planeten: die Kwirks und die Kwarks.

Die Kwirks haben die Größe eines Kleinkindes. Sie sind von stämmiger Statur und stark behaart. Über ihre nahezu runden dunklen Augen ragen starke Wülste. Dafür fehlt ihnen gänzlich ein Kinn. Trotzdem sehen die Kwirks alles in allem wegen ihrer dunklen Augen und ihrer geringen Größe recht niedlich aus.

Die Kwarks sind etwa halb so groß wie die Kwirks. Sie laufen auf vier kurzen, aber ungemein schnellen Beinen über den kleinen grünen Planeten. Ihr Fell ist lang und zottelig wie auch ihre Hängeohren, die sie fast bis zum Boden schleifen haben. Die Nasen der Kwarks sind grasgrün und ständig damit beschäftigt, Eßbares aufzuspüren.

Die Kwirks graben sich Höhlen in die Hügel und verschließen sie mit grasgeflochtenen Türchen, damit es nachts, wenn die Sonne untergegangen ist, warm darin bleibt. Die Kwarks hingegen scharren sich abends eine Kuhle vor den Höhlen der Kwirks, in die sie sich zum Schlafen hineinkauern. Vor der Kälte sind sie gut durch ihr dickes Zottelfell geschützt.

Den Tag verbringen die Kwirks und die Kwarks gemeinsam. Sie wandern durch das hohe Gras, knabbern an den Früchten der beiden Sträucher, und manchmal necken sie einander. Die Kwarks zwicken dann die Kwirks in die Waden. Die Kwirks wiederum klettern auf die Obstbäume und bewerfen die Kwarks für deren Frechheit mit Früchten, die wie Äpfel, Birnen und Bananen aussehen. Das macht die Kwarks rasend. Sie jagen kläffend um die Obstbäume und versuchen, nach den Kwirks zu schnappen. Doch die Kwirks sitzen sicher im Geäst der Bäume und halten sich die Bäuche vor Lachen.

Wenn die Kwirks und die Kwarks sich genug geärgert haben, spielen sie miteinander. Ihr liebstes Spiel ist das Bockspringen. Dazu stellen sich die Kwarks in kurzen Abständen hintereinander auf, und die Kwirks hopsen über sie hinweg. Stundenlang können sie sich damit die Zeit vertreiben, ohne müde zu werden. Manche der Kwirks haben es im Bockspringen zu wahrer Meisterschaft gebracht. Meterhoch und meterweit segeln sie über die Köpfe der Kwarks hinweg, die ihnen staunend und ein wenig besorgt hinterherstarren.

Wie sich eines Tages herausstellte, war ihre Sorge nicht unberechtigt gewesen. An diesem besonderen Tag wehte der Wind stärker als sonst. Die steife Brise im Rücken, gelang einem jungen Kwirk ein besonders herrlicher Sprung. Er segelte über die Köpfe aller acht Kwarks, über die beiden Sträucher, über die Obstbäume – und sogar über den Rand des Planeten hinweg. Er segelte durch den dunklen, leeren Weltraum, vorbei am kalten Mond, vorbei an der glühenden Sonne, durch die Atmosphäre und landete schließlich reichlich unsanft im Gebüsch neben dem Kinderspielplatz einer Wohnhaussiedlung.

Benommen vom harten Aufprall und vom langen Flug durch Raum und Zeit, blieb er ein Weilchen mit geschlossenen Augen liegen. Fremdartige Geräusche drangen an sein Ohr, und er schnupperte einen fremden, eigenartigen Geruch. Verstört öffnete er die Augen und mußte blinzeln, weil die Sonne hier viel greller schien, als sie es auf seinem Heimatplaneten tat. Sein Rücken schmerze, und quer über die Brust verlief eine blutige Schramme, die er sich beim Sturz in das Buschwerk zugezogen hatte.

Doch viel beunruhigender fand er die Welt, die vor seinen runden Augen lag. Scheu wagte sich der Kwirk ein paar Schritte aus dem Gebüsch heraus. Die Oberfläche des Planeten, auf dem er gelandet war, war von einer Art gräulichem Staub bedeckt, der beim Gehen unter den Füßen knirschte. Auf einem solchen Boden konnte nichts gedeihen. Kahle Gerippe, entfernt den Bäumen seiner Heimat ähnlich, doch aus einem harten, kalten Material, ragten aus der Erde. Gut dreißig Meter weiter türmten sich quaderartige graue Berge in die Höhe. 'Ein unwirtlicher Planet', dachte der Kwirk bei sich, 'abgestorbene Bäume, häßliche Gebirge, staubiger und unfruchtbarer Boden.' Langsam dämmerte dem Kwirk die schlimme Erkenntnis: Er war auf einem unbewohnten Planeten gelandet, denn kein Wesen konnte auf einem solchen Planeten existieren. Im war zum Heulen zumute. Ziellos tapste er zwischen den kahlen Gerippen umher.

Da plötzlich stand ihm ein Lebewesen aus Fleisch und Blut gegenüber. Es wedelte mit dem Schwanz, lief auf vier Beinen und knurrte leise. Es sah zum Verwechseln den Kwarks seines Heimatplaneten ähnlich. Der kleine Kwirk schöpfte wieder Hoffnung. Dieser Planet war also doch bewohnt. Zumindest gab es hier einen Kwark. Er versuchte ihn zu umarmen. Darauf reagierte der Kwark höchst ungehalten. Er bellte laut, riß sich von ihm los, legte die Ohren an und schnappte nach ihm. Beim Versuch, den Zähnen des Kwarks auszuweichen, plumpste der Kwirk unsanft auf sein Hinterteil.

Jemand, den er jenseits der Gebirge vermutete, schrie in einer Sprache, die der Kwirk nicht verstand. Sie klang ihm unangenehm schrill in den Ohren. Was der Jemand brüllte, hätte ein Mensch wohl als „Komm sofort her, Billie!" verstanden.

Dem Gebrüll folgte ein Wesen, welches den Kwark an einer langen Leine befestigte. Dies wiederum schien jenem überhaupt nicht zu gefallen, denn er tobte und bellte noch lauter als zuvor.

„Da liegt was", schrie das Wesen unvermindert schrill.

„Was liegt da?" brüllte ein anderes, das, gefolgt von zwei weiteren zweibeinigen Wesen, angerannt kam.

„Weiß ich nicht", kreischte das kurzhaarige, blasse Wesen, welches zuerst dagewesen war. „Ein Mensch ist es nicht."

„Klar doch ist es ein Mensch", meinte ein ziemlich kurzes Wesen mit vielen runden Punkten um die Nase. „Er hat zwei Beine, zwei Arme, Mund, Nase und Augen."

„Komisch sieht er aus", gab der blasse Kurzhaarige zu bedenken. „Er hat so seltsame Wülste über den Augen. Das habe ich noch nie gesehen – und dieses Fell ..."

„Ich hab's", schrie ein dürres, bezopftes Wesen. „Es ist ein Neandertaler! So einen habe ich in meinem Schulbuch gesehen."

„Das ist aber ein kleiner Neandertaler", sagte der kurzhaarige Blasse.

„Vielleicht ist es ein Neandertalerkind", schlug das dürre Zopfwesen vor.

Der Kwirk verstand von der Unterhaltung der Kinder kein Wort. Aber er fühlte sich mehr und mehr unbehaglich unter diesen seltsamen, schrill kreischenden Wesen. Schließlich bekam er es regelrecht mit der Angst zu tun, und er suchte sein Heil in der Flucht. Er rannte zu den grauen Gebirgen, weil er hoffte, hinter ihnen Deckung zu finden.

Zu seinem Entsetzen entdeckte er gleich mehrere Angehörige

der Wesen, vor denen er flüchtete, hinter den Gebirgen. Sie waren erheblich größer und dicker als jene. Einige von ihnen hatten Bärte. Sie standen ein jeder stumm vor einem glänzenden, farbenprächtigen Kasten, den sie liebevoll mit Schwämmen bearbeiteten. Sie waren derart hingebungsvoll bei der Arbeit, daß sie die kleine urwüchsige Gestalt, die an ihnen vorbei um ihr Leben rannte, nicht bemerkten.

Der Kwirk wäre gern stehengeblieben, um die hübschen Kästen näher zu untersuchen, aber die lästigen kleinen Wesen waren ihm hart auf den Fersen. Sie stießen unentwegt hohe Schreie aus, daß dem Kwirk die Ohren klingelten.

„Bleib stehen", schrie die dürre Bezopfte.

„Wenn wir ihn kriegen, gehört er mir", brüllte das ziemlich kurze Wesen mit den Punkten.

„Nein, mir. Ich habe ihn zuerst gesehen", meldete der kurzhaarige Blasse seine Rechte an.

„Laß den Hund los", kreischte der kurze Sommersprossige.

Der Kwirk rannte um sein Leben, um so mehr, als der unfreundliche Kwark bellend hinter ihm wie ein Pfeil herangeschossen kam. Auf dem Weg, den er entlangrannte, gab es keine Bäume, in die er sich hätte flüchten können. Es blieb ihm nichts anderes übrig, als immer weiter geradeaus zu laufen, obwohl ihm das Blut in den Ohren pochte und sein Herz schlug, als wollte es jeden Moment zerspringen.

Endlich tauchten am Ende des Weges grüne Büsche auf, die den Kwirk entfernt an die Büsche seines Planeten erinnerten. Er mobilisierte seine letzten Kräfte und setzte mit einem gewaltigen Sprung gerade noch rechtzeitig, bevor sich die spitzen Zähne des Kwarks in seinen Pelz bohren konnten, über die Hecke. Der Boden, der ihn auf der anderen Seite empfing, glich aufs Haar dem grünen Rasen seines Heimatplaneten. Erschöpft blieb er liegen und wartete, daß sich sein Atem beruhigte.

Der Garten, in dem der Kwirk gelandet war, gehörte zum Haus der Klavierlehrerin Poltmann. Sie war eine alleinstehende Dame in den Sechzigern, groß und beleibt und mit der wenig damenhaften Schuhgröße 45 geschlagen. Eben empfing sie ihre fünfte Klavierschülerin an diesem Tag, ein wenig hoffnungsvolles Talent. Seufzend wegen der erwarteten Marter für ihre Ohren, führte die Poltmann Sophie in den großen Unterrichtsraum, dessen hohe Flügelfenster zum Garten hin zeigten.

Sophie, blondgelockt und schlaksig, ließ sich auf dem Klavierhocker nieder und begann lustlos in die Tasten zu greifen.

Der Kwirk spitzte die Ohren. Nie zuvor hatte er Klaviermusik gehört. Es klang einfach phantastisch. Von der Musik angelockt, schlich er zum Haus. Durch die sauber geputzten Glasscheiben hatte er eine gute Sicht, und er drückte sein plumpes Gesicht fest gegen das Fenster, damit ihm nichts entging.

Im Unterrichtsraum griff sich derweil Frau Poltmann an den Kragen ihrer Bluse, weil ihr heiß geworden war. Ungeklärt blieb, ob es ihr heiß geworden war, weil Sophie so unglücklich in die Tasten griff oder weil sie die Heizung zu hoch eingestellt hatte.

„Es ist entsetzlich heiß im Zimmer", sagte Frau Poltmann zu Sophie. „Ich werde ein Fenster öffnen." Frau Poltmann erhob sich schwerfällig und schlurfte auf ihren großen Füßen zum Fenster.

Dort erstarrte sie zur Salzsäule. Der Anblick des Kwirks, der sich an ihrem vornehmen Flügelfenster die Nase platt drückte, war zuviel für sie. In jungen Jahren hatte Frau Poltmann dereinst Gesang studiert. Dies zahlte sich nun aus. Ihr markerschütternder Schrei erklomm mühelos das dreigestrichene hohe D. Für eine Dame in ihrem Alter war dies zweifellos eine hervorragende Leistung.

Der Kwirk erschrak fürchterlich, als die Poltmann für ihn

unverhofft losschrie. In seinem Schrecken stimmte er in ihr Schreien ein. Einige Oktaven tiefer zwar, aber nicht minder laut.

Für die Scheibe und Sophie ging dies entschieden zu weit. Die Scheibe zersprang klirrend, und Sophie suchte schleunigst das Weite. Sie beschloß, noch bevor sie zu Hause ankam, ihre Klavierstunden bei Frau Poltmann zu kündigen. Als Erklärung gab sie ihren Eltern gegenüber an, die alte Poltmann sei verrückt geworden.

Sophies Kündigung war nicht die einzige Konsequenz der Poltmann-Kwirkschen Schreiorgie. Die hohen Töne der Poltmann und die tiefen des Kwirks trafen durch die gesprungene Scheibe nun mit ungeheurer Wucht aufeinander. Die hohen rieben sich dabei heftig an den niederen, und weil weder Frau Poltmann noch der Kwirk zu schreien aufhörten, wurden die Töne immer mehr, rieben sich immer heftiger.

Das Ganze artete schließlich in regelrechte Turbulenzen aus. Die Poltmann wirbelte durch ihr Wohnzimmer. Den Kwirk wirbelte es in die Höhe. Getragen von den nicht abnehmen wollenden Turbulenzen und einer von Nordost kommenden steifen Brise, stieg er hoch und höher und höher und noch höher, bis er über den Bäumen, den Häusern, den Wolken, den Flugzeugen und überhaupt über allem schwebte. Nach einer knappen Viertelstunde hatte er die Erdatmosphäre verlassen. Nun segelte er wieder durch den leeren Weltraum, vorbei an der Sonne, vorbei am Mond, und landete zu guter Letzt mit einem unsanften Plumps auf seinem Heimatplaneten.

Hier wurde er mit begeistertem Hurrarufen und -bellen von sämtlichen Kwirks und Kwarks empfangen. Man hatte ihn während seiner Abwesenheit schmerzlich vermißt und war begierig, zu erfahren, was ihm derweil widerfahren war. In ungläubigem Staunen lauschten sie den phantastischen Schilderungen ihres Bruders. Hätten sie nicht mit eigenen Augen den Flug des Kwirks durchs Weltall gesehen, sie hätten seinen Erzählungen keinen Glauben geschenkt. Doch so wußten sie, daß die Erzählung der Wahrheit und nichts als der Wahrheit entsprach.

Die abenteuerlichen Erlebnisse des Kwirks, sein Flug durch Raum und Zeit, seine Begegnungen mit den seltsamen, schrill kreischenden Wesen und dem unfreundlichen Kwark, gingen in die Geschichte der Bewohner des kleinen grünen Planeten ein und würden von Generation zu Generation überliefert werden.

Nur ein Erlebnis des Kwirks blieb für immer sein Geheimnis: das wundervolle Klavierspiel des blondgelockten Mädchens. Wie auch hätte er es mit seinen Schwestern und Brüdern teilen können?

Jürgen Molzen

Kinder-Gute-Nacht-Gruß

Patrick und sein Kuschelbär
tollen Stund' um Stund' umher.
Und tagtäglich immer mehr,
beide mögen sich so sehr:

Und des Abends – kurz vor acht –
wünschen sie sich: „Gute Nacht!"

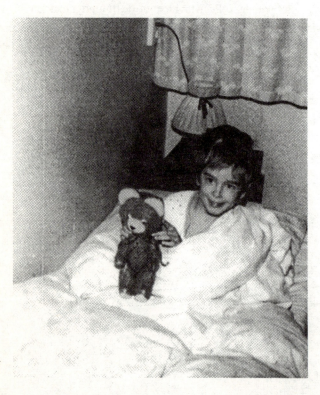

Ostergruß

Osterglocken, sprich Narzissen,
Frühlingsboten für uns heut:
Wir möchten das Fest nicht missen,
danken drum für ihr Geläut.

Draußen hoppeln Osterhasen,
Osterkiepen wiegen schwer.
Buntbemalte Ostereier
roll'n den Körben hinterher.

Und auch eine Osterhäsin
hält verschnaufend einmal an:
Schaut verstohlen nach dem Alten,
ihrem Osterhasenmann.

Kinderaugen blitzen blanken,
Kinder finden Ei für Ei:
Und wir ELTERN – in Gedanken! –
sind als Kinder mit dabei!

April, April

April, April,
der macht, was er will,
und nicht, was er soll.
Das findet ihr toll?

So geht es auch Jochen:
Was hat er versprochen,
was er machen will?
April, April!

Nanu!
oder
Gedanken einer Vierjährigen

Ich bin ein Mädchen und kein Bengel
Und schau' mir alles kritisch an ...
Halt in den Händen einen Stengel,
Wie man mir sagt, vom Löwenzahn ...

Für mich ist dieser Name putzig,
Die Wiese – gelbgepunktet – chic ...
Nur eines macht mich wirklich stutzig:
Weshalb heiß' gerade ich Monique?

Einschulung

Sie eilen hinaus –
aus dem Haus,
Zuckertüten im Arm,
in den Augen Beglücken ...

Ranzen aus Pappe
leben nur noch
in Erinnerung.
Im Hörensagen ihrer Großeltern ...

Hinein in die Schule,
die wartet
mit Lehrern und Wissen.

Dorthin,
wo Glück wächst,
die Träume der Kleinen reifen ...

Bekanntmachung

Ich habe es schon längst geahnt,
im WINTER drüber gesprochen.
Es war von langer Hand geplant:
Der LENZ ist ausgebrochen!

Fast alles ...

Ich danke Lehrer Schlieben.
Viel konnt' ich von ihm lernen.
Doch ist nicht übertrieben:
Ein Teil steht in den Sternen.

Ingeborg Mucha

Der Streit der Uhren

„Beim nächsten Gongschlag ist es 24 Uhr", sagte die freundliche Stimme der Ansagerin auf dem Fernsehbildschirm. Aber Herr Müller nahm davon keine Notiz mehr. Er war längst in seinem bequemen Fernsehsessel eingeschlafen und schnarchte leise vor sich hin. Nichts konnte ihn jetzt mehr wecken. Auch die Kirchenglocke nicht, die jetzt um Mitternacht – wie immer ganz pünktlich – zu läuten begann. Bimbam, bimbam ... dröhnte es durch das offene Wohnzimmerfenster, das direkt auf den Kirchplatz hinausging.

„Verdammt. Ich gehe schon wieder nach", fluchte da jemand leise im Halbdunkel. Es war die große Standuhr, die im Wohnzimmer gegenüber dem Fernseher stand, auf dem jetzt das Testbild erschien. Erst als die zwölf Glockenschläge der Kirchturmuhr fast verklungen waren, rückte auch ihr Sekundenzeiger auf Mitternacht, und das Glockenwerk setzte sich in Bewegung. Ding-dong, ding-dong ... läutete es majestätisch in tiefem Baß, und die Standuhr tickte stolz: „Welch herrlicher Klang! Was macht es da schon aus, wenn man eine Minute nachgeht. Was ist schon eine Minute? Schließlich bin ich auch nicht mehr die Jüngste."

„Das kann man wohl sagen", ließ sich da das gehässige Ticken der Wanduhr aus der Küche vernehmen. „Aber das ist noch lange kein Grund, falsch zu gehen. Vor allem, wenn man jeden Tag von Herrn Müller nachgestellt wird. Ich jedenfalls gehe richtig und werde höchstens einmal im Jahr nachgestellt, obwohl ich auch schon viele Jahre auf dem Uhrwerk habe."

Die Standuhr hielt vor Entrüstung eine Sekunde lang ihren Zeiger an und hätte fast vergessen, eine letztes Mal zu läuten.

Dann tickte sie aufgeregt weiter: „Sei bloß ruhig, Küchenuhr. Es mag sein, daß du nicht so oft nachgestellt werden mußt wie ich, aber dafür bist du häßlich und völlig wertlos. Ich dagegen bin eine herrliche Handarbeit, ein unbezahlbares Einzelstück."

„Haha, daß ich nicht lache", tickerte die Küchenuhr los. „Ich erinnere mich noch.ganz genau daran, wie dich Herr Müller mit nach Hause brachte. Du warst in einem erbärmlichen Zustand, und er brauchte Wochen, um dich wieder instand zu setzen. Und soviel ich weiß, stammst du weder aus einem Antiquitätenladen noch aus einem vornehmen Haushalt, wie du immer behauptest, sondern aus dem Gerümpel eines staubigen Kellers."

„Du bist gemein." Die Standuhr vergoß ein paar ölige Tränen, die aus ihrem Uhrwerk in den Uhrkasten tropften. Sie in einem Atemzug mit Gerümpel zu nennen, das war einfach zuviel für ihr weiches Holz.

Aber sie beruhigte sich schnell wieder, als sie hörte, was der Wecker aus dem Schlafzimmer zur Küchenuhr tickte. „Ach, spiel dich bloß nicht so auf. Schließlich warst du auch kein Glanzstück, als du ins Haus kamst. Du warst ein Ladenhüter, ein Sonderangebot. Niemand wollte dich haben mit deinem billigen, giftgrünen Plastikgehäuse. Und Herr Müller mußte dich erst dreimal zur Reparatur bringen, bevor du richtig ticktest. Außerdem ist das auch nicht so toll, einmal im Jahr nachgestellt werden zu müssen. Ich ticke immerhin mindestens zwei bis drei Jahre ohne Fehler."

„Ja, aber nur, weil deine Batterien länger halten als meine. Mir passen diese modernen, langlebigen Batterien nun mal nicht", verteidigte sich die Küchenuhr und gab sich keineswegs geschlagen. „Was ist übrigens mit deinem Weckzeichen, über das sich Herr Müller jeden Morgen so geärgert hat, daß du ihn schon lange nicht mehr wecken darfst? Das war doch so schrill, daß er Ohrenschmerzen bekam."

Der Wecker zuckte beleidigt zusammen. „Ein Weckzeichen soll nicht schön klingen, sondern wecken, und dazu bedarf es eben einer gewissen Lautstärke. Was kann ich dafür, wenn Herr Müller nicht gern geweckt wird? Aber er mag mich trotzdem, sonst würde ich nicht noch immer auf seinem Nachttisch stehen."

„Aber nur, weil du ein Geschenk seiner Freundin bist. Sonst wärst du längst an der Wand gelandet", unterbrach ihn der Radiowecker. „Seit er mich angeschafft hat, braucht er dich doch gar nicht mehr. Ich wecke ihn nämlich sanft und zärtlich mit Musik. Und im übrigen brauche ich überhaupt nicht nachgestellt zu werden. Ich habe natürlich auch keine Batterien, die immer wieder erneuert werden müssen, sondern ticke mit Strom. Und der geht nie aus."

„Ach, und was war neulich, als die Sicherung herausflog und die ganze Wohnung ohne Strom war?" tickte spöttisch die Armbanduhr, die bisher schweigend auf dem Nachttisch gelegen hatte.

„Da kann ich doch nichts dafür." Der Radiowecker tickelte pikiert, und seine Digitalanzeige flackerte vor Scham. „Aber du brauchst gar nicht so eingebildet zu sein, weil du weder Batterien noch Strom brauchst. Auch du bist von einer Energiequelle abhängig. Wenn dich Herr Müller in seine Schublade legt und du tagelang keinen Sonnenstrahl abbekommst, hörst du nämlich auch auf zu ticken."

Die Armbanduhr fühlte sich getroffen. Daran hatte sie nämlich noch gar nicht gedacht. „Na gut", tickte sie ein, „aber Herr Müller mag mich am liebsten. Immerhin trägt er mich fast den ganzen Tag am Handgelenk mit sich herum. Euch kann er nicht überallhin mitnehmen. Ihr seid einfach zu groß und im Grunde alle völlig überflüssig."

Ein Tacken der Entrüstung ging durch die Reihen der anderen

Uhren. Was erlaubte sich eigentlich diese unverschämte Armbanduhr? Das war doch einfach die Höhe!

Da mischte sich von draußen die Kirchturmuhr ein, die den Streit durch die offenen Fenster neugierig mitverfolgt hatte. „Was regt ihr euch über diese aufgeblasene Armbanduhr nur so auf? Sie ist genauso wichtig oder unwichtig wie ihr alle. Ich bin es, die wirklich wichtig ist. Nach mir stellen die Leute sämtliche Uhren, auch ihre Armbanduhren."

„Ich brauche nicht gestellt zu werden", tickte die Armbanduhr und fügte verdrossen hinzu: „Nur wenn ich zu lange im Dunkeln war."

„O doch", versicherte die Kirchturmuhr. „Oder stellst du dich auch allein von der Sommerzeit auf die Winterzeit um?"

Die Armbanduhr schwieg. Auch daran hatte sie nicht gedacht.

„Pah", ließ sich da das Ticken der Wohnzimmeruhr vernehmen. „Was redest du da für ein dummes Zeug, Kirchturmuhr. Vielleicht haben die Leute früher einmal nach dir ihre Uhren gestellt, als es noch keine Zeitansage im Telefon, Radio oder Fernsehen gab."

Darauf wußte die Kirchturmuhr nichts zu ticken, und der Streit der Uhren ging weiter. Jede Uhr verteidigte ihre eigenen Vorzüge und schmähte die Nachteile der anderen Uhren. Keine wollte nachgeben. Jede wollte das letzte Wort haben. Und schließlich tickten und tackten alle nur noch wild durcheinander.

Da öffnet sich im Flur das Türchen der Kuckucksuhr, und der Kuckuck erschien. „Zum Kuckuck", schrie er laut dazwischen. „Wollt ihr jetzt vielleicht endlich still sein! Eure Streitereien sind ja nicht mehr auszuhalten. Hat nicht jede Uhr ihre besondere Aufgabe und Schönheit? Ich finde, keine von euch ist besser oder schlechter als die anderen, auch ich nicht."

Da schwiegen alle Uhren betreten, denn sie wußten, daß Herr Müller ganz vernarrt in seine Kuckucksuhr war und daß zumindest sie allen Grund gehabt hätte, eingebildet zu sein.

„Und damit ihr es wißt", tickte die Kuckucksuhr fort, „es ist gleich ein Uhr. Und ihr habt nichts anderes im Sinn, als euch zu streiten. Dabei solltet ihr lieber an eure Arbeit denken und die Stundenzeiger langsam vorrücken. Sonst geht ihr gleich alle falsch, und nicht wegen irgendwelcher leerer Batterien oder Stromausfälle, sondern ganz allein aus eigener Schuld. Zum Kuckuck!"

Das Türchen der Kuckucksuhr knallte wieder zu, und im Fernsehen sagte die freundliche Stimme der Ansagerin ins Testbild: „Beim Gongschlag ist es ein Uhr."

Da beeilten sich die streitsüchtigen Uhren kleinlaut, an ihre Arbeit zu gehen – nämlich die Zeit zu messen und anzuzeigen, jede auf ihre eigene Weise und jede mehr oder weniger genau.

Aber das störte Herrn Müller nicht. Nicht jetzt. Er war in einem zeitlosen Land, und er lächelte.

Die Gans

Trippel, trappel, trappel, tripp.
Wer trappelt da denn über die Brück'?
Das ist ja Klara, unsere Gans.
Ich erkenne sie an ihrem stolzen Schwanz.
Ei, wo will unsere Gans denn hin?
Die glaubt wohl, daß ich blöde bin.
Trippel, trappel, trappel, tripp.
Aber da hat sie bei mir kein Glück.
Nein, die lass' ich nicht entkommen.
Die werde ich gleich zurückbekommen.
Ich laufe ihr nach, so schnell ich kann.
Und dann, ja dann, dann ist sie dran.

Trippel, trappel, trippel, trapp.
Wer springt den da in den Fluß hinab?
Das ist ja Klara, unsere Gans.
Ich sehe noch ihren stolzen Schwanz.
Ei, wo will unsere Gans denn hin?
Die glaubt wohl, daß ich feige bin.
Trappel, trippel, trappel, tripp.
Aber da hat sie bei mir kein Glück.
Nein, die lass' ich nicht entkommen.
Die werde ich gleich zurückbekommen.
Ich springe ihr einfach hinterher.
Doch dann? Ich weiß es gar nicht mehr.

Trappel, trippel, trappel, tripp.
Bewußtlos ich im Wasser lieg'.
Man findet mich, bevor ich sinke
und elendlich im Fluß ertrinke.
Man zieht mich aus dem Wasser raus
und bringt mich schnell ins warme Haus.
Trappel, trippel, trappel, tripp.
Da hatte ich aber großes Glück.
Warum vergaß ich nur, o Mann,
daß ich ja gar nicht schwimmen kann?
Die Gans ist frisch und munter längst zurück.
Sie wollte nur baden, das freche Stück.

Doris Mühlemann

Nepomuk, der Zwerg

Mitten im Wald steht ein mächtiger Baum. Sein Stamm ist leicht morsch und ganz unten etwas hohl. Trotzig streckt er seine knorrigen Äste in den Himmel.

Hoch oben im Wipfel thront der Waldkauz. Tagsüber schläft er, und nachts segelt er über die einsamen Wiesen und Äcker und jagt nach Mäusen.

Am Fuße der Baumes, in der Höhle, haust Nepomuk, der Zwerg. Nepomuk ist winzig klein. Viel, viel kleiner als all jene Gartenzwerge aus Holz oder Plastik.

Nepomuk hat viele Freunde unter den Tieren, die im Wald und auf der Wiese leben.

Da ist die Weinbergschnecke mit ihrem kunstvoll geformten Haus. Oft, nach einem Regenguß, wenn die ersten Sonnenstrahlen wieder zwischen den Wolken hindurch scheinen, kriecht die Schnecke langsam am hohlen Baum vorbei und ruft: „He, Nepomuk! Kommst du mit mir auf einen Spaziergang? Schau, die Kieselsteine funkeln wie Edelsteine, und auf den Gräsern sitzen glitzernde Perlen!"

„Hallo, Schnecke!" ruft Nepomuk, „ich komme gleich!" Und mit ein paar Purzelbäumen ist er draußen vor seiner Höhle. Dann besteigt er das Schneckenhaus und setzt sich obenauf. Behutsam kriecht die Schnecke mit Nepomuk zwischen den glänzenden Gräsern und Blumen hindurch.

Manchmal, im Spätsommer, an heißen Tagen, hüpft eine Heuschrecke vor Nepomuks Höhle. „Guten Tag, Nepomuk! Wollen wir Versteck spielen im hohen Gras?" Und kaum streckt Nepomuk seine winzige Nase aus der Höhle, hopp, da springt die Heuschrecke mit einem Satz davon. Nepomuk muß

lange suchen, bis er sie endlich wiederfindet, denn die Heuschrecke ist grasgrün.

Am frühen Morgen, wenn Nepomuk im Wald umherstreift und für sein Frühstück Beeren sammelt, piepst die Waldmaus aus ihrem Versteck hervor: „Schönen guten Morgen, Nepomuk! Darf ich dich begleiten? Ich muß dringend meine Vorratskammer wieder auffüllen."

Die Maus springt weit voraus und führt Nepomuk zu den schönsten Plätzen mit den süßesten Walderdbeeren, die wie purpurrote Glöckchen bimmeln.

Doch manchmal ist Nepomuk sehr, sehr traurig. Dann setzt er sich auf einen großen Stein und schaut wehmütig ins Tal hinunter zum Dorf. „Ach", seufzt er dann, „wär' ich doch auch so groß wie die Kinder dort unten!" Und mit seinen kleinen Fäusten stützt er seinen Kopf. „Warum bin ich denn nur so ein kleiner Zwerg? Ich möchte auch gern einmal mit den Kindern spielen und springen!" Dann drückt er hässig die Augen zu und murmelt böse vor sich hin.

Und einmal, als er wieder so trübsinnig vor sich hin döst, da brummt er in seinen kurzen, spitzen Bart: „Am allerliebsten möchte ich einmal ein Riese sein! Nur einmal! Dann könnte ich den Menschen und den Hunden Angst und Schrecken einjagen. Ich fürchte mich auch immer vor den Menschen, wenn sie in den Wald kommen und mit ihren großen Schuhen die kleinen Blumen und die Käfer zertrampeln. Und erst noch die Hunde! Ich bin immer fast wie gelähmt vor Angst, wenn sie ihre Schnüffelnase tief in meine Höhle stecken."

Als Nepomuk seine Augen wieder öffnet, erschrickt er heftig. – Er sitzt nicht mehr auf einem Stein, sondern auf einem hohen Fels. Tief unter ihm liegt das Dorf. Es erscheint so klein, so winzig klein, als wäre es aus Bausteinen aus einem Spielzeugkasten zusammengesetzt.

Zitternd vor Angst erhebt sich Nepomuk von seinem Sitz. Und als er aufrecht steht, wirft seine plötzlich große Gestalt einen riesig langen Schatten ins Tal hinunter. Ängstlich flüchten die kleinen Menschen in ihre Häuschen. „Hilfe! Hilfe!" rufen sie, „der Riese ist wieder da! Der Riese Nepomuk!"

Zaghaft setzt sich Nepomuk wieder auf den Fels, und die Sonne kann wieder das Tal erhellen. Langsam wagen sich die Menschen wieder aus ihren Häusern hervor.

Nepomuk überfällt plötzlich ein unheimliches Gefühl. Er weiß nicht, was mit ihm passiert war. Und obwohl er sich heimlich wünschte, einmal ein Riese zu sein, fühlt er sich nun elend in der Haut eines riesengroßen Riesen.

„Ist der Riese nun fort?" jammern die Kinder aus dem Tal.

Nepomuk duckt sich hinter einen Hügel. Dort verharrt er, vornübergebeugt auf den Knien, viele, viele Stunden, bis endlich die Sonne hinter dem Berg verschwindet.

Erst als der Mond hoch oben am Himmel steht, erhebt sich Nepomuk zögernd und schreitet traurig dem Walde zu. Aber der Wald ist nur ein niedrig kleines Gebüsch, wie die Baumgruppen einer Modelleisenbahnanlage. Die winzig kleinen Rehe und Hasen ergreifen die Flucht vor Nepomuk.

„Ich will kein Riese mehr sein!" heult Nepomuk verzweifelt in die dunkle Nacht. „Ein Riese ist einsam und hat keine Freunde!" Traurig und erschöpft sinkt er zu Boden und weint große Riesentränen.

Und wie er so weint, da spürt er plötzlich, daß er mit jeder Träne kleiner und kleiner wird. Müde legt er seinen Kopf auf einen bemoosten Stein und schläft ein.

Am frühen Morgen, als die ersten Sonnenstrahlen seine Nase kitzeln, wacht er auf.

„Huhuuuh!" ruft der Kauz hoch oben in der Baumkrone, „du hattest aber einen wilden Traum, Nepomuk!"

Nepomuk blinzelt in die Sonne und stellt plötzlich fest, daß er wieder ein kleiner Zwerg ist. „Juhuuuh!" jauchzt er vor Freude und macht ein paar übermütige Purzelbäume, bis er vor die Schnecke kugelt.

„Du bist aber stürmisch heute früh!" lacht die Schnecke.

„Hallo, Nepomuk!" zirpt die Heuschrecke, „heut weiß ich ein sicheres Versteck, wo du mich bestimmt nicht finden wirst!"

„Welch ein Glück!" seufzt Nepomuk erleichtert. „Alles war nur ein böser Traum! – Nie mehr will ich ein Riese sein!"

„Kommst du mit mir Beeren pflücken?" piepst die kleine Waldmaus.

„Mmh! Sie sind zuckersüß!" schmatzt die Schnecke und leckt sich das rote Maul,

Sigrid Mühlhaus

Der Vogel und die Wüste

Ein Vogel flog über die Wüste hin
und dachte in seinem Vogelsinn:
Nichts trägt die Alte auf ihrem Rücken,
weder Bäume, Straßen, Häuser oder Brücken.
Nicht einmal Wasser hat sie zu vergeben.
Wenn ich hier landen müßte,
ich käme bestimmt um mein Leben.

Der Wüste erglühte das Angesicht.
Sie sah den Vogel fliegen
und rief ihm zu: O glaube nicht,
du könntest mir entrinnen!
Wie lange habe ich deiner geharrt!
Ich konnte so gar nichts beginnen
vor schrecklicher Sehnsucht nach dir!
O singe, Herrlicher! Mir gehörst du, mir!

Sie drückte den Vogel an ihr Herz.
Ihr Herz war aus heißem Sand.
Sie fühlte nur sich, nicht seinen Schmerz,
hat Leib und Lieder verbrannt.

Die Bohne

Endlich ist es soweit:
Ich lebe aus dem vollen.
Seht nur,
wie füllig ich geworden bin,
geradezu gequollen!
Tief in mir,
da regt sich was
und drängt hervor.
O, das tut wohl!
Vor allem aber:
Man fühlt sich nicht hohl.
An meiner linken Seite
spitze ich schon
ein kleines grünes Ohr.
Kommt euch das nicht lustig vor?

Bald bin ich ganz
unter Dach und Fache.
Wer früher gespottet hat,
ich sei ein mickriges Ding,
dem vergeht jetzt die Lache.

Der Wind als Musikant

Der Wind, er läßt sich nieder
ganz sacht und singt ein Lied.
Er hockt dort in dem Flieder,
damit ihn keiner sieht.
Er schenkt sein Lied dem Abend
und allen, die es hör'n.
Ein Summen, ach wie labend,
mein Herz will es betör'n.

Am Morgen kommt ein Wind auf,
das ist ein Kerl, ein andrer.
Er geht einen steilen Berg rauf
und ist ein pfeifender Wandrer.
Einem Wald greift er in die Saiten
und spielt seinen großen Gesang,
wo die Vögel ihn begleiten,
so geht es stundenlang.

Dann ist er plötzlich verschwunden,
der Wind, unser Musikant.
Habt ihr ihn etwa gefunden,
in Kraut und Heidesand,
in einem Meer aus Korn?
Wann wird er wiederkehren?
Ist nicht ein Windlied zu hören
in den Rosenhecken dort vorn?

Freundlicher Wald

Im Sommer
deckt uns den Tisch
der Wald.
Er greift in seine Taschen
und sagt: Langt zu,
ihr wollt doch
was Süßes naschen!

Seine Wipfelköpfe nicken
und raunen uns zu:
Nehmt euch von mir
etwas Ruh'!
Was euch bedrängt
und quält,
legt es beiseite
in Moos und Gras,
streckt eure Beine aus
und träumt euch was!

Ist etwa einer unter euch,
der nicht träumen kann?
Der komme öfter zu mir!
Das Träumen lehre ich jedermann!

Anne Marte Müller

Ein besseres Katzenleben

Ein großer Häuserhof. Außen herum Straßen, innen herum Straßen. Beton in der Höhe, Beton in der Breite. Erde und Gras sind rar. Außen fahren Autos flott hintereinander. Innen stehen sie dicht nebeneinander. Hunderte.

Hier leben Katzen. Nicht wenige. Sie sind ängstlich und verschüchtert. Wenn Menschen kommen, huschen sie unter die Autos. Hübsche Tiere, schwarze und weiße, graue und hellbraune, gefleckte. Ihr möchtet sie streicheln, aber sie reißen aus.

Zweimal im Jahre werden possierliche Kätzchen geboren. Sie lassen sich leichter locken als die erfahrenen Katzen, aber nicht anfassen. Hin und wieder bringen ihnen Kinder oder ältere Leute Reste von Mahlzeiten.

Die Katzen auf diesem Hof haben kein leichtes Leben. Ihnen fehlen weiche Kuschellager, wo sie sich zusammenrollen und schlafen können. Mäuse gibt es hier auch nicht mehr zu fangen. Die sind in andere Gegenden umgezogen.

Dagegen, denkt ihr vielleicht, leben die Katzen in den Wohnungen der Menschen wie die Maden im Speck. Gewiß, sie erhalten regelmäßig ihr Fressen. Haben ein Körbchen zum Zurückziehen, vielleicht einen Kletterbaum oder wenigsten eine Spielmaus. Erwachsene und Kinder beschäftigen sich mit ihnen, verwöhnen sie. Auf der Straße jedoch werden sie von ihren Herrchen oder Frauchen an Leinen gehalten. Mal kürzer, mal länger. Keinen Schritt zu weit nach rechts oder links dürfen sie laufen. Freiheit, nein, Freiheit haben sie nicht.

Das beste Leben führen wohl die Katzen auf dem Lande. Die toben sich nachts aus und schlafen am Tage im Schuppen oder unter Sträuchern. Sie springen auf Mauern, klettern auf Dächer und Bäume. So verschaffen sie sich einen Überblick über ihr Revier. Das verteidigen sie gegen andere Katzen.

Sie bekommen mehrmals am Tage ihr Fressen oder versorgen sich selbst, indem sie jagen. Manche Katzen sind aber so satt, daß sie die gefangenen Mäuse gar nicht fressen, sondern sie ihrem Frauchen zu Füßen legen.

Die Katzen auf dem Lande können laufen, wohin sie wollen, spielen, mit wem sie möchten. Es gibt Katzen, die begleiten den Menschen, bleiben nach einem Stück des Weges sitzen und warten auf seine Rückkehr. In der Hoffnung, dann einen besonders guten Bissen zu bekommen, zum Beispiel Schabefleisch oder Fisch.

Wenn ihr Katzen wäret, wo wolltet ihr wohl leben?

Die kleine Hoffnung

Es ist der dritte Tag des neuen Jahres. Auf der Straße sprechen mich zwei kleine Mädchen an. Das ältere, etwa neunjährig, mit wachen dunkelbraunen Augen, ist Wortführerin. Das andere, zirka sieben Jahre alt, mit verträumten blaugrauen Augen, scheint nur einfach dabei zu sein.

Das Braunguck zeigt mir eine Zeitschrift und deutet auf Blaugedrucktes im Text: „Lies mal!"

Ich lese sinngemäß, daß die Erde und damit unser Lebensraum schon weithin vergiftet, folglich eine radikale Umkehr bei der Produktion, im Verkehr, bei den Abfällen usw. notwendig sei.

„Was meinst du dazu?" fragt mich das Braunguck. Ohne die Antwort abzuwarten, will das Grauguck gleich wissen: „Und was tust du dagegen?"

Ich sage, daß ich dem Text zustimme und mich bemühe, wenig Abfälle anfallen zu lassen.

„Das reicht nicht", erklärt Braunguck, „wir beide haben zum Beispiel jetzt einen Plastesack voll abgebrannter Silvesterraketen gesammelt. Unsere ganze Truppe beteiligte sich nicht am Feuerwerk. Die Eltern gaben uns zwar Geld dafür. Aber wir spenden es für die Kinder in Afrika."

Ich erfahre noch etwas über die Truppe. Sie besteht aus fünfzehn Kindern. Das älteste ist zwölf. Dann sehe ich, wie Braunguck schon wieder eine Frau anspricht und ihr die Zeitschrift zeigt. Die Frau geht auf das Gespräch ein. Grauguck hebt inzwischen eine verbeulte Bierbüchse auf und packt sie in den Müllsack.

Ich werde meinen Enkelkindern von dieser Begegnung erzählen. Sie hat mir etwas Hoffnung gemacht.

Ich bin ein Kind

Ich bin ein Kind,
klein und unerfahren,
um mich nur Riesen,
die auch mal Kinder waren.

Ich weiß genau,
das haben sie vergessen,
nur an sich selbst
die Kinder sie jetzt messen.

Ich tast' mich vor,
weiß wenig von der Welt,
probier' sie aus,
kenn' noch nicht das Geld.

Vielfach tu' ich das,
was die Großen machen,
doch über manches
muß ich heimlich lachen.

Ich werd' vieles lernen,
eines weiß ich schon:
Erwachsne wollen immer
für alles einen Lohn.

Ich wünsch' mir dies und das,
das meiste zählt wohl nicht,
denn die Eltern haben
so ihre eigne Sicht.

Ich soll nicht merken,
was man bespricht,
wie leben gute Freunde,
mir geht auf ein Licht.

Ich spüre deutlich,
daß Große öfter lügen,
sie drehen manches hin,
um sich im Recht zu wiegen.

Wenn sie mich mögen,
geht es mir recht gut,
Ältre haben Macht,
und ich bin auf der Hut.

Ich werd' es schaffen,
groß und stark zu sein,
so kann ich Kindern helfen,
die noch schwach und klein.

Wachsame Augen

Auf einer großen Obstwiese am Stadtrand ließ ein Bauunternehmer über neunzig gesunde und gut tragende Bäume abholzen. Die Kinder einer nahen Schule empörten sich. Die aus der fünften Klasse schrieben dem Oberbürgermeister, daß sie mit diesem Vorgehen nicht einverstanden seien. Sie forderten die Bestrafung des Täters.

Der Oberbürgermeister schickte den Dezernenten sowie Mitarbeiter der Naturschutzbehörde zu einer Aussprache. Die Klasse erschien vollständig.

Die Vertreter der Stadt lobten den Einsatz der Schüler für die Umwelt: „Wir Erwachsenen wollen alles mit Paragraphen regeln. Da ist euer waches Auge gefragt."

Die Kinder blieben unbeeindruckt. Eines sagte: „Zu viele Leute denken, daß man in der Natur aufräumen kann wie zu Hause in der Wohnung." Ein zweites fragte: „Haben denn diese Menschen Bäume überhaupt nicht gern? Fehlt ihnen das Gewissen gegenüber der Natur?" Ein dritter Schüler brachte die Meinung der Klasse auf den Punkt: „Es gibt welche, die tun alles für Geld. Hauptsache, sie können sich viel leisten. Was mit der Umwelt wird, ist ihnen egal."

Nach kurzer Zeit schon ermittelte die Kriminalpolizei. Eine Weile später verurteilte das Gericht den Bauunternehmer zu einer Geldstrafe. Das Geld soll einem Kinderheim zugute kommen. Außerdem muß der Täter die Wiese wieder mit Obstbäumen aufholzen lassen.

Die Schüler der Klasse sind stolz, ein Stück mitregiert zu haben.

Familie Eichhorn

Ich sitze auf der Terrasse und blicke in den Kiefernwald. Es ist warm, windstill und fast lautlos.

Plötzlich höre ich ein Geräusch. Etwa wie ein leises Knakken von Zweigen. An der alten Kiefer klettert ein rotbraunes Eichhörnchen empor. Mit Grasbüscheln im Maul. Ich verhalte mich ganz ruhig, um es nicht zu erschrecken.

Meine Augen verfolgen es bis ins Nadelwerk hoch oben. Dort entdecke ich zwischen Astgabeln einen Kobel, in dem das Eichhörnchen verschwindet. Nach einer Weile verläßt es seine Wohnung wieder. Das Gras dient ihm zum Ausbau. Es klettert ein Stück den Stamm herunter und springt mit großen Sätzen von Baum zu Baum. Von da zum Zaun. Unten am Zaun wächst das lange feine Gras, das es braucht. Nach wenigen Minuten schon kehrt es mit diesem Baumaterial zurück. Dieses Tun wiederholt sich mehrmals.

Ich freue mich, daß auf unserem Gelände ein Eichhörnchen wohnt. Beobachte, sooft ich kann, den Kobel. Aber das flinke Tier läßt sich nicht wieder blicken. Jeden Abend lege ich Haselnüsse unter die Kiefer. Sie sind jeden Morgen weg. Also muß das Eichhörnchen ja wohl noch hier leben.

Einige Wochen gehen ins Land. Ich warte und warte.

Eines Tages sehe ich, wie Mutter Eichhorn mit einem Kleinen den Baum herunterklettert, dann wieder hinauf, um auf den nächsten größeren Ast zu springen. Der wippt gefährlich hin und her. Sie preßt dabei ihr Junges mit der Vorderpfote an ihren Körper, damit ihm nichts passiert. Es ist, als wenn die Mutti ihr Kind mit dem Arm umfängt und an sich drückt, um es zu beschützen. Zugleich ist es für Klein-Eichhorn wohl die erste Unterrichtsstunde, in der es lernt, sich im Leben zu bewegen. Danach bringt die Alte ihr Junges wieder in den Kobel.

Derweil hat ein noch kleineres mit seinem Köpfchen über den Kobelrand geblickt und den ersten Übungen seines Geschwisterkindes zugeschaut. Jetzt packt Mutter Eichhorn auch ihr zweites Junges und unternimmt mit ihm die Klettertour. Den Sprung allerdings wagt sie nicht, da sich ihr Schützling besonders ängstlich an sie klammert. Sie kehrt also bald in den Kobel zurück.

Stunden später sehe ich sie auf einem Wipfel sitzen und Kiefernzapfen knabbern. Helle Holzteile fallen auf den Waldboden und verraten, daß hier Familie Eichhorn lebt.

In den nächsten Wochen bemerke ich nur diese Spuren von ihnen. Doch eines schönen Tages springen drei Eichhörnchen von Ast zu Ast. Zwei sind noch kleiner als die Mutter, aber in der kurzen Zeit schon gehörig gewachsen.

Haselnüsse lege ich noch den ganzen Sommer über aus. Familie Eichhorn holt sie auch. Aber sie läßt sich dabei nicht beobachten.

Im Jahr darauf bleibt der Kobel leer. Wird den Tieren wohl zuviel Betrieb auf der Terrasse gewesen sein.

Es stellt sich aber anderer Besuch ein. Sobald es abends dunkelt, huscht ein Igel unter die Kiefer. Er holt sich Futter von der gleichen Stelle, wo im Jahr zuvor die Nüsse auf die Eichhörnchen warteten.

Der Traum

Ein Vogel war ich
nachts im Traum.
Grenzenlose Freiheit
fühlt' ich im Raum.

Mit Neugier
besah ich mir die Welt
ganz von oben.
Es kostete kein Geld.

Essen fand ich
überall in Fülle.
Vor Kälte schützte
meine Federhülle.

Wo ich wollte,
baute ich ein Nest.
Das Leben, schien mir,
ist ein einzig Fest.

Radio, Fernsehn
braucht' ich nicht.
Der Einkaufsbummel
verlor bald sein Gewicht.

Doch den trocknen Bau
vermißte ich bei Regen,
Häuser, dacht' ich mir,
sind ein Segen.

Verschlossen waren
Bilder, Bücher jetzt,
sie erfreuten mich,
hatt' sie geschätzt.

Bei jedem Flug
erlebte ich Natur
mit kranken Bäumen
in Wald und Flur.

Die Luft, ich roch's,
war nicht sehr gut,
sie bedrückte Brust,
verseuchte Blut.

Der Traum war aus,
ich wachte auf,
hoffte, das besser wird
des Lebens Lauf.

Ilona Maria Peuker

Träume zu verkaufen

Träume zu verkaufen! stand auf dem blauen Pappschild des alten Mannes, der in einer Ecke des winterlichen Marktes ein Bündel bunter Luftballons feilbot.

„Sie haben ja nur Luftballons!" spottete eine elegante Dame.

„Von außen sind es Luftballons, aber von innen Träume", erklärte der seltsame Verkäufer.

Die junge Frau schüttelte den Kopf und eilte weiter.

Ein Geschäftsmann kam vorbei. „Bravo!" lobte er, „das ist der Anfang vom Erfolg. Wer etwas erreichen will, sollte sich von seinen Träumen trennen. Aber zu viel Ehrlichkeit verkauft sich schlecht. Schreiben Sie doch einfach *Luftballons zu verkaufen!,* und das Geschäft wird blühen."

Der alte Mann schwieg.

Der Geschäftsmann hatte es eilig. Er zog seinen Hut und verschwand in der Menge.

„Weshalb behalten Sie Ihre Träume denn nicht?" wollte eine ältere Frau wissen.

Der Traumverkäufer lächelte. „Sie haben sich nicht erfüllt", sagte er ohne Bitterkeit in der Stimme, „und jetzt brauche ich sie nicht mehr."

Es kamen und gingen noch viele Marktbesucher: junge und alte, nette und weniger sympathische Zeitgenossen. Die meisten lachten über den sonderbaren Mann mit dem blauen Pappschild. Manche gaben ihm gute Ratschläge oder das, was sie dafür hielten. Einige warfen ihm ein Geldstück vor die Füße. Aber keiner wollte einen Traum verkaufen.

Den alten Mann schien das alles nicht sehr zu berühren. Unbewegt stand er da und sah freundlich, aber unbeteiligt dem

Treiben auf dem Markt zu. Seine Wangen waren von der Kälte gerötet, sein weißer Bart wehte im Wind.

Zuletzt blieb ein kleiner Junge vor dem ungewöhnlichen Marktverkäufer stehen. „Was kosten die?" fragte er und zeigte auf die Luftballons.

„Eigentlich kosten sie gar nichts", ermutigte der Traumverkäufer den Kleinen. „Welchen möchtest du denn? Den grünen Traum vom Glück, den roten vom Ruhm oder vielleicht den gelben vom Reichtum?"

Der Junge schüttelte den Kopf. „Ich möchte dem Traum vom Frieden."

Zum ersten Mal zeigte der alte Mann eine Regung. Verwundert sah er dem Jungen in die Augen. „Du meinst wirklich den Traum vom Frieden?"

„Ja", sagte der Kleine, „damit ich ihn später nicht vergesse. Die meisten Erwachsenen haben ihn nämlich vergessen."

Der Alte strich sich verlegen über seinen dichten Bart. „Du hast recht", sagte er, „die Erwachsenen vergessen die wichtigsten Dinge."

Er löste den blauen Friedensballon von dem bunten Bündel und reichte ihn dem Kind.

Der Junge wickelte die Kordel sorgfältig ums Handgelenk. „Danke", sagte er, und sein Lächeln war wie der Frühlingswind. Dann lief er fort, ohne sich umzudrehen.

Der Mann sah ihm nach, bis der Luftballon in der Hand des Jungen nur noch ein blauer Tupfer am Ende der Straße war.

'Mein wichtigster Traum hat sich doch noch erfüllt', dachte er.

Und auf dem Weg nach Hause ließ er einen bunten Traumballon nach dem anderen in den Winterhimmel steigen …

Billie und der Kirschenregen

Billie, die kleine Stadthexe, saß auf dem Kirchturm und baumelte mit den Beinen.

Der Kirchturm war ihr Lieblingsplatz, besonders wenn sie nachdenken mußte.

Heute waren es die Schulaufgaben, die Billie Kummer machten. Ihr wollte einfach nichts Vernünftiges zum Thema „Leute auf der Straße ärgern" einfallen. War die Sonne schuld daran?

Billie beschloß, die Sache nicht zu ernst zu nehmen. An einem so schönen Sommertag gab es wichtigere Dinge als Schulaufgaben. Das mußte doch auch ein Hexenlehrer verstehen! Oder?

Die kleine Hexe naschte dicke Herzkirschen aus ihrer Zaubertüte und betrachtete die winzigen Menschen tief unten auf der Straße, die geschäftig wie Ameisen hin und her liefen. Dabei spuckte sie die Kirschkerne gedankenverloren in die Gegend.

„Au!" und „Iii!" riefen die Leute auf dem Kirchplatz, wenn ihnen ein feuchter Kirschkern in den Kragen oder auf den Kopf schoß.

Als Billie merkte, daß sich die Menschen über ihre harmlosen Kerne ärgerten, hörte sie sofort mit ihrem halbherzigen Nachdenken auf und konzentrierte sich auf das Kirschkernspukken. Große Zauberkunst gehörte ja nicht dazu, aber immerhin hatte sie nun ohne die geringste Anstrengung eine Idee für die Hausaufgaben. Das war sehr praktisch.

Wenn sich eines ihrer Opfer wutentbrannt umdrehte und einen unbeteiligten Jungen oder ein ahnungsloses Mädchen ohrfeigte, klatschte Billie in die Hände. Manchmal sah der eine oder andere auch zum Kirchturm hinauf. Aber da sah er natürlich nichts als den Kirchturm mit dem Wetterhahn obendrauf.

Denn Billie machte sich bei solchen Gelegenheiten selbstverständlich unsichtbar.

Nach 333 Treffern auf Köpfe, in Kragen und Taschen machte das Spiel keinen Spaß mehr. Das Hexchen warf die dunkelroten Kirschen aus der großen Zaubertüte einfach in die Menge.

Toll sah das aus. Billie konnte gar nicht genug kriegen von diesem Anblick und zauberte immer mehr Kirschen aus der Tüte.

„Es regnet Kirschen!" riefen die Leute auf dem Platz. Alle bückten sich nach den süßen Früchten und freuten sich.

Billie freute sich auch. Das machte viel mehr Spaß als das Kirschkernspucken, fand sie.

Bald war der ganze Kirchplatz voller Kirschen. Die Leute holten Körbe und Eimer, um die vom Himmel gefallenen Kirschen nach Hause zu tragen.

Natürlich stand die Geschichte vom wunderbaren Kirschenregen am nächsten Tag im „Bunten Boten". Und in der Hexenschule schrieb Billie in ihr Heft, daß sie die Nicht-Hexen mit Bauchschmerzen ärgern wollte.

In Wirklichkeit dachte sie, daß es viel lustiger ist, sich mit den Menschen zu freuen, als sie zu ärgern. Aber das behielt sie natürlich für sich.

Und zum Glück können selbst Hexenlehrer ihren Schülern nicht hinter die Stirn sehen ...

Vom Frosch, der in den Himmel sprang

Es war einmal ein Frosch, der konnte weiter springen als alle anderen Frösche. Eines Tages genügte ihm das aber nicht mehr. Er wollte auch im Hochsprung der Beste sein. „Ich kann bis in den Himmel springen!" verkündete er den verdutzten Kollegen. Und weil er fest daran glaubte, daß er in allem der Beste sein konnte, hopste er gleich los.

Er sprang aber kein bißchen höher als die anderen Frösche und landete klatschend auf dem Bauch.

„Angeber!" riefen die Frösche und schüttelten sich vor Lachen.

„Ich werde es euch schon zeigen!" schrie der Frosch wütend und verschwand im Schilfgras.

Tag und Nacht übte er nun die höchsten Sprünge.

Nach einer Woche hüpfte er bereits auf die alte Mauer am Ende der Wiese.

In der zweiten Woche sprang er sogar bis in den Apfelbaum. Schwierig war nur der Abstieg. Aber er schaffte es.

In der dritten Woche fühlte sich der Frosch so stark wie noch nie. „Ich habe trainiert!" erzählte er den Teichbewohnern. „Jetzt kann ich wirklich in den Himmel springen!"

Alle Frösche kamen herbei, um sich das Schauspiel anzusehen.

Der Frosch nahm Anlauf und schwang sich mit ganzer Kraft in die Höhe. Er hatte Glück. Ein elastischer himmelblauer Luftballon, der gerade einer Kinderhand entwischt war, fing ihn auf. 'Das muß eine Wolke sein!' dachte der Frosch, der nun stolz am Himmel dahinzog.

Die Frösche unten im Gras wurden blaß vor Neid. „Er ist wirklich in den Himmel gesprungen!" staunten sie.

Und ein bißchen hatten sie ja auch recht damit.

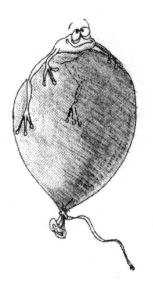

Die Geschichte vom Sternenstaubputzer

Es war einmal ein kleiner Engel, der hatte die Aufgabe, die Sterne blank zu putzen. Das tat er so gut, daß seine Sterne bald die blankesten im ganzen Himmelsraum waren. Sie leuchteten und funkelten, daß es eine Freude war, und auf der Erde sagten die Menschen: „Seht nur, wie die Sterne strahlen!"

Eines Tages im Advent sang der himmlische Chor Weihnachtslieder. Entzückt lauschte der Sternenstaubputzer den Stimmen und vergaß dabei seine Arbeit.

So ging es nun Tag für Tag. Sobald der Himmelschor erklang, hatte der kleine Engel seine Arbeit vergessen.

Nach ein paar Tagen funkelten die Sterne nicht mehr. Sie waren matt und fleckig geworden. Der Sternenstaubputzer bemerkte es nicht einmal. Er dachte nur noch an den himmlischen Gesang. Seine Arbeit kam ihm plötzlich ganz unwichtig vor.

'So kann es nicht weitergehen', dachte der Hl. Petrus, und er bestellte den kleinen Engel in sein himmlisches Büro.

Der Sternenstaubputzer mußte durch das große Himmelsfernrohr blicken. Er sah die Feen, die unter den Wolken dahinflogen und den Himmel vergeblich nach Sternenstaub absuchten.

„Ohne Sternenstaub verlieren die Menschen die Hoffnung", erklärte Petrus. „Die Sänger verstummen, die Tänzer werden müde, und den Dichtern gehen die Ideen aus. Wußtest du das nicht?"

Der kleine Engel senkte schuldbewußt den Kopf.

„Am schlimmsten aber ist", fuhr Petrus fort, „daß die Kinder sich ohne Sternenstaub nicht mehr freuen können."

Dem Engel rollte eine Träne über die Wange.

„Es ist ja noch nicht zu spät", brummte der heilige Mann gutmütig und dachte eine Weile nach. Dann hellte sich seine

Miene auf. „Wenn dich die himmlischen Klänge von der Arbeit abhalten", sagte er schmunzelnd, „vielleicht bewirken dann die irdischen das Gegenteil." Und er setzte dem verdutzten Sternenstaubputzer Kopfhörer auf die Locken und drückte ihm ein Radio in die Hand.

Seither hört das Engelchen bei der Arbeit irdische Radioklänge, und seine Sterne sind wieder die blankesten im ganzen Himmelsraum.

Ernst F. Platz

Die Schlafmütze

Da glauben doch die Leute, es gäbe heutzutage keine gute Fee mehr. Aber Herr Müdemann weiß, daß die Leute irren.

Es ist noch gar nicht lange her, da ist Herr Müdemann der guten Fee begegnet. Herr Müdemann heißt in Wirklichkeit gar nicht Herr Müdemann, sondern Herr Schulz. Doch weil alle, die ihn kennen, nicht Herr Schulz, sondern Herr Müdemann zu ihm sagen, soll er auch in unserer Geschichte der Herr Müdemann sein.

Ist das nicht ein komischer Name: Herr Müdemann? Nun, dieser Mann war immer müde, weil er abends lange nicht einschlafen konnte und morgens schon wieder wach war, noch ehe es draußen hell war. Wer aber müde ist, muß gähnen. Bei Herrn Müdemann war das besonders schlimm. Er gähnte und gähnte immerzu. Ob er im Bus oder im Zug saß, ob er spazierenging oder in seinem Büro arbeitete, er mußte gähnen und wiederum gähnen. Und Gähnen ist ansteckend. So mußten auch die Leute gähnen, die mit ihm im Bus oder Zug fuhren oder mit ihm zusammen im Büro arbeiteten. Das ärgerte sie, und sie nannten den armen Herrn Schulz Herrn Müdemann. Sie redeten nicht mit ihm und sahen ihn nicht an, denn sie hatten Angst, er könne sie mit seinem Gähnen anstecken. Herr Müdemann war darüber sehr traurig. Immer wieder versuchte er, nicht zu gähnen. Aber es gelang ihm nicht. Er war eben viel zu müde.

Eines Abends, als er nach Hause ging, sah er eine alte Frau mit zwei großen Koffern auf der anderen Straßenseite gehen. Sie blieb stehen, stellte die Koffer auf den Boden und setzte sich auf einen der beiden. Herr Müdemann dachte: 'Die arme Frau, sicher kann sie die schweren Koffer nicht alleine tragen.

Da muß ich ihr helfen.' Er sah nach links, dann nach rechts und wieder nach links. Es war kein Auto zu sehen. Schnell überquerte Herr Müdemann die Straße und ging zu der alten Frau, die noch immer auf dem Koffer saß. „Guten Abend", sagte er höflich, „darf ich Ihnen tragen helfen? Wohin wollen Sie?"

Die alte Frau sah Herrn Müdemann freundlich an und sagte: „Das ist aber sehr nett von Ihnen. Ich muß zum Bahnhof. Das Taxi, das ich bestellt habe, ist leider nicht gekommen. Hoffentlich bekomme ich noch meinen Zug!"

Herr Müdemann reichte der alten Frau die Hand, damit sie besser aufstehen konnte. Dann hob er die Koffer auf. – Waren die aber schwer! Herr Müdemann meinte, sie müßten mit Backsteinen vollgepackt sein. Aber er sagte nichts und schleppte geduldig das schwere Gepäck. Die alte Frau konnte nur langsam gehen. Herrn Müdemann taten die Arme und die Hände weh. Doch er beklagte sich nicht. Nur gähnen mußte er. Er bekam seinen Mund gar nicht mehr zu.

Als sie endlich am Bahnhof angekommen waren und Herr Müdemann die Koffer hingestellt hatte, dankte ihm die alte Frau sehr herzlich und fragte ihn: „Waren meine Koffer nicht zu schwer für Sie? Sie gähnen ja so schrecklich. So habe ich noch niemanden gähnen sehen."

Da erzählte Herr Müdemann, daß er immer so schrecklich gähnen müsse, weil er nicht richtig schlafen könne wie andere Leute, und wie traurig er darüber sei.

Die alte Frau hörte ihm aufmerksam zu. Als Herr Müdemann aufhörte zu sprechen und wieder zu gähnen begann, sagte die alte Frau: „Guter Mann, Ihnen kann ich helfen. Ab heute werden Sie so gut schlafen wie andere Menschen auch, vielleicht noch viel besser." Dann griff sie in ihre Handtasche und zog eine bunte Mütze hervor, auf die ein silberner Mond und viele goldene Sterne aufgestickt waren. Ganz besonders schön aber war die bunte Quaste an der Mütze. Die alte Frau reichte die Mütze Herrn Müdemann, der sie erstaunt betrachtete, und sagte: „Wer abends diese Mütze aufsetzt, der wird schlafen wie ein Murmeltier und keine bösen Träume haben."

„Aber wie wird man wieder wach?" fragte Herr Müdemann.

„Gut, daß Sie mich danach fragen", gab ihm die alte Frau zur Antwort. „Beinahe hätte ich vergessen, Ihnen das zu erklären. Sie müssen nur an der Quaste ziehen, ehe Sie die Mütze aufsetzen. Wenn sie um sieben Uhr aufstehen wollen, ziehen Sie siebenmal an der Quaste. Dann die Mütze auf den Kopf und schnell ins Bett! Am nächsten Morgen werden Sie um sieben Uhr wach und haben herrlich geschlafen."

Herr Müdemann konnte das gar nicht glauben. Er starrte auf die schöne Mütze in seinen Händen und gähnte. Er wollte sie der alten Frau zurückgeben. – Aber die war nicht mehr da. Sie war ganz einfach verschwunden und ihre beiden Koffer auch. Wohin Herr Müdemann auch blickte, er sah die alte Frau nicht und auch ihre Koffer nicht.

Da wurde Herr Müdemann ganz traurig. 'Ist es nicht schon schlimm genug, daß ich den ganzen Tag über gähnen muß?' dachte er. 'Jetzt träume ich auch noch am hellichten Tage. Aber ich kann nicht träumen. Ich habe doch gerade zwei schwere Koffer getragen. Meine Arme und Hände tun mir davon noch weh.' Herr Müdemann wurde noch trauriger. Er steckte die Mütze in seine Manteltasche und ging langsam nach Hause. Dabei gähnte und gähnte er.

Aber Herr Müdemann träumte gar nicht, wie er glaubte. Er konnte ja nicht wissen, daß die alte Frau mit den schweren Koffern in Wirklichkeit die gute Fee war, die sein gutes Herz erkannt hatte.

Als Herr Müdemann zu Hause angekommen war und aus seiner Manteltasche den Schlüssel zur Wohnungstür herausnahm, fiel die Mütze vor ihm auf den Boden. Er hob sie mit der linken Hand auf und faßte sie dabei an der Quaste an. Mit der rechten Hand schloß er die Tür auf, und dann trat er in seine Wohnung ein.

Müde setzte er sich an den Küchentisch. Den Mantel hatte er nicht abgelegt, die Mütze hielt er noch in der Hand. Er betrachtete sie, und weil er sie nicht auf den Küchentisch legen wollte, aber auch zu müde war, um sie an der Garderobe aufzuhängen, setzte er sie auf. – Und schon war er eingeschlafen. Er schlief ganz fest.

Punkt ein Uhr, mitten in der Nacht, wurde Herr Müdemann wach. Erstaunt stellte er fest, daß er am Küchentisch saß und seinen Mantel anhatte. Er war überhaupt nicht müde und brauchte auch nicht zu gähnen. Er konnte sich an alles genau erinnern: an ihre schweren Koffer, an den Bahnhof und vor allem an das, was sie ihm gesagt hatte.

Warum aber war er schon um ein Uhr wach geworden? – Ganz einfach: Herr Müdemann hatte die Mütze an der Quaste angefaßt, als er sie aufhob. Also hatte er einmal an der Quaste gezogen, und so war er um ein Uhr erwacht.

Die alte Frau hatte Herrn Müdemann nicht zuviel versprochen. Die Mütze, die sie ihm geschenkt hatte, war eine Wundermütze, eine richtige Schlafmütze!

Von nun an konnte Herr Müdemann jede Nacht richtig schlafen. Und weil er nicht mehr müde war, brauchte er auch nicht mehr zu gähnen. Die Leute, die ihn kannten, wunderten sich sehr darüber. Sie redeten schließlich wieder mit ihm und waren nett und freundlich. Es nannte ihn auch niemand mehr Herr Müdemann.

Der aber erzählte keinem Menschen etwas von seiner Schlafmütze. Wer hätte ihm auch schon die Geschichte von einer Fee und ihrer Wundermütze geglaubt!

M. H. Rasmus

Das blinde Mädchen

An einem schönen, sommerlichen Tag spielten die Dorfkinder auf der großen Wiese vor dem Hof von Bauer Heinz-Peter Fußball.

Mitten im Spiel entdeckte ein Junge das kleine Mädchen, das am Rande des Spielfeldes stand und ganz langsam und unsicher auf das Fußballtor zuging. „Guckt mal, die da mit der Sonnenbrille!" rief der Junge.

„Die läuft ja ins Spielfeld. Ist die denn verrückt geworden?" schrie der zehnjährige Tomas.

Die Kinder hörten auf zu spielen und liefen zu dem Mädchen. Einer ergriff das Kind und zerrte die Widerstrebende in die Mitte der Spielschar. Lachend und kreischend schubsten die Buben das Mädchen hin und her. Dieses weinte und hielt die Hände abwehrend vors Gesicht.

Das sahen Olga und Gritli, die gerade auf die Spielwiese kamen. Wutentbrannt stürzten sie sich auf die wilde Horde und schrien: „Seid ihr verrückt geworden? Seht ihr denn nicht, daß das Mädchen blind ist? Laßt sie sofort los und haut ab, aber dalli!"

Erschrocken hielten die Jungen inne und sahen verlegen die Mädchen an. „Entschuldigt, wir haben das wirklich nicht gemerkt. Wir wollten ihr nichts tun", sagte Tomas.

Betreten zogen die Jungen ab zum Spielfeld und nahmen ihr Fußballspiel wieder auf.

Behutsam führten die beiden Mädchen das blinde Kind zu einer Bank am Rande der Wiese. Dort setzten sie sich hin.

„Wie heißt du denn?" fragte Olga das blinde Mädchen.

„Elke", antwortete dieses.

„Und wo kommst du her?" wollte Gritli wissen.

„Vom Hof des Bauern Heinz-Peter. Das ist mein Onkel. Ich bin dort jetzt in den Ferien zu Besuch."

„Bist du schon lange blind?" erkundigte sich Olga.

„Schon sehr lange. Ich war drei Jahre alt, jetzt bin ich zehn."

„Ich heiße Gritli und bin auch zehn Jahre alt", lenkte Gritli das Gespräch ab.

„Und ich heiße Olga. Ich bin schon elf."

Elke stand auf. „Stellt euch hin", sagte sie, „und beschreibt, wie ihr aussieht. Ich möchte euch kennenlernen."

Zuerst stellte sich Olga vor Elke hin.

Behutsam, leicht spielerisch glitten Elkes Fingerspitzen über Olgas Gesicht, berührten die Augen, die Nase und den Mund. „Was für Augen hast du?" fragte sie.

„Blaue Augen", antwortete Olga und berichtete weiter: „Ich habe blonde Haare. Habe einen roten Pulli mit kurzen Ärmeln und dunkelblaue Jeans an."

„Nun komme ich", sagte Gritli und stieß Olga beiseite. „Ich habe ein blau-weißes Dirndlkleid an mit einer dunkelblauen Schürze. – Ich habe dunkelblonde Zöpfe, ganz lange Zöpfe", fügte sie stolz hinzu.

Elke tastete Gritli ebenso ab, wie sie es vorher bei Olga getan hatte. „Was hast du denn für Augen?" fragte sie.

Gritli überlegte. Sie wußte es nicht. Sie schaute Olga an und fragte: „Was für eine Farbe haben meine Augen?"

„Graugrün", antwortete Olga und lachte.

„Warum lachst du?" fragte das blinde Mädchen.

„Ich finde das komisch. Die Augen sind nicht ganz grün, aber auch nicht richtig grau. Die Farben sind ganz durcheinander."

„Och, du", sagte Gritli und knuffte Olga in die Seite.

Elke sah auf ihre Armbanduhr. Es war eine ziemlich große

Uhr, die mit einem Deckel zugeklappt war. Elke ließ den Deckel hochschnellen. Olga und Gritli sahen staunend das Zifferblatt mit den erhabenen Punkten an.

Tastend glitten Elkes Finger darüber. „Es ist schon spät. Ich muß zurück. Bringt ihr mich? – Ich stelle mich in eure Mitte und hake euch unter."

Die beiden Mädchen waren einverstanden. Lachend und plaudernd schritten sie gemächlich dem Hof von Bauer Heinz-Peter entgegen.

Nun wußten Olga und Gritli, wo Elke wohnte, und schon am nächsten Tag kamen sie zu dem Haus und besuchten Elke. Als die Freundinnen auf den Hof kamen, sahen sie das blinde Mädchen auf der Terrasse sitzen. Es hatte ein großes Buch auf dem Schoß und las.

Gritli wollte gleich auf Elke losstürzen, aber Olga hielt sie zurück. Elke würde ja erschrecken, wenn man so auf sie zurannte – sie sah ja nichts. Nein, man mußte sie erst anrufen. So rief Olga ganz laut: „Elke!"

„Ja, hier bin ich."

„Was machst du da?" Staunend betrachteten die beiden Mädchen das große Buch. Es waren Bilder darin abgebildet, ganz erhöht, so daß man sie ertasten konnte. Und die Schrift bestand aus lauter kleinen erhöhten Pünktchen.

„Das ist die Blindenschrift", erklärte Elke. „Soll ich euch mal was vorlesen? Ich habe nämlich in Lesen eine Eins."

Da staunten die Mädchen, wie schnell Elke lesen konnte.

„Stimmt das wirklich, was du eben vorgelesen hast?" erkundigte sich Olga.

„Natürlich."

Gritli strich mit den Fingern über einige Punkte und meinte: „Alle Punkte sind Buchstaben und Worte? Wie funktioniert das?"

„Das ganze Alphabet ist auf sechs Punkte aufgebaut, wie die Punkte auf einem Würfel. Kommt mit, ich zeige euch das mal an meiner Wandtafel."

Sie gingen ins Haus.

Wie sicher sich Elke bewegte. Nirgendwo stieß die gegen. Sie ging so schnell, als ob sie sehen könnte.

In Elkes Kinderzimmer stand ein Bücherregal mit vielen Büchern und Spielen. Der Schreibtisch mit der Blindenschreibmaschine stand dicht daneben und auch die große Tafel. Sie hatte Löcher, die, in vier Reihen angeordnet, lauter Sechsen aufwiesen, wie bei einem Würfel:

```
  o o       o o       o o
  o o       o o       o o
  o o       o o       o o
                            ...
```

Die beiden Mädchen staunten: „Was sollen denn die vielen Löcher in der Tafel?"

„Paßt auf", sagte Elke. Sie ergriff aus einem Kasten, der an der rechten Seite der Tafel angebracht war, einige Stöpsel und steckte sie in die Löcher. „Hier in die erste Sechs kommt ein Stöpsel links oben rein und einer schräg gegenüber. Das ist ein E:

● ○
○ ●
○ ○

Nun kommt ein L, das sind hier drei Stöpsel untereinander."

● ○
● ○
● ○

Elke tastete die nächste Sechs ab und drückte die Stöpsel in die richtigen Löcher. So schrieb sie alle drei Namen der Mädchen auf die Tafel.

ELKE:

● ○   ● ○   ● ○   ● ○
○ ●   ● ○   ○ ○   ○ ●
○ ○   ● ○   ● ○   ○ ○

OLGA:

● ○   ● ○   ● ●   ● ○
○ ●   ● ○   ● ●   ○ ○
● ○   ● ○   ○ ○   ○ ○

GRITLI:

● ●   ● ○   ○ ●   ○ ●   ● ○   ○ ●
● ●   ● ●   ● ○   ● ●   ● ○   ● ○
○ ○   ● ○   ○ ○   ● ○   ● ○   ○ ○

„Wann hast du denn das gelernt?" fragte Olga.

„Mit sechs Jahren, als ich in die Schule kam. Genau wie ihr."

„Und war das schwer?" wollte Gritli wissen.

„Nee, bestimmt nicht schwerer als jede andere Schrift auch."

„Was machst du, wenn du eine Arbeit schreiben mußt oder wenn du Briefe schreibst?"

„Da habe ich ja meine Spezialschreibmaschine. Hier." Elke ging zu ihrem Schreibtisch und zeigte die Maschine. Sie sah ähnlich wie eine gewöhnliche Schreibmaschine aus, nur war sie viel kleiner und hatte bloß neun Tasten, die wie kleine Hebelchen angeordnet waren. Elke spannte ein Blatt Papier ein. Mit der rechten Hand drückte sie auf die Tasten, mit der linken kontrollierte sie die Schrift auf dem eingespannten Bogen. „Seht ihr, so geht das", sagte sie. „Elke, Olga, Gritli – wie auf der Tafel."

Olga und Gritli verglichen die gestanzten Punkte mit den Stöpseln auf der Tafel. Sie fuhren mit ihren Fingern über die Erhebungen auf dem Bogen, um sie genau zu fühlen.

Gritli schloß dabei die Augen und meinte: „Ich spüre die Punkte ganz genau."

„Könnten wir das nicht auch lernen?" fragte Olga.

„O ja", antwortete Elke. „Ich bringe es euch bei. Dann können wir uns immer Briefe schreiben."

„Aber dann brauchen wir eine Schreibmaschine, wie du sie hast, und solches Papier", gab Gritli zu bedenken.

„Ach, das kann man sich ausleihen", meinte Elke.

Jeden Tag übten die Mädchen nun die Blindenschrift. Als die Ferien vorüber waren, waren die Mädchen dicke Freundinnen geworden, und sie versprachen, einander viele Briefe zu schreiben.

Georg Friedrich Reim

Papa, du bist vielleicht ein Aas!

Das sagt meine Mama immer zum Papa, wenn der wieder mit was Tollem heimkommt. Und das passiert fast jedesmal, wenn er von einer seiner Fahrten zurückkehrt.

Mein Papa ist nämlich Fernfahrer, und zwar ein selbständiger. Früher, vor der Wende, fuhr er bei der Deutrans. Das war die staatliche Transportfirma der DDR. Wenn er in den Westen mußte, brachte er wertvolle Sachen mit, die es bei uns früher nicht gab. Mama kriegte meistens Kaffee und ich Schokolade oder Kaugummi. Aber das sind keine so wertvollen Sachen gewesen. Wirklich wertvoll, das waren jene Dinge, die wir für den Bau unseres Häuschens brauchten, aber in der DDR nicht kaufen konnten: Zement, Bauholz, Kupferrohr, Heizkörper, Elektromaterial. Das besorgte Papa im Westen, versteckte es im Laster und brachte es heim zu uns nach Fürstenwalde. In unserm Gartenhäuschen, weit vor der Spreebrücke, gleich rechts vor der Autobahnauffahrt, lagerte er es, und so konnten wir dann in dem Garten unser Eigenheim bauen.

Das war ein wunderbarer Tag im Sommer '89, als wir aus der Mietwohnung im vierten Stock ausziehen konnten. Die war schrecklich eng gewesen, und man konnte fast alles mithören, was die Leute über, neben und unter uns machten. Das einzig Schöne war der Blick aus dem Küchenfenster auf die Domkirche, die gegenüber unserm Wohnblock liegt. Da saß ich oft und schaute hinaus auf das mächtige Backsteingebäude, wenn ich auf Papa wartete und Mama im HO Dienst hatte.

Papa war, das hat mir Mama damals erzählt, der beste Fahrer der Brigade, aber nur wenn er allein fahren konnte. Wenn ihm ein Kollege zugeteilt wurde, war er nur Durchschnitt. Aber allein war er nicht zu schlagen, was die Schnelligkeit angeht. Die langen Touren auf schlechten Straßen, wie die nach Moskau oder Leningrad, brachte er in einem Bruchteil der Zeit hinter sich, verglichen mit den anderen Fahrern. Wie er das machte, war lange sein Geheimnis. Er erzählte es niemandem, noch nicht mal der Mama.

Eines Abends, es war noch vor der Wende, kam ich ihm ein wenig auf die Schliche. Papa hatte die Aktentasche mit den Stullen und der Thermosflasche vergessen, und Mama schickte mich mit dem Rad zur Deutrans, weit hinterm Bahnhof an der Steinhöfeler Chaussee, um sie ihm zu bringen.

An der Pforte fragte ich nach Papa. Er sei schon weg zu Pneumant, Reifen laden, wurde mir beschieden. Wenn ich schnell führe, würde ich ihn noch erreichen.

Also trat ich ganz heftig in die Pedalen, und zehn Minuten später hatte ich hechelnd die Gummifabrik bei der Trebuser Straße erreicht.

Ich fand Papas Laster leicht. Es war der einzige, der noch auf dem Gelände stand. Papa saß auf dem Fahrersitz und füllte Papiere aus.

Ich kletterte von der anderen Seite ins Fahrerhäuschen und reichte ihm die Tasche.

„Danke, Junge", sagte er, „hab' ich doch wieder die Verpflegung liegengelassen!"

Mir fiel auf, daß gleich neben ihm auf dem Fahrersitz ein ziemlich großer Rucksack mit vielen Riemen daran stand. „Willste unterwegs zelten, Papa?" fragte ich ihn, denn ich dachte, daß in dem ansehnlichen Sack ein Zelt sein könnte.

Papa ging nicht auf die Frage ein. „Nee", sagte er einfach und fuhr dann fort: „Mach dir man jetzt heeme, ich muß los." Und, als er den Diesel angelassen hatte: „Grüß Mama noch mal!"

Ein Jahr nach der Wende machte die Deutrans Fürstenwalde zu. Sie wurde „abgewickelt". Papa aber nahm die Gelegenheit wahr und machte sich selbständig. Für ein paar Mark erstand er einen der Lastwagen. Mit einem Kredit von der Kreissparkasse baute er eine einfache Halle hinter unser Häuschen am Rauener Kirchweg und neben dem Haus eine betonierte Zufahrt.

Zuerst hatte er wenig Kundschaft. Ab und zu eine Fahrt für den neuen Baumarkt Süd oder die Landhandelsgesellschaft. Bald aber sprach sich herum, daß Papa schnell und pünktlich fuhr, so daß er nicht bloß für Fürstenwalder Firmen tätig war. Und bald bestätigte sich seine These: Fürstenwalde ist der richtige Platz für einen Spediteur. Es liegt direkt an der Autobahn zwischen Berlin und Frankfurt/Oder, Polen und Rußland sind nicht weit, und der Weg in den Westen oder Süden ist leicht zu erreichen.

In den Sommerferien voriges Jahr fragte ich Papa, ob ich nicht mal mit auf Tour gehen könnte. Ich würde ihn dann unterhalten, damit er nicht am Steuer einschliefe, und wir könnten uns viel erzählen. Zu Hause sei es so langweilig in den Ferien, besonders bei schlechtem Wetter.

Aber Papa winkte ab. „Du, ich fahr' am besten allein, ich bin das seit Jahren so gewöhnt und möchte es nicht anders haben. Du weißt, ich nehm' auch ungern einen Kollegen mit auf Tour."

Ich quälte Papa nicht weiter, aber in den Tagen nach der Absage entwickelte sich in mir die Idee, einfach heimlich mitzufahren. Irgendwann, weit weg von zu Hause, würde ich mich bemerkbar machen, und ich war sicher, Papa würde mich nicht rausschmeißen.

Papa pflegte meistens abends loszufahren. Die Straßen wären dann nicht so belebt und man käme schnell voran, meinte er. Also schlich ich mich kurz vor der Abfahrt in den Laster und versteckte mich in der rechten Ecke der Schlafkoje hinter dem Fahrersitz, wo in der Mitte der komische große Rucksack lag. Da würde mich Papa nicht so schnell entdecken.

Ich brauchte nicht lange zu warten. Mama begleitete Papa zum Wagen, reichte ihm die Tasche mit Essen und Trinken hoch und gab ihm wie immer einen Kuß zum Abschied. Papa startete die Maschine, und donnernd zog der Laster aus der Halle.

Nach wenigen Minuten war er auf der Autobahn. Es ging Richtung Westen, eine Leerfahrt zu Opel Rüsselsheim, um Ersatzteile für den Opel Autoservice Süd hier in Fürstenwalde zu holen.

Ich hatte mich noch nicht recht an das gleichmäßige Dieseln des Motors gewöhnt, als ich merkte, daß Papa von der Autobahnfahrspur nach rechts auf einen Parkplatz abbog. Ich hielt den Atem an, als er dort den Laster anhielt. Den Motor ließ er im Leerlauf weiterdrehen.

Ich hörte, wie er sich umwandte, und ich erschrak fast tödlich, als er den Vorhang, hinter dem ich mich versteckt hielt, ein wenig öffnete, nach hinten griff und den Sack zu sich nach vorn zog. Gleich würde er den Vorhang aufreißen, fürchtete ich, mich am Schlafittchen hervorzerren und tüchtig ausschimpfen.

Nichts dergleichen geschah. Vielmehr stieg er aus und zog den Sack hinter sich her. Ich lugte aus dem Spalt des etwas geöffneten Vorhangs und sah den Papa, wie er neben der offenen Fahrerhaustür stand, sich den komischen Sack auf den Rücken schnallte und die unteren Riemen um seine Oberschenkel festzurrte. 'Was soll denn das?' dachte ich. Dann zwängte sich Papa auf den Fahrersitz, und dort blieb er lange sitzen, ohne daß etwas geschah. Es dauerte ewig, bis er endlich weiterfuhr.

Ich war wie erlöst, daß er mich nicht entdeckt hatte. Noch nicht.

Auf die Autobahn zurückgekehrt, merkte ich erleichtert, wie der Laster zügig gen Westen schnurrte. Die Unebenheiten der Fahrbahn spürte ich deutlich, sie waren stellenweise wenig angenehm in dem unbeladenen Wagen.

Ich döste vor mich hin. Aber plötzlich war ich hellwach. Die Fahrgeräusche waren gänzlich anders geworden. Kein Reifendröhnen war zu hören, kein Rütteln mehr zu spüren, nur der Motor brummte gleichmäßig vor sich hin, doch die Fahrwindgeräusche hatten zugenommen. Je länger ich lauschte, um so lauter erschienen sie mir. Aufmerksam verfolgte ich mit allen Sinnen diese seltsame Veränderung der Fahrt.

Nach längerer Zeit, als sich nichts wesentlich änderte, riskierte ich es. Ich schob den Vorhang der Schlafkabine leicht zur Seite und sah vor mir links den Papa am Steuer sitzen. Durch den Sack auf dem Rücken saß er ganz dicht hinter dem Lenkrad. Seinen Blick hielt er starr geradeaus gerichtet, und ich merkte, daß er voll konzentriert nach vorn blickte.

Mein Herz blieb fast stehen, als ich meinen Blick von Papas Kopf weg zur Windschutzscheibe wandern ließ und durch diese hindurch! Denn da war keine Straße zu sehen! Nur weit vorn Landschaft von oben: Lichterbänder von Straßen tief unter uns, Lichterkleckse von Ortschaften weit weg.

'Jawohl', schoß es mir durch den Kopf, 'wir fahren nicht, wir fliegen! Das kann doch nicht wahr sein, das muß ein Traum sein!'

Aber es war kein Traum. Ich war völlig wach. Atemlos verfolgte ich den schnellen Flug im Laster durch den Nachthimmel, betrachtete den voll konzentrierten Papa am Steuer, schaute hinaus, wie dort die Lichter und die dunkle Landschaft nach hinten unter uns weggezogen wurden, und guckte hinauf in den sternenklaren Himmel. Ein irres Gefühl, einfach wunderbar war es, so durch die Nacht zu rauschen!

Es muß mehr als eine Stunde vergangen sein, als Papa den Laster in eine Rechtskurve zog, nach unten blickte und vorsichtig zur Landung ansetzte. Es rumpelte ziemlich, als er mitten auf der leeren nächtlichen Autobahn aufsetzte. Und als der Wagen wieder normal rollte und gerade ein schneller Flitzer ihn überholte, rutschte mir der Spruch raus, den Mama immer zu Papa sagte, wenn sie ihn aus vollem Herzen bewunderte: „Papa, du bist vielleicht ein Aas!"

Dem Papa verschlug es den Atem, als er mich sprechen hörte. „Bengel, was machst du denn hier?" fragte er zuerst, und nach einer Weile fügte er hinzu: „Na, jetzt weißte ja, wieso ich so schnell bin!"

Ich wußte fast gar nichts, nur die Tatsache, daß er mit seinem Laster fliegen konnte. Als bei Opel in Rüsselsheim der Wagen beladen wurde und wir in der Kantine eine Pause machten, fragte ich ihn: „Wie machste das, Papa?"

Und dann erzählte Papa, wie er in den siebziger Jahren mit seinem Deutrans-Laster einen Motorschaden hatte, in Kassel war es gewesen, und wie er dort zwei Wochen auf die Reparatur warten mußte. Weil er kein Geld hatte, wanderte er ziellos durch die Straßen. Da traf er einen, der ihn fragte, ob er nicht meditieren lernen wolle. Papa hatte nichts Besseres vor und sagte zu, obwohl er gar nicht genau wußte, was meditieren ist. Aber es sollte entspannen und täte einem gut.

Papa ging mit und wurde informiert, wie es funktioniert. Man könne sich sogar entmaterialisieren, das heißt in die Luft erheben, wenn man es zur Meisterschaft brächte. Papa war nun ganz Ohr. Weil er nichts Besseres vorhatte und dort niemanden weiter kannte, tat er die ganze Zeit nichts anderes als das: Er las, meditierte unter Anleitung – und wurde überraschend schnell der Beste der Runde. Die „Transzendentalen", wie sie sich nannten, holten einen Großmeister in ihre Wohnung nach

Kassel, und Papa wurde von ihm besonders betreut. Während der Großmeister sich durch konzentrierte Meditation nur selbst erheben konnte, schwebte beim Papa der Stuhl, auf dem er saß, mit bis zur Decke des Zimmers. Das sei einmalig, sagten die „Transzendentalen" zu ihm.

Als der Laster repariert war, mußte Papa wieder heim nach Fürstenwalde. Aber er übte weiter das Meditieren. Und weil es bei den langen Fahrten so langweilig war, meditierte er oft am Steuer. Aber nur wenn er allein war, konnte er sich voll konzentrieren.

Eines Tages, so erzählte Papa weiter, merkte er plötzlich, wie er sich erhob, und sein Laster mit ihm. Zuerst nur ein paar Zentimeter über der Fahrbahn. Erschrocken unterbrach er die Meditation, und der Wagen landete hart auf der Piste.

Doch bald reizte es ihn, es noch mal zu tun, besonders wenn er allein auf der Strecke war. Er wurde mit der Zeit immer mutiger und flog in seinem Laster seinem Ziel entgegen. Nur beim Landen mußte er aufpassen. Er brauchte dazu mindestens einen ganzen Kilometer freie Autobahn, und die war nur nachts leichter zu finden.

Im Laufe der Zeit, so erzählte Papa weiter, entwickelte er sich zum besten Fahrer im Kollektiv der Deutrans Fürstenwalde. Er wurde immer mutiger, und man schickte ihn deshalb immer öfter auf besondere Touren.

Und da passierte es. Bei einem seiner Flüge auf dem Weg zurück ermüdete er. Es war kurz vor Berlin, als seine Konzentration nachließ, und er fiel aus der Meditation heraus – und mit ihm der Laster. Er raste dem Erdboden zu, Papa konnte ihn nicht halten. Zum Glück fiel er weich: ins Wasser eines der großen Seen südlich von Potsdam. Mit Mühe konnte sich Papa aus dem versinkenden Laster retten und an Land schwimmen. In der nächsten Ortschaft – Caputh hieß sie seltsamerweise –

telefonierte er mit Fürstenwalde und berichtete, daß sein Laster im Schwielowsee untergegangen sei und er sich noch gerade retten konnte.

Aber niemand glaubte ihm. Man mutmaßte, er habe den Laster verscherbelt oder er sei ihm geklaut worden, und so beurlaubte man ihn bis zur Klärung des Falles.

Ich erinnerte mich. Als ich sechs war, hatte Papa lange Urlaub. Und da besuchten wir oft die Oma Lisa in Seelow, und mit der ging ich so gern an der Gedenkstätte spazieren, wo an die letzte große Schlacht des Zweiten Weltkrieges erinnert wurde und alte Russenpanzer und Kanonen zu sehen waren.

Nach ein paar Monaten stellte ihn die Deutrans wieder ein, erzählte Papa weiter. Er durfte auch wieder fahren, und bald versuchte er es wieder mit dem Meditationsflug. Aber nun ging er vorsichtig zu Werke. Er flog nur, wenn er sich richtig wohl fühlte und sich voll konzentrieren konnte, und immer schnallte er sich seinen Fallschirm um, den er von einem Rotarmisten schwarz gekauft hatte. Denn wenn er wieder abstürzen würde, soviel Glück, dann Wasser unter sich zu haben, hätte man gewiß nur einmal. Und mit dem Fallschirm könne er sich dann retten.

'Aha', dachte ich, 'ein Fallschirm ist im Sack.' Ich kannte nun sein Geheimnis.

Und ihn laut bewundernd, sagte ich zu Papa, wie Mama oft zu ihm sagte: „Papa, du bist vielleicht ein Aas!"

Eva Reimann

Der Papagei

Regina steht mit den Tieren auf du und du. Es stand gar nicht richtig fest, wer von ihnen größer war, da hat sie schon kleine Braunbären gestreichelt. Mit „Bärenluft" ist sie fast „groß" geworden. Oft stand ihr Kinderwagen in der Nähe des Bärenzwingers, wenn ihre Mutti im Tierpark arbeiten mußte. Und Luftballons liebt sie! Alles Runde hüpft und springt so schön, mit Bällen sprang sie schon immer um die Wette. Natürlich mußte das Spiel in der Wohnung fortgesetzt werden, aber da störten die Wände und die Nachbarn und auch Vati, der nach dem Hämmern in der Werkstatt zu Hause doch etwas Ruhe brauchte. Da war Mutti erfinderisch: in der Stube durfte mit Luftballons gespielt werden. Man konnte sie so herrlich hoch schießen, und sie machten kein bißchen Lärm.

Es ist Ostern, die Märzenbecher blühen, sie und Reginas Kleid wetteifern um die schönste gelbe Farbe. Im Tierpark gibt es Eierlaufen, man kann kleine Hasen streicheln und Küken suchen.

Nachdem Regina alle erreichbaren Tiere gestreichelt hat, sitzt sie hoch zu Roß, will sagen, auf einem Pony. Harro ist sehr brav, geduldig dreht er seinen Kreis, Regina fühlt sich ganz groß. Sie kann Vati, Mutti und Oma fast auf den Kopf spucken.

Und schon geht es weiter. Die Wölfe schauen so friedlich drein, aber Regina weiß längst, daß es keine großen Hunde sind, denen man kurz die Nase kraulen könnte, nein!

Vorbei geht es am Ententeich, Regina vermißt die schönen bunten Mandarinenten. Und nun sind sie bei ihren Lieblingen angekommen: den großen bunten Papageien. Sie wirken so gesetzt und würdig, flattern nicht so wild im Käfig herum wie die kleinen heimischen Vöglein. Regina kann sich nicht satt sehen an dem farbenfrohen Gefieder und bestaunt die großen, harten Schnäbel. Interessiert sieht sie zu, wie sie Sonnenblumenkerne zermahlen und die Schalen aus dem Schnabel fallen. Oma kann das Gekrächze nicht hören und geht weiter zu den Störchen, die zu brüten beginnen.

Am Imbißstand treffen sie sich wieder, beide haben Appetit auf Eis. Und Luftballons gibt es auch! Sie kaufen einen blauen, einen grünen und einen roten, das sind die Farben der Papageien. Mutti bläst sie alle auf, und hüpfend ist Regina alsbald mit ihren bunten Luftballons verschwunden.

Vati, Mutti und Oma haben sich inzwischen auf eine Bank gesetzt. Oma lobt die vielen Möglichkeiten, die Kinder haben, um zu spielen, zu klettern oder Tiere zu streicheln.

Plötzlich geht ein großes Geschrei los. Es kommt aus der Richtung der Pferdeställe. Dort findet das Ponyreiten statt. Da Regina verschwunden ist, laufen alle drei, so schnell es geht, dorthin.

Harro springt wie wild und schlägt aus, denn an seiner dichten Mähne am Hals flattert etwas, das ihn stört. Auf den zweiten Blick ist klar, es ist ein Luftballon von Regina. Und noch ein lautes Hallo am Streichelgehege. Was sieht man dort angebunden schweben? – den schönsten blauen Luftballon. Neugierig schnüffeln die Ziegen und recken die Hälse.

Regina hat keinen Luftballon mehr – wo also ist der dritte? Alle drei suchen.

Lautes Gekreisch im Affenkäfig! An den Gitterstäben wedelt frei im Wind der rote Luftballon. Mutti möchte in den Boden versinken. Eins steht fest: Luftballons werden hier nicht mehr gekauft!

Einen Tag nach Ostern müssen Vati und Mutti wieder arbeiten. Regina ist traurig, denn es sind Ferien. Oma ist nicht zu bewegen, noch dazubleiben.

Da hat Regina einen Einfall. Nach dem Frühstück erklärt sie plötzlich, sie wolle mit nach Dresden fahren.

„Na ja", meint Oma, „da müssen wir Vati am Arbeitsplatz anrufen."

Mutti ist nur zu den Pausen erreichbar, und es eilt! Es gibt noch einen Vorteil: von Vati kommen nicht so viele Ermahnungen.

In einer Stunde fährt schon der Zug, aber der Campingbeutel ist schnell gepackt. Matzi muß auch mit, ein großer Stoffhund als Kuscheltier.

Im Zug finden sie ein Abteil für sich. Natürlich soll gespielt werden. Regina zieht ein Reisespiel aus dem Beutel: „Bitte Mühle!!!"

„Nein, nicht schon wieder!" stöhnt Oma.

Ostern war von zwei Ereignissen geprägt: Tierpark und jede Menge „Mühle".

Blitzschnell überlegt Oma, was noch gespielt werden kann. Da in dem Spielkasten auch Würfel sind, meint Oma: „Regina, ich zeige dir ein neues Spiel", und so würfeln sie „Straße". Es klappt herrlich. Zwei Stunden lang Würfeln, denn für Regina ist es wirklich neu.

In der Wohnung von Oma angekommen, werden für den nächsten Tag Pläne geschmiedet. Als Regina noch klein war, ist Oma mit ihr in den Großen Garten zum Entenfüttern gefahren oder auch an einen Teich nach Kreischa. Besonders da gab es wenig kleine Leute, so konnte Regina in aller Ruhe die Entchen locken und ihnen die Brocken hinwerfen. Aber dann gibt es noch den schönen Zoo mit viel mehr Tieren als in der Heimatstadt.

Am nächsten Morgen wandern Regina mit Matzi und Oma Richtung Zoo.

Auch hier hat sich der Direktor viel einfallen lassen. Luftballonketten am Eingang laden besonders die Kinder zu einem Besuch ein. Von weitem ist, kaum daß man den Zoo betreten hat, ein Riesen-Saurier zu sehen, geradezu furchterregend. Aber das kann die kleine Schar nicht abhalten.

Am Erdboden gibt es eine herrlich dicke Matte, auf der man herumtoben kann, fast wie auf einem Trampolin. Alle Beteiligten haben viel Vergnügen: die hopsenden Kinder und die zuschauenden Eltern und Omas.

Und was gibt es daneben? Mit dem zweiten Blick hat es Regina sofort erspäht: Luftballons!!! Es sind ganz besondere, die es nicht so häufig gibt: Luftballons in Tiergestalt.

Regina darf aussuchen. Was nimmt sie? Wie aus der Pistole geschossen: „Den Papagei bitte!"

Vorsichtig befestigt der freundliche Verkäufer den Papagei an Reginas Handgelenk, damit er nicht davonfliegen kann.

Regina ist voller Freude, sie hat alle Hände voll zu tun, um den Papagei zu „steuern". Natürlich ist Matzi im Wege. Sie braucht beide Hände, also hat Oma wieder einmal ein Kuscheltier zu tragen.

Es wandert in den Beutel, denn Oma hat den Fotoapparat mit und will einige Tiere aufnehmen. Nach dem Winter ist nun deutlich, wie einzelne Tiere gewachsen sind, zum Beispiel die vorjährigen Jungtiere bei den Addax-Antilopen. Aber Oma hat ein paar Schwierigkeiten. Wenn sie gerade wieder ein Tier vor der Linse hat, schiebt sich garantiert der Papagei dazwischen, und es wird wieder nichts.

Sie lenken ihre Schritte zu den Elefanten. Die beiden Elefantenbabys verlocken ebenfalls dazu, ihre kleinen schwingenden Rüsselchen im Bild festzuhalten. Regina lächelt verschmitzt, im „richtigen" Moment schwebt wiederum der Papagei vor die Linse. Oma wird ärgerlich.

Dort, die jungen Tapire sind gut gewachsen. Oma möchte sie gern mit den Aufnahmen vom Vorjahr vergleichen, also ist wieder der Fotoapparat schußbereit. Na, es scheint ja geklappt zu haben.

Regina lächelt und läßt ihren Papagei über den Köpfen der zahlreichen Besucher schweben. Sie ist sehr unaufmerksam und will Oma gar nicht zuhören, die auf einzelne Besonderheiten aufmerksam machen will. Zum Beispiel sind die Riesenschildkröten jetzt im Haus bei den Geparden untergebracht. Doch Regina hat nur Augen für ihren Papagei. So wird der Rundgang abgebrochen, und beide streben mit Papagei und Matzi dem Ausgang zu.

Die nächste Aufregung gibt es in der Straßenbahn. Natürlich erregt der Papagei Aufsehen, und Oma hat alle Augen voll zu tun, um zu verhindern, daß Fahrgäste durch das schwankende Etwas belästigt werden.

Zu Hause angekommen, wird schnell noch der Film vom Zoobesuch zum Entwickeln abgegeben.

In der engen Einraumwohnung muß nun auch noch der Luftballon Platz finden. Glücklicherweise schwebt er oben an der Decke, da ist gerade noch Platz. Oma muß nur aufpassen, denn oft hängt ihr der Befestigungsdraht vor der Nase herum.

„Na, Oma, erschrocken?" läßt sich Regina ab und zu vernehmen.

Endlich ist Ruhe eingekehrt. Oma geht ganz spät noch einmal ins Bad zum Zähneputzen. Plötzlich erschrickt sie doch: über der Toilette baumelt der Papagei.

Die wenigen Tage in Dresden sind zu Ende gegangen. Oma muß Regina wieder zu Hause abliefern. Also werden die Sachen gepackt, und Oma holt schnell noch den entwickelten Film mit den Fotos ab. Auf der Bahnfahrt wird sie sich die Bilder in Ruhe ansehen.

Draußen beginnen wieder die Schwierigkeiten. Der Papagei muß ja mit. Er darf nicht davonfliegen. Regina braucht volle Konzentration. Die braucht auch Oma, der schaukelnde Papagei muß durch die dicht Stehenden an der Haltestelle hindurchmanövriert werden.

Die Fahrt in der Straßenbahn verläuft fast ohne Zwischenfalle. Glücklicherweise nimmt eine junge Frau nicht übel, daß sich der schwankende Papagei zwischen sie und die Tür drängen will. Es gibt lächelnde Gesichter.

Auf der Rückreise ist der Zug voller, jeder Platz im Abteil ist besetzt. Der Schaffner, der zur Kontrolle kommt, stutzt auch erst über den an der Decke schwebenden Papagei, aber er sieht lächelnd über den „Schwarzfahrer" hinweg.

Oma ist geschafft. Es waren doch recht aufreibende Tage in Dresden. Sie holt ihre Fotos aus der Tasche.

Regina ist ganz Aufmerksamkeit. Sie schaut Oma über die Schulter. „Na, Oma, sind die Aufnahmen nicht gut?"

Oma hat einen Film voller Erinnerungen: an Reginas Papagei!

Dorfalltag

Gisela öffnet die Tür, als die Bremsen quietschen, und steigt die hohen Stufen hinunter. Ihren Koffer stellt sie unten erst einmal ab und blickt den Bahnsteig entlang.

Es ist ein sehr kleiner Ort, fünf Leute sind ausgestiegen. Gisela nimmt den Koffer auf und geht den Bahnsteig entlang, dem Gebäude zu, wo sie den Ausgang zum Ort vermutet. Sie nimmt gierig die würzige Waldluft auf, ihr Blick fällt auf Baumstämme und entfernte Berge. Sehnsüchtig schaut sie dem Zug hinterher, der nun eigentlich erst in die Berge hinaufschnauft.

Am Ausgang angekommen, schaut sich Gisela um, sie hofft, daß Irma sie abholt. Ihr Blick fällt auf einen Leiterwagen, ein Mädchen steht an der Deichsel und hält ein kleines Schildchen hoch: *Willkommen, Gisela.*

„Da kommst du wohl von Irma? Sollst du mich abholen?"

„Gewiß, ich heiße Ines. Tante Irma erwartet Sie."

Gisela stellt den Koffer auf den Leiterwagen. Sie ergreift mit die Deichsel und sagt: „Komm, Ines, wir wollen uns gleich auf den Weg machen."

„Wir müssen uns beeilen, hier geht es jetzt bergab. Tante Irma hat extra mit dem Mittagessen auf Sie gewartet."

Das Häuschen von Irma steht fast am Ende der langen Straße, die in einer Schrebergartenkolonie endet. Die beiden Frauen umarmen sich, denn sie haben sich seit der Kur nicht mehr gesehen.

"Nun aber schnell zu Tisch, es ist schon spät. Sonst essen wir zwei Stunden früher."

Nach dem Essen will sich Irma wie gewöhnlich zum Mittagsschlaf zurückziehen. Gisela liebt das weniger, und so bittet sie Ines, ihr doch die Gegend etwas näher zu zeigen.

„Kommt nicht zu spät wieder, in einer Stunde gibt es schon Vesper."

Ines und Gisela machen sich auf den Weg. Am Garten entlang führt ein ganz schmaler Weg hinauf an den Waldrand.

„Komm, wir gehen gleich einen schönen Waldweg entlang", schlägt Gisela vor, „ich habe einen richtigen Waldhunger, nach dem Duft der Tannen und dem Gezwitscher der Vögel und dem leisen Wind, der durch die Zweige streicht."

Als Gisela gerade die Ruhe loben will, ertönt hinter ihnen ein kräftiges Wiehern. Erschrocken drehen sich beide um.

„Ach, du bist es", sagt Ines. „Das ist unser Max. Wir kennen uns gut durch die Gartenfeste. Meistens besuche ich Tante Irma, wenn der ganze Ort sich zu den Gartenfesten trifft. Es gibt dann auch Ponyfahrten, und Max hat dann mächtig viel zu ziehen und zu laufen. Wir sind gute Freunde."

Max läßt sich streicheln und in der Mähne kraulen. Gisela kramt sogar ein paar Zuckerstücke aus ihrer Handtasche.

„Max ist auf der anderen Seite des Bahndamms zu Hause, wir wollen ihn dort abliefern."

Gisela hat Mühe, Schritt zu halten, denn Max und Ines toben dem Stall zu. Ines hat ordentlich rote Bäckchen bekommen vom schnellen Rennen, ihre Bluse ist völlig durchschwitzt. Max findet allein in den Stall, und die beiden Wanderer müssen sich sputen. Gisela sieht auf die Uhr und erschrickt. Es sind bereits zwei Stunden vergangen, seit sie Irma verlassen haben, und sie sind noch nicht zu Hause!

Bei Irma angekommen, finden sie sie in heller Aufregung. „Na endlich, ihr seid da! Was habe ich mir für Sorgen gemacht! Ihr solltet doch pünktlich sein!"

Irma stellt ihre Nachbarin vor, die ihr die Zeit des Wartens überbrücken wollte. Beide Frauen haben inzwischen angefangen, Falläpfel aufzulesen und zu schälen.

„So hat Irma zu tun und keine Zeit, an ihre Aufregung zu denken", meint schmunzelnd die Nachbarin.

Sie erkundigt sich freundlich nach der Bahnfahrt, da platzt aber schon Ines dazwischen: „Stellt euch vor, Max lief am Waldrand entlang, wir haben ihn bis zu seinem Stall gebracht."

„Darum seid ihr so spät! Aber Kaffee und Kuchen gibt es jetzt nicht mehr. Gleich gibt es Abendbrot."

Die Nachbarin hat inzwischen von den Kaninchen erzählt und daß zwei Häsinnen geworfen haben. Das interessiert Ines und Gisela, so gehen sie schnell noch mit der Nachbarin über die Straße.

Der Nachbar füttert gerade seine „Hosen", wie er sagt. Die Kleinen sind winzig und noch blind.

Da erhebt sich lautes Gebrüll. Gisela guckt in die Richtung, wo es herkommt, und kann gerade noch dem Ball ausweichen. Dafür jault der Hund auf. Der Ball hat ihn gerade noch gestreift.

„Wollt ihr wohl Ruhe geben! Hier ist Besuch, sagt 'Guten Tag'!"

Das war an zwei Buben gerichtet. Gisela denkt schon, sie sehe doppelt.

„Das sind unsere Zwillinge, unsere Enkel Uwe und Willi. Es sind doch Ferien."

„Na, ihr Rangen, guten Tag", begrüßt sie Gisela. „Ihr seid ja tüchtige Fußballer. Wie viele Hühner habt ihr eigentlich schon abgeschossen?"

Beide schauen etwas betreten drein und sind schon wieder mit ihrem Ball verschwunden.

„Na, Frau Heinze, da geht es ja auch nicht immer leise bei Ihnen zu."

„Das ist richtig. Wir beide, mein Mann und ich, sind ja Trubel gewöhnt. Aber meine Mutter, die bei uns lebt, muß doch manchmal den Kopf einziehen, wenn sie aus dem Fenster guckt zum Plausch mit den Nachbarn, die in ihren Garten gehen. Die zweite Leidenschaft der Zwillinge ist Federball. Diese Gefiederten fliegen Oma öfter um die Nase."

„Da kann man nur sagen: Heinzes leben gefährlich."

Lachend verabschieden sich Ines und Gisela.

Inzwischen hat Irma den Abendbrottisch gedeckt. Es gibt, was der Garten so hergibt: Obst, Tomaten, Gurken, natürlich auch Aufschnitt – und Petersilie!!!, ganz frisch aus dem Garten. Die Kräuterbeete sind Irmas ganzer Stolz.

Sie ist etwas ungehalten, weil ihr Tagesplan so völlig durcheinandergeraten ist. Aber da erzählt Gisela von früher, als sie selbst in einem Siedlungshäuschen wohnte, das am Waldrand stand. Auch ein Bahndamm war in der Nähe, von dort wurde im Winter Schlitten gefahren.

„Was meinst du, Ines, wie wohl wir uns als Kinder gefühlt haben. Damals war ich so alt wie du jetzt. Nach der Schule spielten wir fast immer im nahen Wald, natürlich Verstecken, oder wir rannten am Bahndamm um die Wette. Es war Kiefernwald, die Kohlfurter Heide. Ich kann mich eigentlich nur an eine Pilzart erinnern, die dort viel wuchs, das waren Gelbschwämmchen, hier heißen sie wohl Pfifferlinge. Sehr oft gingen wir in die Pilze oder sammelten Kiefernzapfen zum Feuern."

„Hier bei uns gibt es sehr viel Blaubeeren", schaltet sich Irma ein, „als meine Kinder noch klein waren, haben wir so viele gesammelt, daß wir sogar meine Mutter damit versorgen konnten. Im Nu waren unsere Milchkannen voll."

„Was machen wir morgen?" will Gisela wissen.

„Ich hoffe, ihr seid morgen pünktlicher", meldet sich Irma zu Wort. „Morgen gibt es Klöße, da wird Punkt zwölf Uhr gegessen."

„Ich will mit Willi und Uwe Federball spielen, nach dem

Frühstück will ich zu Heinzes gehen", läßt sich Ines vernehmen.

Gisela wird sich im Garten bei Irma umsehen, sicher gibt es Beeren zu pflücken.

Der nächste Morgen sieht Irma beizeiten im Garten beim Unkrautjäten. Als Gisela die Stube betritt, fällt ihr sofort der Blumenstrauß auf, es sind frische Rosen aus dem Garten.

Inzwischen hat sich auch Ines eingestellt, das Frühstück kann beginnen. Ines erzählt von ihren Eltern, die beide Lehrer sind. Zu Hause muß sie immer brav sein und möchte sich in der Wohnung am liebsten nicht rühren, denn die Eltern arbeiten nachmittags zu Hause. Deshalb fährt sie so gern zu Tante Irma, hier kann sie auch einmal toben. Da auch meistens die Zwillinge bei Nachbars sind, ist in der Umgebung „kein Stecken gerade".

„Darf ich schon gehen? Wir sind doch mit Essen fertig", fragt Ines.

„Na, schieb schon ab, wir können dich doch nicht halten. Punkt zwölf Uhr gibt es Mittag, verpaßt die Zeit nicht wieder!"

Gisela hat eine Kanne erhalten, sie wird rote Johannisbeeren pflücken. Irma begibt sich ebenfalls in den Garten, holt Gemüse und wird dann gleich auch das Fleisch für Mittag vorbereiten, es gibt Kohlrouladen.

Bei Nachbars werden die Federballschläger geschwungen. Ines wird ganz schön gejagt. Als sie abgekämpft ist, läßt sie Uwe und Willi zusammen spielen. Aber sie haben keine Ausdauer.

„Komm mit, wir zeigen dir etwas!"

Und so verschwinden die Kinder in der Laube. Dort sind sie ungestört. Es wird viel gewispert und getuschelt, und Ines macht große Augen. Wenn das nur gutgeht!

Inzwischen sind auch Heinzes ihrem Tagwerk nachgegangen.

Frau Heinze hat die Eier eingesammelt und gibt Oma einen Eimer Falläpfel zu schälen, in der Nacht hat es geregnet. Herr Heinze hat inzwischen seine „Hosen" gefüttert. Bei den Hühnern vermißt er schließlich den Hahn. Er findet ihn im Stall auf der Stange sitzen, aufgeplustert und schläfrig. Na, das kann ja heiter werden!

„Frau" – Frau Heinze kommt gerade aus der Haustür –, „du wirst wohl den Hahn schlachten müssen. Er ist sicher krank."

„Na, warte nur noch etwas, erst kommt unser Sonntagsbraten an die Reihe. Gib mir das Kaninchen doch bitte raus!"

Herr Heinze tritt an den Stall und wird blaß. Er guckt in sämtliche Boxen, aber das Schlachtkaninchen fehlt.

„Frau, hast du es gar schon herausgenommen?"

„Was nicht gar! Es reicht schon, wenn ich es schlachten muß, da nehme ich es bestimmt nicht vorher noch mit ins Bett!"

Beide suchen das Kaninchen.

„Ich werde Harro rufen, er mag Witterung aufnehmen."

Aber Harro ist auch verschwunden. Der nächste Weg führt in die Laube.

„Ist denn heute alles verschwunden? Wo ist Oma?"

„Laß Oma aus dem Spiel, sie schält Falläpfel."

„Ein Glück, daß wenigstens jemand da ist. Gleich gehe ich zu Irma, vielleicht hat sie unsere Jungs gesehen."

Inzwischen geht es auf Mittag zu, Irma hat eben die Rouladen gewickelt, jetzt kommen die Klöße an die Reihe.

„Irma, wo ist denn deine Nichte?"

„Sie ist doch bei euch. Sie wollte mit Willi und Uwe Federball spielen."

„Das muß schon lange her sein. Bei uns ist niemand mehr zu sehen, und außer den Kindern fehlen noch der Hund und das Schlachtkaninchen."

„Oh, da müssen wir sie suchen", meint Irma. „Was meinst du, was Egon mir erzählt, wenn seinem Goldstück etwas passiert! Ich habe keine Ruhe."

Gisela bringt gerade Beeren zum Ausschütten, sie wird gleich angeheuert.

„Das Kaninchen muß her!" meint der Nachbar. „Nachmittag muß ich dringend in die Stadt zum Arzt, und morgen bin ich den ganzen Tag beim Sohn und helfe ihm beim Garagenbau. Wenn auch Ilse schlachtet, das Fellaufziehen ist meine Spezialität. Ich habe nur noch heute Zeit."

Irma bleibt bei ihren Mittagessenvorbereitungen, Herr Heinze und Gisela gehen auf die Suche.

Als sie aus dem Tor treten und sich nach links wenden, ertönt plötzlich lautes Wiehern hinter ihnen. Pferde hat eigentlich keiner in der Siedlung, aber da kommen zwei die Straße herabgetrabt. Weit und breit ist niemand zu sehen. Am Gartentor der Schrebergartenanlage ist die Welt zu Ende.

Der Nachbar hat sich inzwischen einen Stecken gesucht, vorsichtig versucht er, die Pferde in ein Gehöft zu lenken, von dort kommen sie auf eine Wiese und finden auf die Hauptstraße.

„Kommt es bei euch öfter vor, daß Pferde auf der Straße spazieren? Sie werden wohl bei euch als Hofhunde gehalten?" fragt Gisela. Sie kennt Pferde nur brav eingefriedet, auf der Koppel.

„Wir sind hier alle sehr tierlieb", ist die zerstreute Antwort. Herr Heinze steuert ein verlassenes Gebäude an. Vor ein paar Jahren war hier viel Leben, aber nun ist der Konzertplatz immer leer, und das Gasthaus ist eine Art Lagerplatz geworden. Vielleicht haben sie hier Glück?

Die praktische Irma hat Gisela ein Tuch von Ines mitgegeben, man kann ja nie wissen.

Plötzlich kommt wie ein Blitz Harro angeschossen. Sieh da,

da können die Kinder nicht weit sein! Herr Heinze kriecht in jeden Winkel.

„Hier ist ja mein 'Hose'!"

Na endlich! Gisela ist erleichtert. Wo aber sind die Kinder?

Harro hat das Kaninchen gut bewacht. Jetzt bekommt er das Tuch vor die Nase gehalten, und schon schießt er los. Gisela setzt sich auf eine Kiste und schaut nach der Uhr. O weh, Irma wartet mit dem Essen!

Nach einiger Zeit hört Gisela wieder Hundegebell. Aha, die Kinder sind wohl in Sicht. Aber Gisela sieht nur Ines' helles Kleid. Wo aber sind die Jungenbeine?

Der Nachbar ist ratlos. Die Zwillinge sind verschwunden. Er muß zurück. Das Kaninchen mümmelt friedlich vor sich hin, aber der Nachbar! Seine Absichten sind weniger friedlich, aber zum Glück weiß es das Häschen nicht.

„Ines, wo sind Uwe und Willi?"

Ines schweigt.

„Wir gehen jetzt erst einmal nach Hause. Meine Frau muß gleich schlachten."

„Nein!" Ines schreit fast. „Ich darf nichts sagen, muß aber dringend Ihre Frau sprechen." Mehr ist aus ihr nicht herauszubekommen.

Als sie wieder zu Hause eintreffen, geht Ines erst einmal zu Frau Heinze. „Uwe und Willi sind zu ihrer Uroma in den nächsten Ort gelaufen. Sie wollen sie bitten, ihr Kaninchen zu behalten. Es darf nicht geschlachtet werden! Sie haben es doch zu ihrem Geburtstag extra geschenkt bekommen und durften es füttern, bis sie zu Hause in die Schule gehen mußten."

Herr Heinze will darüber hinweggehen und knurrt etwas von „Unfug" und „Kaninchen sind zum Essen da", aber seine Frau legt das Messer wieder weit weg. Sie ist zwar eine robuste, aber auch sehr kinderliebe Frau.

„Ihr braucht euch nicht zu beunruhigen. Dem Kaninchen passiert nichts, dafür werde ich sorgen."

Ines geht beruhigt nach Hause. Bei ihrer Tante hat inzwischen Gisela das ganze Donnerwetter abbekommen. Das Mittagessen war natürlich „vergockert". Es gibt zur Strafe Nudelsuppe. Ines schluckt mit Todesverachtung, ausgerechnet Nudeln!

Aber viel wichtiger ist, daß das Kaninchen am Leben bleibt, da nimmt sie sogar Nudeln in Kauf.

Am nächsten Tag ist Ines wieder gleich nach dem Frühstück verschwunden. Irma steigt auf den Baum, um Pflaumen zu pflücken, und Gisela pflückt wieder Johannisbeeren, diesmal schwarze.

Die Schaukel hängt verwaist im Garten, sicher ist Ines wieder bei Nachbars. Zu sehen sind die Kinder jedenfalls nicht.

Plötzlich geht ein ohrenbetäubender Krach los. Zum Glück war Irma gerade unten, sie wäre sonst bestimmt vom Baum gefallen. „Das kommt doch von ganz hinten." Sie blickt schnell zum Schlüsselbrett. Tatsächlich, der Schuppenschlüssel fehlt. Schnurstracks hastet sie heran.

Gisela nähert sich neugierig von den Sträuchern. Sie hört den Krach aus nächster Nähe.

Irma reißt die Tür auf. Da ist ja die Rasselbande! Willi hat eine Teufelsgeige, Uwe bläst in die Gießkanne, und Ines schlägt zwei Topfdeckel zusammen.

Irma hat eine Trillerpfeife zur Hand, anders kann sie sich nicht verständlich machen. „Zum Donnerwetter, was geht hier vor? Was soll dieser furchtbare Lärm?"

„Aber Frau Irma, wir freuen uns so, daß es keinen Kaninchenbraten gibt. Das müssen wir feiern. Und bei uns geht es doch nicht, wegen Oma. Sie braucht doch viel Ruhe."

Gegen das Argument ist nichts einzuwenden. Irma wendet

sich wieder ab und will zu ihrem Baum zurück, da sieht sie plötzlich eine Ziegenfamilie friedlich an ihren sehr jungen Apfelbäumen grasen. Sie denkt, sie muß gleich platzen. „Wo kommen die Ziegen her???"

Die Nachbarin von nebenan meldet sich: „Ach, Irma, sind sie jetzt bei dir? Sie kamen die Straße herab und haben kein Haus ausgelassen. Nun müßten sie bald satt sein."

Abends sitzen Irma und Gisela behaglich in den Sesseln.

Gisela schaut von der Zeitung auf und fragt: „Geht es bei euch immer so turbulent zu?"

Sie erhält keine Antwort. Irma schläft schon.

Experimente

Angelika liebt Vögel. Kein Baum ist zu hoch, kein Weg zu weit; das Vogelstimmenkonzert hat große Anziehungskraft auf das kleine Mädchen, das bald zur Schule geht.

Oma liebt Vögel nicht, und so kommt eben auch kein Vogel ins Haus.

'Macht nichts', denkt Angelika, 'der Friedhof ist in der Nähe', und dort gibt es so viele Vogelnester und viele Bäume, in denen Angelikas aufmerksame Augen die kleinen Sänger entdecken.

Mutti hat Bücher zu Hause über Sträucher, Pilze und eines auch über Vögel. Angelika geht mit diesem Buch am liebsten ins Bett.

Übermorgen ist Geburtstag. Was wünscht sich Angelika? – „Einen Piepmatz und einen Vogelkäfig."

Aber Oma ist unerbittlich.

„Macht nichts", tröstet Mutti, „du bekommst etwas anderes Schönes geschenkt."

„Einen Feuersalamander?"

Oma ist einer Ohnmacht nahe. „Bringt mir ja nicht allerlei Getier in die Wohnung! Hier ist kein zoologischer Garten!"

Es gibt wohl kein Tier, das Angelika nicht liebt. Sie zieht ein enttäuschtes Gesicht, und gleich werden die Tränen kullern.

Mutti tröstet: „Ein Tier kann ich dir nicht schenken, wir müssen auf Oma Rücksicht nehmen, aber du wirst dich trotzdem freuen."

Der große Tag ist da, und was prangt auf dem Geburtstagstisch? – Ein schönes großes Fernglas. Das hat sich Angelika schon immer gewünscht, wenn sie große Vatis auf dem Friedhof mit Ferngläsern bewaffnet sah. Sie hat geseufzt und gemeint, wie schön es wäre, wenn sie die Vögel, die hoch oben und weit weg auf den Bäumen sitzen, doch in der Nähe sehen könnte. Die Farben an der Bauchseite und die Stirnflecken wären dann viel besser zu erkennen.

Wie ein Geschoß fliegt Angelika an Muttis Hals. „Vielen, vielen Dank!"

Natürlich muß das Fernglas auch gleich ausprobiert werden. Mutti kann nicht weg, denn in wenigen Stunden kommen Gäste, und es ist noch einiges vorzubereiten. Angelika geht deshalb zu Erika, sie ist schon zwölf, und die beiden Mädchen wandern los. Oma ist nun auch beruhigt, daß es kein Tier als Geburtstagsgeschenk gab.

Die Zeit vergeht bei der Hausarbeit wie im Fluge. Die Gäste sind noch nicht da, als Angelika zurückkommt. Aber irgend etwas stimmt nicht. Schnell will Angelika ihre kleine Henkeltasche wegstecken, aber Mutti ist mißtrauisch. Sie muß nachsehen.

„Ach, du mein Schreck", sagt sie, „was ist das?"

„Mutti, das Vöglein lag ganz allein im Nest. Ich habe lange gewartet, aber die Vogelmutti kam nicht angeflogen. Ich konnte es doch nicht erfrieren lassen. Es hat doch noch gar keine Federn!"

Was macht man mit einem Winzling ohne Federn? Die tatkräftige Oma schafft Rat. Eine Schachtel wird mit Watte und Zellstoff ausgelegt. Ein kleines Säckchen, in das man Wolle packt, wird auch noch zum Wärmen verstaut. Und dann haben wir doch noch eine Rotlichtlampe. Angelika durchstöbert ihre Puppensachen und findet noch schöne kleine Wollkleider und Schals.

Gut verpackt sitzt nun das Vöglein in seinem Nest. Was aber, wenn es Hunger hat? Was bringt denn eine Vogelmutter im Schnabel? Alle, das sind auch noch die beiden Brüder von Angelika, machen Jagd auf Fliegen. Würmchen wären auch nicht schlecht – also alle Mann nach draußen und bei Blumenbeeten Ausschau gehalten!

Inzwischen sind die Gäste eingetroffen, und Angelika entwischt nur kurz einmal zu ihrem kleinen Zögling.

Mit viel Wärme und Bestrahlung übersteht das Vöglein die Nacht. Aber was dann?

Für den nächsten Tag hat Mutti eine Reise gebucht, es geht in die Bezirksstadt oder vielmehr an die Elbe. Oma wird das Vögelchen auf keinen Fall behalten, also was tun? – Es muß mit!

Und so sitzen Angelika und ihre Mutti ganz hinten im Bus und haben auf der Sitzbank ein kleines Körbchen mit einem winzigen Vögelchen stehen. Es ist nicht kalt, nein, aber was ist, wenn der Kleine wieder den Schnabel aufsperrt? In Pillnitz ist es dann tatsächlich soweit. Mutti und Angelika stürzen in den Park, während die Reisegesellschaft die Ausstellung besucht, und suchen wieder einmal Würmchen. Auch diese Fahrt übersteht das Vöglein gut. Mutti hat aber Bedenken.

Am nächsten Tag ist Angelika tränenüberströmt. Unaufhörlich purzeln die Tropfen auf das tote Vögelchen. Mutti muß trösten, aber auch ihrem kleinen Töchterchen einschärfen, daß so kleine Vöglein nicht am Leben bleiben. Es nützt nichts, sie, wenn sie verlassen im Nest liegen, mit nach Hause zu bringen. Und wer sagt Angelika denn, daß nicht die Vogelmutter doch zurückkommt?

„Oma, es nützt nichts, bei soviel Tierliebe kannst du nicht immer nein sagen. Angelika bekommt ..."

„... doch nicht etwa den Feuersalamander?" unterbricht Oma.

„Nein, du kannst dich beruhigen, keinen Feuersalamander, aber etwas Ähnliches: eine Schildkröte. In der Zoohandlung gibt es gerade welche. Morgen bringe ich eine mit."

Oma macht ein langes Gesicht. Auf ihre alten Tage hat sie

nun auch noch ein Tier in der Wohnung. Na ja, Angelika kann sie das dann doch nicht abschlagen. Aber ganz geheuer ist es Oma nicht. Sie ist schon alt und sieht manchmal schlecht. Was ist, wenn ihr die Schildkröte gerade um die Beine kriecht? Nicht auszudenken, wenn sie über sie stürzt!

Also, so schlimm kam es nicht, aber etwas anderes stört Oma: Sie hatte immer ordentliche Zimmerwände, aber nun gab es Löcher über der Scheuerleiste. Irgend etwas machten ihre Enkelkinder falsch. Selbst Mutti war es zuviel. Am liebsten lief „Emma" an der Scheuerleiste lang und rutschte oft herunter. Dieser Krach! Also, so richtig konnte sich Mutti nicht damit anfreunden.

„Weißt du was", sagt eines Tages Mutti zu Angelika, „wir setzen Emma jetzt in eine große Tasche, und du bringst sie in den Tierpark. Dort hat sie es besser als bei uns in der Wohnung, wenn sie auch draußen auf der Wiese etwas laufen kann. Im Tierpark gibt es noch weitere griechische Landschildkröten, da ist sie unter ihresgleichen. Tiere sollten doch lieber unter Tieren sein, sie gehören nicht in eine Wohnung."

Angelika schafft zusammen mit Erika ihre Emma in den Tierpark. Sie kann sie jetzt immer besuchen. Mutti hat eine Jahreskarte für den Tierpark gekauft.

Später ist Angelika Tierpflegerin geworden.

Rita Reutter

Jakobs Abenteuer

Im Gärtnerhaus herrschte helle Aufregung. Seit mehreren Stunden war der silbergraue Kater verschwunden. Niemand hatte etwas davon bemerkt.

Iris vermißte den Freund, sein Schnurren, sein samtweiches Fell und seine anschmiegsame Art. „Silberpfote, wo bist du?" rief die Neunjährige.

Das Rufen half nichts, denn Jakob blieb unauffindbar.

Während Iris und ihre Familie den Kater suchten, wurde Jakob in einem Lieferwagen des Katzenfängers zum wissenschaftlichen Institut gefahren. Dieser feine Herr hatte sich als Tierstimmenimitator ausgegeben und Jakobs Aufmerksamkeit auf sich gezogen. Zutraulich war der Kater von seinem Fensterplatz auf die Straße gelaufen. Der gewandte Tierfänger gab ihm einen Schubs, die Tür der bereitstehenden Box fiel ins Schloß, und plötzlich war der Silbergraue ein Gefangener. Jakobs verzweifeltes Miauen verhallte ungehört.

*

Am nächtlichen Himmel wanderte der Mond. Iris lag wach im Bett. Sie konnte nicht schlafen. Ihre Sorge galt Jakob. Wo mochte er sein in dieser kalten Nacht?

„Lieber Gott, schicke mir Silberpfote heim", betete die Kleine.

Ihr war, als hätte Vater Mond mit dem Kopf genickt. Beruhigt fiel sie in einen tiefen Schlaf.

*

Jakob bemerkte, daß der Lieferwagen vor einem roten Backsteinhaus anhielt. Was nun?

Bevor er weiterüberlegen konnte, umfaßten rohe Hände seinen Körper. Er fühlte sich wie in einem Schraubstock.

Der Tierfänger brachte den Silbergrauen ins Labor. Dort kam er in eine eigene Box. Die miteingefangenen Katzen wurden zu dritt und zu viert in Nachbarkäfigen untergebracht.

In der neuen Umgebung sah sich Jakob aufmerksam um. Sie gefiel ihm gar nicht. Vor den Apparaturen, Reagenzgläsern und Schläuchen hatte er große Angst.

Jakob mußte entwischen, aber wie?

Er dachte an zu Hause, an sein kuschelweiches Körbchen, vermißte seine kleine Freundin und den großen Garten.

Vom Katzenmenü, das ihm in die Box geschoben wurde, fraß Jakob trotz seines Hungers nichts. Vielleicht hatte ein Wärter Gift in das Fleisch gemischt.

„Wir werden dir deinen Hochmut schon noch austreiben", rief ein Tierpfleger. Er packte den Ahnungslosen am Kopf und stieß ihn mit der Nase ins Futter.

Jakob fauchte den Mann an und versetzte ihm mit der Pfote einen Hieb.

„Das wirst du mir büßen", sagte der Institutsangestellte wütend und warf die Tür des Katzengefängnisses lautstark zu.

*

Der Wind wirbelte die Blätter des Kastanienbaumes durch die Luft. Iris blickte gedankenversunken aus dem Fenster des alten Schulhauses. Die Rechenarbeit war heute mißlungen, das spürte sie, denn sie mußte unaufhörlich an Jakob denken. Ihrer Freundin Martina hatte Iris vom Verschwinden des Katers erzählt.

Die Klassenlehrerin, Fräulein Gescheit, wunderte sich über die Unaufmerksamkeit ihrer sonst so lernbegierigen Schülerin. Nach Beendigung der Deutschstunde sprach sie das Mädchen an: "Warum bist du heute so nervös?"

Anstelle einer Antwort brach Iris in Tränen aus.

Die Lehrerin war besorgt um das Kind und schickte es nach Hause. Am Nachmittag wollte sie bei Iris' Mutter anrufen, um zu erfahren, was der Schülerin fehlte.

*

Im Institut, Abteilung für experimentelle Forschung, begann der Arbeitstag für die Angestellten frühzeitig.

Jakob stellte sich schlafend, doch er verfolgte jede Bewegung des Mannes, der in der Nähe seiner Box arbeitete.

Unerwartet schloß der Mitarbeiter die Tür von Jakobs Unterkunft auf. Vor Schreck war der Kater wie gelähmt. 'Jetzt wird er mir weh tun', dachte er, 'mit all den häßlichen Geräten.'

In Todesangst kratzte Jakob mit seinen scharfen Krallen den Peiniger. Vor Schmerz ließ dieser den Silbergrauen auf den Boden fallen.

Das war die Chance, auf die er schon lange gewartet hatte. Wie der Blitz sauste er um Tische, Stühle, Schränke und Regale.

Der Angestellte hinterher, um ihn wieder einzufangen. Doch jedesmal, wenn er dachte: 'Jetzt habe ich den Ausreißer', war der Kater wieder entwischt.

Die Verfolgungsjagd dauerte einige Minuten. Da entdeckte der Gejagte ein geöffnetes Fenster. Mit letzter Kraft sprang der Flüchtling durch die Öffnung und landete unsanft auf einem Rasen.

Nichts wie weg!

Eilig überquerte Jakob die verkehrsreiche Straße. Zum Glück traten die Autofahrer auf die Bremsen, sonst wäre ein Unglück geschehen.

Da bekam der Kater neue Schwierigkeiten. Auf der angrenzenden Wiese wollte sich ein angriffslustiger Boxer auf ihn stürzen. Wieder konnte sich der Silbergraue nur mit einem Sprung auf einen Baumast retten. Dort blieb er sitzen, bis die Gefahr vorüber war.

Jakobs Magen knurrte. Er hatte Hunger, Durst und Heimweh nach Iris, seiner Beschützerin.

*

Mitten im Schlaf schreckte Iris auf. Sie hatte einen furchtbaren Traum gehabt: Jakob war in Nöten. Tierfänger und Hunde verfolgten ihn. Viele Kilometer war er gelaufen, bis er erschöpft auf einer Wiese zusammenbrach.

Vor ihrem Zimmerfenster hörte Iris auf einmal ein vertrautes Miauen. „Jakob, lieber Jakob", rief sie freudig. Sie verließ ohne Hausschuhe das Kinderzimmer und eilte in den Garten.

Dort lag Silberpfote auf der Wiese. Das Mädchen umarmte den Ermüdeten. Sein ehemals silbergraues Fell war beschmutzt.

Jakobs Augen fielen zu. Er kuschelte sich in Iris' Arme.

Nun stand einem ausgiebigen Schlaf nichts mehr im Wege, denn Jakob war glücklich heimgekehrt.

* *
*

Nathalie Seibel

Budschga, der Sternchenputzer

In einer Zeit, in der das Träumen immer mehr in Vergessenheit gerät, möchte ich euch von meinem Freund Budschga erzählen.

Er ist ein besonders lieber Freund, der kleine Budschga, und kommt aus dem Land, wo die Träume gemacht werden. Budschga nennt es Träumlein und sagt, daß wir Menschen es oft besuchen, nur leider uns selten daran erinnern können. Die Bewohner von Träumlein kommen selten zu uns auf die Erde. Wahrscheinlich hätte auch ich meinen Freund nie kennengelernt, wäre ihm nicht dieses kleine Mißgeschick passiert.

Budschga hat eine bedeutende Aufgabe zu erfüllen: Jeden Abend putzt er die Sterne, damit diese für uns strahlen und leuchten. Die Arbeit macht ihm viel Freude und an diesem besagten Abend ganz besonders. Er pfiff und summte fröhlich vor sich hin und achtete dabei nicht so recht auf seinen Weg. Plötzlich stolperte er, verlor das Gleichgewicht und purzelte – holladikolla – den Himmel hinunter.

Ich saß gerade gemütlich auf meiner Veranda und träumte so vor mich hin, als – pardauz – ein kleines putziges Etwas vor meinen Füßen landete. Ihr hättet ihn sehen sollen: ein völlig zerzauster Fratz mit dunkelgrünem Fell und großen blauen Füßen.

Das Fellknäuel rappelte sich unter komischem gurgelndem Gegluckse auf die Füße, schüttelte sich und beschnupperte mich ausgiebig mit seinem rosa Näschen. „Hallo Menschenkind", sagte er fröhlich. „Darf ich mich vorstellen? Mein Name ist Budschga, und wie heißt du?"

Anstatt ihm zu antworten, stotterte ich irgend etwas davon, woher in aller Welt er denn auf einmal herkäme.

„Nun, ich bin sozusagen buchstäblich vom Himmel gefallen. Das wäre ja auch nicht weiter schlimm, nur weiß ich jetzt nicht mehr so recht, wie ich wieder dort hochkommen soll. Ich sollte nämlich noch drei Sterne fertig putzen. Weißt du, die Sterne sind zwar ganz nett, aber furchtbar eitel. Jeder will der Schönere sein. Ich kann dir sagen, ihr Papa, der Mond, hat seine liebe Mühe mit dieser Bagage. Sie zanken sich dauernd darüber, wer am meisten glänzt. Tja, und damit das nicht noch schlimmer wird, habe ich Väterchen Mond versprochen, ihm regelmäßig die Sternlein zu putzen. Seither ist wieder ein bißchen Ruhe ins Himmelsgewölbe gekommen. Das werde ich heute wohl nicht mehr schaffen. Armer Mond, ich kann jetzt schon die Klagen hören."

Bei diesen Worten machte Budschga solch ein drolliges Gesicht, daß ich laut auflachen mußte.

„Das ist überhaupt nicht komisch", entrüstete sich der Kleine. „Schließlich poliere und schrubbe ich nicht nur für den Mond, sondern auch für euch Menschenkinder. Ich werde sicher ganz schön Ärger kriegen!"

Irgendwie mußte ich ihm helfen. Budschgas Lage war offensichtlich ernster, als ich gedacht hatte. „Weißt du was, jetzt gehen wir erst einmal ins Wohnzimmer und überlegen uns in aller Ruhe, wie wir dich wieder in den Himmel befördern können", versuchte ich ihn zu beruhigen.

Gesagt – getan. Wir setzten uns auf mein Sofa, tranken eine Tasse heiße Schokolade und kuschelten uns unter eine Decke.

Budschga erzählte mir viele lustige Geschichten aus seinem Heimatland, von den Nebelkindern, der Sternschnuppenschule, den tanzenden Bäumen, den Regenbogendrachen und vielem mehr. Er schilderte alles so lebhaft und ausführlich, daß ich das Gefühl hatte, alles miterlebt zu haben. Nichts befremdete mich, und ich glaubte Budschga schon mein ganzes Leben lang zu kennen.

Wir redeten, erzählten, weinten und lachten die ganze Nacht hindurch. Es fing schon langsam an, wieder Tag zu werden, als Budschga plötzlich aufsprang. „Ich hab's! Ich weiß jetzt, wie ich wieder nach Hause komme! Du mußt schlafen, du mußt träumen! Aber natürlich, das ist die Lösung! Während du träumst, steige ich auf deinen Träumen in den Himmel hoch. Juhu, juhu, ich kann wieder nach Hause!" Er tanzte aufgeregt um mich herum und strahlte über beide Bäckchen.

Mir wurde es dabei ganz schwer ums Herz, hieß es doch von ihm Abschied zu nehmen. Andererseits konnte ich meinen Freund auch nicht zwingen, bei mir zu bleiben. Also legte ich mich schlafen. Budschga kuschelte sich ganz nah an mich, und schon nach kürzester Zeit fiel ich in einen tiefen Schlaf.

Ich träumte von einer langen, langen Leiter, die in den Himmel ragte. Dann sah ich Budschga Stufe für Stufe auf meiner Traumleiter emporklettern. Auf der letzen Sprosse drehte er sich noch einmal um, winkte mir zu und rief: „Sei nicht traurig, Menschenkind, wir werden immer Freunde bleiben. Schau nur immer wieder zu den Sternen hoch und vergiß nie zu träumen, dann werden wir uns oft wiedersehen."

Damit verschwand er hinter dem kunterbunten Traumtor.

Budschga sollte recht behalten. Den ganzen nächsten Tag über fragte ich mich, ob ich das alles wohl nur geträumt hatte. Aber als es Nacht wurde, setzte ich mich wieder auf meine Veranda, und meine Augen wanderten von Stern zu Stern.

Da! Da stand mein zottiger Freund und war eifrig am Schrubben und Polieren. Er drehte sich um und zwinkerte mir fröhlich zu.

Seither klettere ich, wann immer ich mich schlafen lege, die Traumleiter hoch und treffe mich mit ihm vor dem Traumtor.

Versucht es ruhig auch einmal, vielleicht begegnen wir uns ja in dieser Nacht?

Von Regenbogendrachen und Eistorten

Ich möchte euch von einem Regenbogendrachen erzählen, der beinahe seine Drachenehre verloren hätte.

Regenbogendrachen sind ganz besondere Drachen. Sie können sich nicht nur unsichtbar machen, so wie alle anderen Drachen, sondern verändern ihre Hautfarbe, wie es ihnen gerade so paßt. Nicht jeder kann sie sehen, nur wer an sie glaubt, kriegt sie zu Gesicht. Wittern sie aber Gefahr, schützt sie ihre Verwandlungsfähigkeit vor dem Entdecktwerden. Deshalb sind Regenbogendrachen, im Gegensatz zu anderen Drachen, auch unheimlich lieb. Sie können keiner Fliege etwas zuleide tun. Ihre größte Schwäche ist Eiscreme. Ein ausgewachsener Drache verdrückt locker eine fünfstöckige Eistorte! Sind sie aber noch klein oder essen sie ein Stück zuviel, besteht die Gefahr, daß sie sich ihr Bauchfellfeuer löschen, und das kann schlimme Folgen haben.

Regenbogendrachen sind überall dort, wo viel gelacht wird, und so kam es, daß ich an einem wunderschönen Sonntagmorgen beim Kasperletheater im Park einen kennengelernt habe. Jede Menge Kinder saßen mit ihren Eltern und Großeltern vor der kleinen Bühne und lachten über die frechen Streiche von Kasperle.

Kaum hatte ich mich hingesetzt, entdeckte ich einen großen rosa Kopf mit neugierigen Augen hinter der Bühne hervorglubschen. Ich traute meinen Augen kaum. Da saß doch tatsächlich ein rosa Drache und amüsierte sich köstlich. Niemand außer mir schien ihn zu bemerken, und als ich nach dem zweiten Augenreiben nochmals hinsah, war er plötzlich verschwunden.

'Jetzt habe ich mir das doch nur eingebildet, wahrscheinlich hat die Sonne mir einen kleinen Streich gespielt', dachte ich bei mir, als mich jemand von der Seite etwas unhöflich anstupste. Ich sah auf, und mir stockte beinahe der Atem: Ich blickte genau in ein gigantisches knallrosarotes Drachengesicht. Aus seiner schwarzglänzenden Nase fielen große Tropfen auf den Boden, er schniefte und sah irgendwie bemitleidenswert aus.

Ich kann euch sagen, hätte mich das Kerlchen nicht so lieb angesehen, ich wäre schreiend davongerannt. Statt dessen hielt ich ihm in meiner Verwirrung ein Taschentuch für seine Nase hin und tat so, als wäre alles ganz normal.

Mit einem lauten Getöse putzte sich der Drache die Nase, um mich gleich darauf wieder anzustupsen.

Was blieb mir anderes übrig, als ihm nochmals ein Taschentuch zu geben. So war ich wenigstens sicher, daß er mich nicht gleich auffressen würde.

Ich war so mit dem Drachen beschäftigt, daß ich gar nicht bemerkte, daß die Vorführung zu Ende war und sich die Reihen um uns geleert hatten. Wir waren allein.

„Hatschi, hatschi!" machte es neben mir.

„Gesundheit!" sagte ich automatisch.

„Danke", antwortete mir der Drache.

Unglaublich, der Drache konnte sprechen! Er redete so wie ihr und ich! Wer hat das schon einmal gesehen: ein sprechender Drache mit einer Erkältung?

Ich war so aus dem Häuschen, daß ich meine ganze Angst vergaß und ihn fragte, wo er sich denn so erkälte habe.

„Ich habe mich nicht erkältet, ich habe zuviel Eis gegessen. Weißt du, ich bin ein Regenbogendrache, und wir essen unheimlich gern Eiscreme. Deshalb hat mir Onkel Bunt zu meinem Geburtstag eine riesige Eistorte geschenkt. Sie hatte die Form eines Hasen mit Ohren aus Schokoladeneis, und das Stummelschwänzchen war aus Vanille. Ach, ich konnte einfach nicht widerstehen. Ich habe sie ratzeputz aufgegessen. Mhmmm, die war vielleicht lecker! Nur, jetzt ist meine Mami böse auf mich, weil ich niemandem ein Stück übriggelassen habe. Aber das Schlimmste kommt noch: Von der vielen Eiscreme wurde mein Bauchfellfeuer gelöscht, und jetzt bin ich kein richtiger Drache mehr, weil ich kein Feuer mehr spucken kann." Da fing das arme Kerlchen bitterlich zu weinen an. „Jetzt bekomme ich nie mehr eine Eistorte zum Geburtstag und darf nicht mehr nach Hause. Kannst du mir nicht helfen, mein Bauchfellfeuer wiederzubekommen? Ich möchte doch wieder ein richtiger Regenbogendrache sein."

Ich hatte ja so Mitleid mit dem komischen Drachen. Wußte ich doch genau, wie schrecklich er sich fühlte. Ich konnte mich noch allzugut daran erinnern, wie wütend meine Mami auf mich war, als ich vom Geburtstagspudding meiner Schwester stibitzt hatte und er mir dabei – platsch – auf den Boden fiel. Eine ganze Woche mußte ich in meinem Zimmer essen, schrecklich war das. Damals hat mir mein alter Freund, Onkel Fips, aus der Patsche geholfen ...

Ja, aber das war die Idee! „Wir gehen jetzt zu Onkel Fips, der weiß immer Rat. Er lebt hier im Park. Die Erwachsenen mögen ihn nicht, aber er ist unheimlich nett, auch wenn er ein bißchen stinkt."

Also marschierten wir los zu Onkel Fips. Er saß wie immer unter der kleinen Brücke gleich neben dem großen Parkteich. Kaum bei ihm angekommen, erzählten wir ihm die ganze tragische Geschichte.

„Sicher weiß ich einen Rat, Kinder, das ist doch gar kein Problem, laßt Onkelchen nur machen. Als erstes brauche ich jede Menge Bettücher, und die müßt ihr mir in der alten Wäscherei besorgen."

„Was meinst du mit 'besorgen'? Du meinst doch eher klauen? Also, das mache ich nicht", antwortete ich ihm sofort.

„Ach was", lachte er, „wir leihen sie uns ja nur für eine

kurze Zeit aus. Wenn wir sie nicht mehr brauchen, bringt ihr sie wieder zurück."

Zögernd machten wir uns auf den Weg.

'Wenn das nur nicht rauskommt', dachte ich bei mir, 'sonst kriege ich mächtig Ärger zu Hause. Wer würde mir schon glauben, daß es sich um einen absoluten Notfall gehandelt hatte, damit ein Drache wieder Feuer spucken konnte.'

Ach egal, vorerst wußte ja niemand davon, und mein Drache brauchte dringend Hilfe. Also schlichen wir uns zur Wäscherei und schnappten uns ein paar Bettücher, die dort zum Trocknen an der Leine hingen.

Vollbeladen bei Onkel Fips angekommen, machten wir uns daran, den rosa Drachen mit den Tüchern einzuwickeln. Der sah vielleicht komisch aus – wie eine Klorolle mit Kopf und Beinen.

Zusätzlich kochte Onkelchen sein gräßliches Gebräu. Es stinkt und schmeckt abscheulich. Wir hatten unsere liebe Mühe, den Regenbogendrachen davon zu überzeugen, diese komische Brühe zu trinken. Aber Onkel Fips' Überredungskünste schafften es.

Schon nach kürzester Zeit stiegen wieder kleine Rauchwölkchen aus der Drachennase, und es pufte aus den großen Schlappohren. Nach der zweiten Tasse passierte etwas Unglaubliches: Der rosa Drache fing an, sich zu verwandeln.

Überall auf seinem Körper, jedenfalls auf dem, was man noch davon sehen konnte, erschienen knatschlila Punkte, und von Sekunde zu Sekunde wurden es immer mehr. Wie Sommersprossen, nur viel größer.

„Was guckt ihr mich denn so an?" fragte der Drache.

„Sieh dich doch an, du siehst aus, als hätte dich ein berühmter Maler angemalt", erwiderten wir und brachen in schallendes Gelächter aus.

Der Drache sah uns erst ganz verwundert an und dann an sich herunter. Als er die vielen Punkte entdeckte, strahlte er über das ganze Gesicht und kicherte vergnügt. Das Kichern schwoll zu einer gewaltigen Lachsalve an. Er mußte so lachen, daß er sich nicht mehr auf den Beinen halten konnte und mit einem lauten Plumps auf den Rücken fiel, alle viere von sich streckte, ohne dabei auch nur eine Sekunde aufzuhören zu lachen. Ganz im Gegenteil, sein Gelächter sprengte sogar seinen Bettuchverband. Er wälzte sich auf dem Boden vor Glück, und wir hielten uns die Bäuche. Wäre jemand vorbeigekommen, hätte er wohl gedacht, man hätte uns Lachpulver ins Essen getan.

Als wir uns alle wieder etwas beruhigt hatten, fragte ich ihn, was es denn mit den Punkten auf sich hätte.

„Ganz einfach", erläuterte mir der Drache stolz, „wie ich ja bereits gesagt habe, bin ich ein Regenbogendrache. Aber ich bin ein ganz besonderer. Ich kann nicht nur nach Lust und Laune meine Farbe wechseln, sondern wenn ich besonders glücklich bin, schaffe ich auch Punkte. Tja, und das ist der Grund, warum mich meine Freunde Punkt rufen."

Auch Onkel Fips und ich nannten ihn von da an Punkt. Wir wurden dicke Freunde.

Punkt kommt uns oft besuchen. Dann sitzen wir alle drei unter der Brücke gleich neben dem großen Parkteich und erzählen uns die verrücktesten Geschichten.

Mathilde Sibbers

Sofa im Schnee

Manches ist manchmal ein bißchen verrückt,
zum Beispiel ein Sperling, der Pulswärmer strickt;
oder ein Hund, der auf Stelzen geht
und gleichzeitig stur auf den Ohren steht;
ein Analphabet, der Romane liest
und den Kaffee, schwippschwapp, in Papierkörbe gießt;
eine Schule, die den Jungen schwänzt
und dabei hell wie ein Schatten glänzt;
ein Weiser, der immer nur Unsinn macht,
ein Humorist, der niemals lacht,
ein Besen ohne Borsten dran,
ein Lektor, der nicht lesen kann;
ein Mensch, der in den Tropen friert,
ein Krebs, der gradeaus marschiert –
das alles, wie ich es auch wende und dreh',
scheint mir so verrückt wie ein Sofa im Schnee.

Ja, manchmal kommt manches mir sonderbar vor,
zum Beispiel ein Pferd, das sein Sparbuch verlor;
ein Fischer, der Netze wie Spinnweben webt
und, batsch, in ein Briefmarkenalbum klebt;
oder wer Erbsen am Strande ausjätet
und täglich zwei Stunden zu früh sich verspätet;
wer immer am fünfzigsten Januar
den Tag beginnt mit Kaviar;
wer sein Taschentuch mit der Nase putzt
und das Fenster zum Wienern des Ledertuchs nutzt;
wer dem Kind mit 'ner Zwiebel die Tränen abwischt
und im Karpfenteich nach Bananen fischt;
wer im Blumengeschäft nach Krawatten fragt
und zum Osterhasen „du Weihnachtsmann" sagt.
Und wer dann gar weint, weil's ihm gut geht, o weh,
der kommt mir grad vor wie ein Sofa im Schnee!

O, diese Nixe!

Mein großer Hund heißt Bürste
und mein kleiner Nixe.
Bürste stiehlt gern Würste,
Nixe schleckt gern Wichse.

Daß Bürste nach den Würsten schaut,
ist schließlich ganz normal;
daß aber Nixe Wichse klaut,
das finde ich fatal,

weil erstens mir die Wichse fehlt,
wenn ich sie grade brauche;
und zweitens, weil sich Nixe quält
mit viel Wehweh im Bauche.

Drum sag' ich strenge: „Nixe, hör
und friß doch bitte künftig
mir keine Stiefelwichse mehr;
werd endlich mal vernünftig!"

Und was tut Nixe? – Guckt mich an,
halb kläglich und halb keck,
springt – und schnappt dem Bürste dann
dessen Würste weg.

Alliteration mit dem M

Mmm!
Meine Mutter macht mir morgens
meistens Mus aus Milch und Mais.
Milchmais mundet, mein' ich, manchmal
mehr als Mus aus Mehl und Reis.

Manche Menschen mögen morgens
Mokka mit Marm'ladenschmus.
Meinetwegen! Mich macht's müde.
Munter macht mich nur mein Mus.

Morgens Mus aus Milchmais missen
möcht' mein Magen nimmermehr.
Mmm, mein Milchmaismus schmeckt köstlich,
schmeckt nach mehr, drum: Maismus her!
Mmm!

Barbara Staib

Ein Käfer
auf dem Weg zum Blatt
stößt plötzlich sich
die Nase
platt,

        liegt da doch
        mitten drin im Gras
        'ne alte Flasche
        – grünes Glas.

'Wer die wohl
weggeworfen hat',
denkt er
und eilt zu
seinem Blatt.

        Doch stoppt
        sein Krabbeln
        – welch ein Pech –
        'ne Cola-Dose
        – graues Blech.

Ein bißchen hungrig,
doch noch heiter
eilt unser
kleiner Käfer
weiter.

        Da hat er
        plötzlich
        – ganz versteckt –
        was Buntes, Knistriges
        entdeckt.

'Das, was dort liegt,
das hol' ich mir',
denkt er
und –
knabbert am
Bonbonpapier.

    'Wie schade',
    denkt er,
    'keine Spur
    von schöner, sauberer
    Natur.'

Die Menschen lassen alles liegen –
man könnt' das Käferschauern kriegen.'

Bärenstuhlreise

Ein kleiner Bär
denkt:
'Ich bin wer!'
Und geht,
um es auch
zu beweisen,
mit seinem Koffer
mal auf Reisen.
Er zieht
– als kleiner Gentle-Mann –
sich extra
eine Hose an,
sogar noch Schuhe
– wie ihr seht –,
weil so
das Laufen
besser geht.
Jetzt fängt sie an,
die große Reise,
auf Holzstuhlbärchens
eigne Weise.

Er stand
– man glaubt es heute kaum –
einstmals im Wald
als Fichtenbaum;
lag später
– das fand er ganz nett –
in einem Hof
als langes Brett,

und dann,
in einer Schreinerei,
bracht' man ihm
Form und Größe bei.

Und als er
– da –
so fertig stand,
hat jeder ihn
als S t u h l   erkannt.
Sein Weg führt
morgen, bald? – wann immer
vielleicht zu D i r
ins Kinderzimmer.

Fern-seh-wunsch

Ich wär'
so gern
ein kleiner Stern,
säh'
diese Erde
mal von fern,
könnt' dann
– vielleicht –
von oben lenken,
daß Menschen
manchmal
weiter denken
....
sich nicht nur
um
sich selber drehn,
die andern – Fremde –
auch verstehn,
nicht Kriege führen,
töten, hassen,
was lebt, in F r i e d e n
leben lassen.

Weihnachten –
schenk doch mal D i c h !

Statt Hampelmännern,
Glitzersachen
schenk doch D e i n Lachen!

Statt der CD,
der Weihnachtstorte
schenk gute Worte!

Statt Robotern
aus fernem Land
schenk D e i n e Hand!

Statt des Computerspiels
mit Glück
schenk D e i n e n Blick!

Statt großer, teurer
Weihnachtssachen
kannst D u – als Mensch –
auch Freude machen.

Ilse Urban

Ein kleines rotes Auto geht verloren

Thomas und Christian trafen sich nach der Schule und gingen auf den Spielplatz. Der war groß und geräumig, es gab einen Sandkasten, ein Klettergerät und auch eine Wiese, auf der man herumtollen konnte.

Als die Kinder auf den Spielplatz kamen, waren schon andere Kinder da, und sie freuten sich alle, daß sie wieder einmal richtig toben konnten.

Thomas hatte von seiner Oma ein kleines rotes Auto geschenkt bekommen. Er zeigte es allen und war stolz darauf, so ein niedliches Auto zu besitzen. Die Kinder bewunderten es. Einige hätten auch gern so ein hübsches kleines Auto gehabt.

Plötzlich war beim Herumtollen das Auto verschwunden. Die Kinder begannen überall zu suchen. Thomas dachte schon, es hätte vielleicht eines der Kinder das Auto gestohlen und wolle es jetzt nicht mehr hergeben. Aber das war natürlich ein schlimmer Verdacht.

Aber wo war es nur, das kleine rote Auto, an dem Thomas soviel Freude hatte? Alles Suchen half nichts, es war weg. Traurig gingen die Kinder nach Hause, und Thomas überlegte, wie das passieren konnte.

Unter der Spielwiese befanden sich Mauselöcher. Sie waren durch lange Gänge miteinander verbunden, hatten ein Futterlager, ein Klo, Schlafkammern und Babynester. Die Mausegänge waren weit verzweigt, führten tief in das Erdreich, aber auch zu den einzelnen Ausgängen, von denen es mehrere gab.

Als der Mausevater auf die Wiese wollte, um nach Nahrung zu suchen, fand er das Mauseloch verstopft. Er konnte nicht nach draußen kommen. „Potz Blitz", rief er, „was ist denn das?

Hat da wieder mal ein Hund gegraben und Erde auf unser Erdloch geworfen?"

Er versuchte, gegen das Hindernis zu stoßen, aber plötzlich kam ihm etwas Kleines, Rotes entgegen und rutschte immer weiter auf ihn zu, je öfter er dagegenstieß. Was war zu tun?

Der Mausvater holte seine Söhne und überlegte mit ihnen, wie man das Mausloch wieder frei bekommen konnte. Das Hindernis mußte beseitigt werden, sonst würde ja das Mausloch für immer versperrt sein. Sie versuchten gemeinsam mit aller Kraft, das Hindernis hinauszustoßen.

Uff, war das schwer, aber sie schafften es. Das Mauseloch war wieder frei, und das kleine rote Auto lag auf der Wiese.

„Ich weiß, was das ist", meinte die kleinste, aber auch neugierigste Maus, die sich draußen immer wieder umschaute, „das ist ein hübsches kleines Spielzeugauto. Mit solchen Autos spielen die Menschenkinder."

Am nächsten Tag kamen die Kinder wieder auf den Spielplatz. Die Freude war groß, als sie das kleine rote Auto auf der Wiese liegen sahen, und Thomas war glücklich, es wiederzuhaben.

Aber wo war es gewesen?

Das werden die Kinder wohl nie erfahren.

Die Geschichte von dem kleinen grünen Apfel

Auf einer Wiese stand ein großer, schöner Apfelbaum. Im Frühling war er über und über mit herrlichen rosaroten Blüten übersät. Daraus wurden dann kleine Äpfelchen, und diese wuchsen und wuchsen. Die Sonne schien auf die Äpfelchen, so daß sie schöne rote Bäckchen bekamen und lustig vom Baum lachten.

Nur ein Apfel, der ganz unten hing, war sehr traurig, weil er keine Sonne abbekam und deshalb noch ganz grün war. Er wünschte sich sehr, daß er wie seine Geschwister von der Sonne beschienen würde und rote Bäckchen bekäme.

Da kam eine gute Fee an dem Apfelbaum vorbei. Sie sah, daß der grüne Apfel weinte, und fragte ihn nach dem Grund.

„Ich hänge so tief, daß ich niemals Sonnenschein bekomme", meinte er, „kannst du mich nicht höher hängen?"

Die Fee nahm den Apfel und hängte ihn ganz hoch, so daß er genügend Sonne bekam.

Da war das grüne Äpfelchen ganz glücklich.

Erlebnisse des kleinen Puk

Puk war ein hübsches dunkelbraunes Eichkätzchen. Es hatte im Frühling eine Familie gegründet und zwei Söhne und eine Tochter bekommen, nachdem es einen hübschen, weichen Kobel, eine Wohnung für seine Familie, gebaut hatte.

Die kleinen Eichkätzchen waren zufrieden und glücklich, warteten, bis die Eltern ihnen Futter brachten, spielten zusammen und balgten auch miteinander, damit sie auch ihre Kräfte schulten. Manchmal wackelte der ganze Baum, an dem der Kobel hing. Sie wurden immer größer, und es kam die Zeit, wo sie lernen sollten, sich draußen in der Natur zu bewegen und Futter zu suchen. Im Herbst sollten sie dann ja auch lernen, wie man Nüsse sammelt und sie vergräbt, damit es im Winter genug zu essen gäbe. Manchmal vergaßen sie, wo sie die Nüsse eingegraben hatten, und es wuchs ein Baum daraus, aber das machte ja nichts.

Die Eichkätzchen hatten schon gelernt, von Ast zu Ast zu springen, den Schwanz richtig zum Steuern einzusetzen, eine Nuß anzuknabbern und sie dann zu verspeisen.

Das kleinste der Pukkinder, das auch Puk hieß, war recht neugierig. Es sprang mit den anderen von Baum zu Baum und traf dabei einen Eichelhäher. So einen großen Vogel – und dazu so schön bunt – kannte der kleine Puk noch nicht, und deshalb unterhielt er sich mit ihm.

„Wohnst du auch in den Bäumen?" fragte er.

„Jaja", meinte der Eichelhäher, „aber ich fliege auch manchmal sehr weit, um mir Futter zu suchen oder Wasser zum Trinken zu finden."

„Das muß ja interessant sein", meinte der kleine Puk.

„Du kannst ja mal mitfliegen", bemerkte der Eichelhäher, „du setzt dich auf meinen Rücken, und dann fliegen wir los."

Das taten sie dann auch.

Juchhe ging es über Wiesen und Felder, über Dörfer und Städte, und der kleine Puk staunte und staunte und staunte. Das alles hatte er noch nie gesehen.

Sie kamen an einen See, auf dem ein Schwan herumschwamm. „Wie geht denn das?" rief der kleine Puk. „Kann man sich denn auf dem Wasser auch bewegen?"

„Du kannst ja den Schwan mal fragen, ob er dich ein Stückchen mitnimmt", meinte der Eichelhäher.

Und so kam es auch. Der Schwan nahm den kleinen Puk auf den Rücken und schwamm mit ihm davon. Und wieder gab es viel Neues zu sehen: Fische, Pflanzen, Vögel und sogar eine Wasserschlange. Der kleine Puk war glücklich.

Schließlich wurde es Abend. Der Schwan wollte sich ausruhen und setzte das kleine Eichkätzchen ab.

Aber das wußte nicht mehr, wo es war. Alles war fremd und unbekannt.

Die Nacht kam, und überall wurde es dunkel und still. Puk hatte Angst und weinte, weil er so einsam war. Schließlich schlief er hungrig und müde ein.

Am nächsten Morgen ließ sich ein Bussard neben ihm nieder. Er hätte den kleinen Puk ganz gern verspeist, aber Mäuschen oder kleine Hasen wären ihm lieber gewesen.

Er fragte den kleinen Puk, warum er so traurig sei, aber der meinte nur, er wolle schnell nach Hause. Wo sein Zuhause war, konnte er aber nicht sagen. Er wußte nur, daß dort viele Bäume standen.

„Na", sagte der Bussard, „ich will versuchen, dich nach Hause zu bringen, aber du mußt mir schon etwas dafür geben."

„Ich habe aber nichts, was ich dir geben könnte, doch im Herbst kann ich dir Nüsse sammeln, wenn du die magst."

Damit war der Bussard einverstanden. 'Ein Zubrot zu den

Mäuschen und den Häschen ist ja auch nicht zu verachten', dachte er sich.

Der kleine Puk setzte sich auf den Rücken des Bussards, flog mit ihm davon und schaute auf die Erde, um sein Zuhause zu finden. Da entdeckte er auf der höchsten Spitze eines Baumes seinen Vater, der ihm zurief und tüchtig winkte.

Der Bussard setzte den kleinen Puk ab, und Vater und Sohn waren glücklich, wieder beisammen zu sein. Der Bussard und das Eichkätzchen aber wurden Freunde, und der Bussard bekam jeden Herbst viele, viele Nüsse.

Uwe Voorwold

Detektiv Yoost
Das Ungeheuer im Salatbeet

Ich heiße Yoost und bin sieben. Ich bin Detektiv.

Neulich lag ich in meiner Hängematte in unserem Garten. Ich hatte Ferien und erholte mich. Unter meiner Hängematte döste Winnetou. Das ist mein Hund. Er ist mein Partner.

Vor meiner Hängematte schlief Frau Holle. Sie hatte ihren Kopf unter einen Flügel gesteckt. Frau Holle ist eine schneeweiße Gans. Sie hat bereits zwei Weihnachtsfeste überlebt. Jetzt gehört Frau Holle zur Familie und ist Winnetous Freundin.

Plötzlich hörte ich Wiebkes Stimme hinter mir. Wiebke ist meine Freundin. Sie wohnt nebenan.

„Hallo, Yoost", sagte Wiebke.

„Hallo, Wiebke", erwiderte ich.

Wiebke setzte sich zu Winnetou ins Gras. „Ich brauche deine Hilfe, Yoost. Jemand treibt sich nachts in meinem Garten herum und frißt meine Salatköpfe kahl", sagte Wiebke.

Ich richtete mich auf. „Donnerwetter! Nachts! Hast du einen Verdacht?" fragte ich.

„Nein, nicht die Spur", stöhnte Wiebke.

Ich überlegte laut: „Der Salatfresser muß am Tage todmüde und satt sein – und nachts putzmunter und hungrig."

Wiebke fragte: „Kennst du jemanden?"

Ich schüttelte den Kopf. „Nein, ich kenne nur jemanden, der jetzt hungrig ist!"

„Und wen?" fragte Wiebke.

„Mich! Darum muß ich jetzt frühstücken. Danach komme ich zu dir, den Tatort zu besichtigen."

Ich ging in die Küche. Winnetou tapste hinter mir her. Ich schmierte mir ein Brötchen dick mit Erdnußbutter. Winnetou bekam auch einen Happen davon ab.

Gestärkt gingen wir aus dem Haus.

Wiebke stand im Garten. Sie hielt einen abgefressenen Salatstrunk in der Hand. „Hier, an dieser Stelle ist er gewachsen", sagte Wiebke traurig. Sie zeigte auf ein Loch im Sand.

Ich nahm Winnetou am Halsband. „Such, Winnetou! Such!" befahl ich.

Winnetou grub seine Nase in das Loch. Er schnüffelte. Sein Schwanz wirbelte dabei wie ein Propeller.

Auf einmal rannte Winnetou den Gartenweg entlang, die Nase dicht über dem Sand. Wiebke und ich flitzten hinterher.

Vor dem breiten Graben blieb Winnetou stehen. Der Graben war randvoll mit Wasser gefüllt. Er ist die Grenze zu unserem Garten. Winnetou schaute mir in die Augen und bellte.

„Hier ist die Spur zu Ende", sagte ich zu Wiebke.

„Dann muß der Salatdieb ja schwimmen können", staunte Wiebke.

„Oder er muß verdammt weit springen können. Weiter als wir", entgegnete ich.

Wir gingen zurück zum Tatort.

„Hast du schon einen Plan, wie wir den Dieb überlisten können?" fragte Wiebke.

„Ja", sagte ich. Ein guter Detektiv hat immer einen Plan. Und ich bin ein guter Detektiv. „Heute nacht lauern wir dem Dieb auf. Dort hinter den Tannen bauen wir mein Zelt auf. Da kann uns der Salatdieb nicht sehen. Wir aber sehen ihn schon von weitem", sagte ich.

Wiebke schaute zu den Tannen. „Du vergißt, heute nacht wird es sehr dunkel sein. Wie willst du den Dieb da erkennen?" wandte sie ein.

„Keine Sorge", sagte ich. „Ich habe eine starke Taschenlampe. Und ich nehme Mamas Fotoapparat mit. Der hat einen automatischen Blitz. Papas Fernglas bringe ich auch noch mit. Und wenn wir den Salatdieb schmatzen hören, dann ..."

In diesem Augenblick ging mir ein helles Licht auf. „Der Salatdieb ist ein Tier!" stieß ich hervor.

Wiebke schaute mich verdutzt an. „Das ist mir schon lange klar. Oder kennst du etwa einen Menschen, der Salat auf dem Feld nagt?"

Nun schaute ich verdutzt. Mir blieb die Spucke weg. Wiebke wäre eine ausgekochte Detektivin!

Nach einer Weile sagte ich: „Also abgemacht! Wir treffen uns hier nach dem Abendbrot. Und vergiß deinen Schlafsack nicht! Bis später!"

„Bis später!" sagte Wiebke.

Auch der beste Detektiv braucht manchmal Hilfe. Ich ging zu Tim. Er ist der Schlauste in der Klasse. Tim liest viel, darum weiß er viel. Vielleicht wußte er etwas über Salatfresser.

Ich klingelte.

„Hallo, Yoost! Was gibt's?" begrüßte Tim mich.

„Ich muß unbedingt etwas über Tiere wissen, die nachts Salat fressen", antwortete ich.

„Komm rein!" sagte Tim.

Er ging an sein Bücherregal. Er drückte mir ein Buch in die Hand. „Das ist ein Buch über Nachttiere. Schau einmal bei den Pflanzenfressern nach", sagte Tim.

Das war die Lösung! Der Dieb mußte ein Nachttier sein. Und ein Pflanzenfresser. Ich wußte es: Tim würde mir weiterhelfen!

Ich blätterte. Ich las. Bald wußte ich vieles über Nachttiere. Ich wußte, daß Katzen, Fledermäuse, Eulen, Uhus und Nachtigallen Nachttiere sind und keinen Salat fressen. Und ich wußte, auf welche Tiere Wiebke und ich achten mußten: Mäuse, Ratten, Schnecken, Hasen, Kaninchen, Rehe und Hirsche mögen gern Salat. Känguruhs auch. Aber auf die brauchten wir nicht zu achten. Die gibt es bei uns nicht.

Ich gab Tim das Buch zurück. Ich bedankte mich und ging nach Hause.

Vor dem Abendbrot kramte ich mein Zelt vom Dachboden. Danach bereitete ich meinen ersten Nachteinsatz vor.

Zuerst versorgte ich die Tiere. Ich füllte Frau Holles Futternapf mit Getreide, Brot und einem Rest Spaghetti. Ich stellte den Napf in den Garten und hielt Ausschau.

Von Frau Holle nicht die Spur. Allein Winnetou stromerte durch den Garten.

Ich ging zurück in die Küche. Ich nahm Winnetous Futternapf. Darin mischte ich Fertigfutter für Hunde mit Wasser.

Endlich war mein Magen an der Reihe. Mit Genuß verdrückte ich zwei Brötchen mit Erdnußbutter.

Für die Nacht schmierte ich mir ein Pizzabrot. Pizzabrot ist meine Erfindung. Auf eine Scheibe Weißbrot kommt erst Margarine, dann Salami, Schmelzkäse, Tomatenscheiben, Pizzagewürz und obendrauf Schwarzbrot. Schmeckt prima!

Winnetou tapste in die Küche. Er ist immer wild auf Pizzabrot.

Seltsam! Jetzt schnüffelte er nicht ein einziges Mal nach meinem Pizzabrot. Lustlos schlich er zu seinem Futternapf. Merkwürdig! Winnetou fraß nicht.

'Bestimmt ist Winnetou etwas auf den Magen geschlagen', dachte ich. Sollte Winnetou etwa Angst vor der Nacht im Zelt haben?

Ich packte das Pizzabrot, meine Taschenlampe, Papas Fernglas und Mamas Fotoapparat in meinen Rucksack.

Danach schrieb ich einen Brief.

Liebe Mama, lieber Papa!
Wiebke und ich übernachten heute in meinem Zelt. In Wiebkes Garten. Wir lauern dem Salatdieb auf. Macht Euch keine Sorgen. Winnetou ist bei uns. Bis morgen!

Viele Küsse
Euer Yoost

P.S. Ich habe Mamas Fotoapparat mit. Und Papas Fernglas.

Ich machte mich auf den Weg. Winnetou zottelte hinter mir her.

Wiebke wartete hinter den Tannen auf mich. Ruck, zuck war das Zelt aufgebaut. Dann krochen wir in unsere Schlafsäcke. Wir legten uns auf den Bauch. So konnten wir durch die Zeltöffnung die Salatköpfe sehen.

Winnetou streckte sich zwischen uns aus. Er legte seinen Kopf auf die Vorderpfoten und starrte nach draußen.

Nach einer Weile hob Winnetou den Kopf. Winnetou schnupperte.

„Da!" zischte Wiebke. „Da bewegt sich etwas!" Sie zeigte auf das Salatbeet.

Ich schaute durch Papas Fernglas. „Tiger!" raunte ich. „Es ist Tiger!" Tiger ist Wiebkes Kater.

Wiebke fragte: „Glaubst du, Tiger ist der Salatdieb?"

Ich setzte das Fernglas ab. „Nein", sagte ich. „Tim hat mir ein Buch gegeben. Und weißt du, was ich herausgefunden habe?"

Wiebke schüttelte den Kopf.

Ich fuhr fort: „Der Salaträuber muß ein Nachttier sein! Und ein Pflanzenfresser! Tiger ist zwar ein Nachttier, aber kein Pflanzenfresser. Er ist ein Fleischfresser."

Wiebke schaute mich ungläubig an und sagte: „Papa ist auch ein Fleischfresser. Sagt Mama jedenfalls! Und doch ißt er

Salat, nämlich zum Fleisch. Könnte es bei Tiger nicht genauso sein?"

Ich tippte an meine Stirn. „Tiger hat keinen Menschenmagen! Genauso wenig, wie dein Vater einen Katzenmagen hat. Glaub mir, Tiger frißt keinen Salat", entgegnete ich.

Tiger kroch tiefer und tiefer in das Salatbeet hinein. Plötzlich blieb er regungslos liegen. Er spitzte die Ohren.

Winnetou auch. Er erhob sich. Er streckte den Kopf aus dem Zelt.

„Platz!" zischte ich.

Winnetou legte sich wieder.

Da! Tiger sprang. Er landete auf einem Salatkopf.

Wiebke schrie: „Siehst du, er frißt Salat!"

„Quatsch! Schau, Tiger hat eine Maus gefangen. Wahrscheinlich hat die an deinem Salat genagt", sagte ich.

Wiebke fragte: „Was meinst du? Kann eine Maus einen ganzen Salatkopf verdrücken?"

„Niemals", antwortete ich.

„Und hundert Mäuse?" bohrte Wiebke.

„Die würden viele Salatköpfe anfressen und nicht nur einen. Nein, Mäuse kommen nicht in Frage", kombinierte ich.

Inzwischen hatte sich Tiger aus dem Staub gemacht. Ich entdeckte Tiger nirgendwo, selbst durch das Fernglas nicht. Dafür bemerkte ich etwas anderes. Meinen Magen nämlich. Salatbewachen macht hungrig!

Ich kramte mein Pizzabrot aus dem Rucksack. „Hast du Appetit auf Pizzabrot, Wiebke?" fragte ich.

Keine Antwort! Wiebke schlief. Winnetou auch.

Das Pizzabrot war ein Gedicht. Mit sattem Magen ließ sich der Salat viel leichter bewachen. Ich konnte ihn im Mondschein prima sehen, fünf Minuten lang – zehn Minuten lang – fünfzehn …

Als ich aufwachte, lag der Salat nicht mehr im Mondschein. Nein, jetzt lag der Salat im Sonnenschein.

Verschlafen riß ich das Fernglas vor die Augen. Was ich sah, machte mich im Nu putzmunter.

Ich rüttelte Wiebke wach. „Der Salatdieb war das!" brüllte ich.

Wiebke rieb sich den Schlaf aus den Augen. „Hast du ihn? Wer ist es?" gähnte sie.

„Weiß der Himmel! Wir haben alles verschlafen!" stöhnte ich.

Wir rannten zum Beet. Winnetou sprang vor uns her.

Wiebke beugte sich zu dem gerupften Salatkopf hinab. „So eine Gemeinheit!" fluchte sie.

Ich suchte nach Fußspuren. Ich sah nur welche von Winnetou, denn er rannte kreuz und quer und schnüffelte. Er wedelte dabei mit dem Schwanz und winselte freudig. 'Merkwürdig, so fröhlich winselt Winnetou sonst nur, wenn er einen Freund begrüßt', dachte ich.

Wiebke fragte: „Warum zum Teufel hat Winnetou heute nacht nicht gebellt? Er muß den Salatdieb doch gehört haben! Oder – sollte Winnetou gar der Dieb sein?"

„Unmöglich! Winnetou haßt Grünzeug. So hungrig kann er gar nicht sein. Vielleicht hat er ja gebellt. Und wir haben es nur nicht gehört", erwiderte ich.

Wiebke zog den Salatstrunk aus der Erde. „Wenn das so weitergeht, ist mein Beet bald leer", sagte sie traurig.

Ich tröstete sie. „Heute nacht legen wir uns noch einmal auf die Lauer. Und dann schlafe ich nicht ein. Denn ich werde heute den ganzen Tag über schlafen. Wir packen den Gauner!" Ich sagte es mit harter Stimme. So wie der Kommissar im Krimi vorgestern, als ihm der Autoknacker entwischt war.

Zu Hause verdrückte ich drei Teller Haferflocken mit Zucker

und Milch. Danach stellte ich Frau Holle und Winnetou das Futter auf den Rasen. Ich hangelte mich in meine Hängematte. Ich brauchte Ruhe.

Winnetou trottete heran. Er schnupperte in Frau Holles Futternapf herum. Dann beobachtete Winnetou mich. Ich beobachtete ihn. Darauf zuckelte er zu seinem Napf und fraß lustlos. Dabei schielte Winnetou immer wieder zu Frau Holles Napf.

Frau Holle hockte die ganze Zeit über im Gras. Frau Holle schlief. Hatte sie keinen Hunger auf ihr Frühstück?

Ich verschlief den Tag in der Hängematte. Am Abend war ich putzmunter. Ich stopfte zwei Pizzabrote in meinen Rucksack.

Danach schrieb ich einen Brief.

Lieber Papa! Liebe Mama!
Gestern haben wir den Salatdieb verpennt. Wiebke und ich legen uns noch mal auf die Lauer. Winnetou ist mit. Morgen früh bin ich zurück. Mit Papas Fernglas und Mamas Kamera.
Viele Küsse
Euer Yoost
P.S. Macht Euch keine Sorgen!

Winnetou und ich marschierten los. Wiebke lag bereits in ihrem Schlafsack. Winnetou und ich machten es uns ebenfalls gemütlich.

Wir lauschten. – Wir warteten. – Es wurde finster.

Plötzlich hörten wir etwas. „Rupf! Rupf! Rupf!" – Das kam aus dem Salatbeet.

„Horch! Der Salatdieb!" flüsterte Wiebke.

Ich grabschte das Fernglas. Ich schaute hindurch. „Verdammt dunkel heute. Ich kann nichts erkennen. Komm, wir schauen nach!" tuschelte ich.

Wiebke griff meine Hand. „Um Himmels willen! Ich habe Angst! Vielleicht ist es ein Wildschwein! Oder ein Hirsch – oder gar Bauer Grootes Bulle!" bibberte Wiebke.

„Dann geh' ich allein", raunte ich. Ich kroch aus meinem Schlafsack.

Wiebke umklammerte mich. „Bitte, bitte, bleib bei mir! Ich sterbe sonst vor Angst. Schick Winnetou hin!"

Das hielt ich für eine gute Idee. Ein schlauer Detektiv begibt sich nie unnötig in Gefahr. „Winnetou, fang! Fang den Dieb!" zischte ich und zeigte auf das Salatbeet.

Das ließ sich Winnetou nicht zweimal sagen. Schwupps, war er draußen und in der Dunkelheit verschwunden.

Wiebke und ich lauschten. Wir starrten in die Finsternis. Kein Laut! Kein Kampfgetümmel! Kein Hundegebell!

Doch horch! Da war es wieder! „Rupf – rupf – rupf!"

Wiebke umklammerte mich noch fester. Sie wimmerte: „Du hast unrecht! Der Salatdieb ist ein Fleischfresser! Bestimmt hat er Winnetou verschluckt, und darum hören wir nichts mehr von ihm. Und zum Nachtisch schmatzt das Ungeheuer Salat. Wie Papa zum Braten."

„Quatsch!" zischte ich. „Hast du hier schon mal ein Tier gesehen, das einen Jagdhund verschlucken kann? Nur Krokodile können das. Aber die gibt es hier ja wohl nicht – oder? Aber warte, gleich wird der große Unbekannte im Hellen stehen!"

Ich kramte meine Taschenlampe aus dem Rucksack. Das war nicht leicht, denn Wiebke hing an mir wie eine Klette. Ich zielte mit der Taschenlampe auf das Beet. Ich knipste sie an. – Verdammt! Immer wenn ich sie dalli-dalli brauchte, leuchtete sie nicht.

Ich grapschte Mamas Kamera. „Ich schieße sofort ein Beweisfoto! Mit Blitz! Schau zum Beet! Vielleicht erkennst du den Gauner", raunte ich.

Ich drückte den Auslöser. Klick! Blitz!

„Flapp-klapp, flapp-klapp! Flapp, flapp, flapp" tönte es aus der Finsternis. Flatterte da ein Laken im Wind? Ein Gespensterlaken?

Ich drückte den Auslöser noch einmal. Klick! Blitz!

Und dann bellte Winnetou. Das klang nicht die Spur böse! Nein, er freute sich. Hatte ihn das Ungeheuer ausgespuckt?

„Hast du etwas erkannt, Wiebke?" fragte ich.

„Nein, nicht die Bohne! Die Blitze waren viel zu kurz", stammelte Wiebke.

Ich krabbelte aus dem Zelt. Ich nahm meinen ganzen Mut zusammen und schlich in das Salatbeet hinein.

Fast wäre ich über Winnetou gestolpert. Er lag vor einem gerupften Salatkopf, schnupperte daran und wedelte dabei mit dem Schwanz. Ich schaute mich um. Von dem Salatdieb nicht die kleinste Spur!

Jemand tippte mir auf die Schulter.

Ich fuhr herum. „Wiebke! Hast du mich erschreckt!" keuchte ich.

„Du hast ja auch Angst!" lachte Wiebke.

Wir hockten uns hin. Wiebke zog den abgefressenen Salatkopf aus dem Sand. Sie fragte: „Warum hat Nick Knatterton den Dieb nicht ausgebellt? Warum hat er ihn nicht gepackt?"

Ich zuckte mit den Schultern. „Weiß der Teufel! Aber wenn wir Glück haben, ist die Lösung auf dem Film. Gleich morgen lasse ich ihn entwickeln."

Nach dem Frühstück steckte ich den Film in die Hosentasche. Ich rannte zu Herrn Meyer. Der ist Fotograf. Er hat eine irre Maschine. Die entwickelt rasend schnell und spuckt die Bilder ruck, zuck aus.

Als erstes kam meine Oma aus der Maschine. Natürlich nicht in echt, sondern auf einem Foto! Dann kamen viele Fotos von meiner Geburtstagsfeier. Und dann endlich spuckte die Maschine sie aus – meine beiden Beweisfotos.

Was sie zeigten, verschlug mir die Sprache. Ich mußte die Fotos sofort Wiebke zeigen! Ich bezahlte in Windeseile und flitzte los.

Wiebke harkte das Salatbeet.

„Wiebke! Wiebke! Ich hab' den Salatdieb!" brüllte ich schon von weitem und wedelte mit den beiden Fotos.

Wiebke rannte mir entgegen.

„Schau nur!" keuchte ich und streckte ihr die Fotos entgegen.

Wiebke starrte auf die beiden Bilder. Ihre Augen wurden immer größer. Nach einer guten Weile stammelte sie: „Ich bin platt! Nein, Frau Holle eine Salatdiebin! Darauf wäre ich nie gekommen. Hast du nicht gesagt, es müßte ein Nachttier sein, Yoost?"

Ich zuckte mit den Schultern. „Okay!" sagte ich. „Jeder Detektiv irrt sich mal. Aber endlich weiß ich jetzt, warum Frau Holle am Tag so oft schläft."

Bald wußten Wiebke und ich noch mehr. Auf dem Foto nämlich flog Frau Holle fort. Nun wußten wir, was wie ein Laken im Wind geknattert hatte. Frau Holles Flügel. Ganz klar!

Und wir wußten, warum Nick Knatterton nicht gebellt hatte. Auf dem Foto lag er friedlich neben Frau Holle im Beet. Welcher Hund verbellt schon seine Freundin?

„Aber eines wissen wir nicht", sagte Wiebke. „Warum räubert Frau Holle auf einmal in meinem Garten? Das hat sie doch sonst nicht getan."

Ich überlegte. Gedanken schossen mir durch den Kopf: Winnetou schnupperte in Frau Holles Futternapf – Winnetou beobachtete mich dabei – Winnetou hat wenig Appetit auf Hundefutter. Mir ging ein Licht auf. Ich sagte: „Ich hab' da einen Verdacht. Ich glaube, ich weiß, wo der Hase im Pfeffer liegt. Komm heute abend um sechs zu mir!"

Ich ging nach Hause.

Wiebke war pünktlich. Wir gingen in die Küche.

„Ich tippe, der Hase liegt hier", sagte ich und zeigte auf die beiden gefüllten Futternäpfe. „Und nun stelle dich ans Fenster und paß gut auf!"

Ich schnappte die beiden Futternäpfe. Ich huschte in den Garten und stellte sie auf den Rasen. Ich schaute mich um. Winnetou döste unter meiner Hängematte, Frau Holle hinten im Garten.

Ich flitzte zurück in die Küche. Wiebke und ich lugten hinter der Gardine nach draußen.

Winnetou erhob sich. Er schnupperte. Und dann stürmte er los – direkt auf die Futternäpfe zu. Happ, happ, happ – ehe Frau Holle sich erheben konnte, war ihr Futternapf leer. Nun trollte Winnetou lustlos zu seinem Napf, schnupperte an seinem Futter und zog ab.

Wie ein Pfeil schoß Frau Holle herbei. Halb flog sie, halb rannte sie, nur ihre Fußspitzen berührten den Boden. Verdutzt schaute Frau Holle in ihren Napf. Gierig pickte sie die wenigen Krumen heraus. Dann tauchte sie ihren Schnabel in Winnetous Futter. Frau Holle schüttelte sich. Hundefutter ist nun mal nichts für Gänse. Behäbig watschelte Frau Holle in die hohe Wiese und fraß Gras.

Ich sagte zu Wiebke: „Ich hab's geahnt! Und ich habe mich gewundert, warum Winnetou tagelang sein Fressen stehenließ!"

Wiebke war außer sich: „Und die arme Frau Holle mußte hungern!"

„Und machte sich über deinen Salat her", ergänzte ich.

Wiebke überlegte. „Rührst du Winnetou immer nur Fertigfutter an? Morgens wie abends? Tag für Tag? Woche für Woche?"

Ich nickte.

Wiebke stemmt die Hände in die Seiten und schimpfte: „Yoost, du Faulpelz! Du machst es dir damit aber wirklich sehr leicht! Stell dir vor, du bekämst nichts als Pizzabrot! Würde dir das schmecken?"

Ich schüttelte den Kopf.

Wiebke holte tief Luft. „Na, siehst du? Damit ist ja wohl klar, wer schuld an den abgenagten Salatköpfen ist!"

Ich schaute Wiebke gespannt an.

„Du, Yoost! Du und deine Faulheit, Winnetou ab und zu etwas anderes als Fertigfutter zu geben. – So! Und jetzt gehe ich in meinen Garten und pflücke für Frau Holle den größten Salatkopf."

Wiebke verschwand aus der Küche.

„Das war allerbeste Detektivarbeit!" lobte ich mich. Ich öffnete den Kühlschrank und holte Margarine, Schmelzkäse, Tomaten und Salami heraus. „Allerbeste Detektivarbeit macht hungrig!" stöhnte ich und schnitt vier Scheiben Weißbrot ab.

Jutta Walther

Und sie leben doch

„Der Dino und der Daktylos,
an Körpermaßen riesengroß,
sie leben!
Sie leben, völlig unerkannt,
in einem fremden, fernen Land."

So stand es, schwarz auf weiß,
im Nachlaß eines Malers.
Und wenn man nur gut suche,
wie er's in seinem Buche
beschrieben und gezeichnet weiß,
„eine jede Frau und jeder Mann
sich gerne überzeugen kann".

Schnell drang die Kund'
von diesem Fund
in aller Welt Gazetten.
Die Wissenschaft war hell entzückt
und schon mit Eifer ausgerückt.
Man reiste an, von nah und fern,
mit Kameras und Feldstechern,
um ihn, den längst Vergessenen,
in Urzeiten Bemessenen,
den Archä- und den Opterus,
aus allernächster Nähen
mit eignen Augen zu bespähen.

Auch der Professor Eugen Schlichten
wollt' sich von diesen Dingen,
die nach und nach zu seinen Ohren dringen,
ganz gerne selber unterrichten.
Er bildete drum auf der Stelle
ein Komitee, das auf die Schnelle
genauestens erforschen sollt',
daß nicht, wie längstens angenommen,
von prähistorisch' Leben
nur Knochen soll's noch geben.
Er selbst, längst war berühmt sein Name,
bestimmt' sich dann als Leiter
der Expedition.
Und von der Zeitung Mister Reiter,
der Abenteuer sucht' und Sensation,
war mit von der Partie –
mit frisch gespitztem Block!
Und dann ein Schock:
Da war noch eine Dame,

die sich mit Koffern und mit Schachteln
der Expedition anschloß.
„Ich reise mit als Fotografin.
Ich heiße Kläre Meier!"
'O Gott!' dacht' der Professor,
'was will sie nur mit Hut und Schleier?'

Nach einer Fahrt von vielen Tagen
erreichten sie mit ihrem Schiff
das Land, von dem der Maler sprach.
Jetzt gab es kein Zurück!
Auch nicht für Jim,
den blinden Passagier,
der endlich hier,
im fremden Hafen,
nicht mehr in Kisten mußte schlafen
und nun im Tageslicht erschien.
„Ich will euch helfen!" sagte er.
„Und außerdem
sind kleine Leute, so wie ich,
ganz brauchbar dann und wann.
Das werdet ihr schon sehen."

„Was soll's", sprach der Professor
und trieb zur Eile an.
„Wir werden jetzt nicht fluchen.
Ein jeder Mann ist recht,
wenn er nur helfen kann,
um nach dem Land, dem tollen,
dem überaus geheimnisvollen,
gemeinsam nun zu suchen."

Es ging, bepackt bis untern Kragen,
mit Kanus einen Fluß hinunter.
Doch erst nach neunzehn langen Tagen –
sie dachten schon, total verwirrt,
sie hätten sich im Flußsystem verirrt –,
da tauchte auf, o welch ein Wunder,
der Berg, aus Steinen aufgeschichtet,
wie es der Maler hatt' berichtet.
„Hier geht es weiter", sagte barsch
der Herr Professor zu Herrn Reiter
und befahl, mit Sack und Pack,
zu Fuß ab jetzt den Marsch.
„Uff!" stöhnte da das Fräulein Klär'.
„Das ist nicht fair
und ungewohnt!"
Da, fern am Horizont tauchte,
jenseits vom hohen Steppengras,
ein Bergesrücken auf,
ein flacher, breiter.
„Gebt Gas!"
rief der Professor. „Weiter!"

Es dachte still bei sich Herr Reiter:
'Ob dort wohl so ein Tierchen wohnt?'

Ach, welch ein Raunen,
welch ein Staunen,
als sie die Berge hinter sich gebracht
und jeder diesen Urwald sah!
„Wie paradiesisch,
ach, wie traumhaft!"
rief Fräulein Klär'

und bat die Mannschaft
vor die Kamera.

„Schaut her! Schaut doch in diese Richtung!"
Der Professor strebte zu der Lichtung,
wo Jim schon staunend um sich blickte.
„Ja, ja", da der Professor nickte.
„Von diesen himmelhohen Bäumen
manch Paläontologen träumen.
Vom aquilinum pteridum,
vom pinus strobus maximum.
Auch so herrliche Filicopsida
ich schon lange nicht mehr sah.
Equisetum maximum!
Orchideen!
Kolbenbärlapp!
Und von allem nicht zu knapp!
Hier Schachtelhalm!
Vom Farn nur Riesen!
Tage könnt' ich das genießen!"
rief der Professor Schritt für Schritt.
Und Jim notierte eifrig mit.

Mit breiten Schwingen, endlos schier,
ein großes Tier
hoch über ihnen schwebte.
„Ein Storch!" rief Fräulein Kläre bloß.
„Nein, nein! Ein –
Pterodaktylos!"
Und des Professors Stimme bebte.
„Ein Flugsaurier!" meinte Herr Reiter.
Mit frischem Mut ging es dann weiter.

„Ein Paradiesvogel, ein weißer!
Seid doch ein kleines bißchen leiser!"
rief Fräulein Klär'.
„Und bitte sehr,
jetzt nicht bewegen!
Die Fotos sollen doch belegen,
daß wir auf dieser langen Tour
den Urwelten sind auf der Spur!"

„Manche Leute meinen",
und des Professors Augen wurden schmal,
„daß zwischen tiefem Staub und Steinen
in einem trockenen Flußtal
nichts ist, was von Bedeutung."
Dann – eins, zwei, drei –
hielt er ganz einwandfrei
vom Pterohypsilophodon
in seinen eignen Händen schon
'nen Wirbel vom Genick.
Das war ein großer Augenblick.
Nach vielen Wochen
nun d e r Knochen,
verblüffend groß
und echt grandios,
von einem Herrscher dieser Erde.
„Es gibt sie noch! Und ich, ich werde
wohl nicht eher Ruhe haben,
bis wir mit meinen Forschergaben
den Sauriern, die hier noch leben,
zu Land, zu Wasser und im Wind,
auf die Spur gekommen sind."

Und immer noch war da der Urwald
mit Zauber und mit Artenvielfalt,
Vegetation noch unbekannt
und von der Forschung unbenannt.
Mit seiner Lupe jedem Ding,
gerade war's ein Schmetterling,
Herr Schlichten auf die Pelle rückte.
Und als er sich dann einmal bückte,
fiel er in eine Höhle runter!
„Herr Professor! Sind Sie munter?"
„Gespenstisch zwar, weil ohne Licht!
Ihr seht die Fledermonster nicht!
Hochinteressant!" hört' man ihn sagen.
„Es sollt' nicht so wild um sich schlagen!
Wenn ich nur meine Brille fände!"
Doch dann stieg er heraus behende
und meinte nur:
„Von Schmerzen find' ich keine Spur.
Eines find' ich jammerschade:
daß von diesem Tier gerade
nicht e i n Foto schoß das Fräulein Klär'!
Das bedaure ich gar sehr."
Unser Reporter seufzte: „Ach!
Jetzt macht nicht wieder solchen Krach.
Ich kann hier nichts als schreiben, schreiben,
muß ständig bei der Gruppe bleiben
und würde doch so gerne
mit der Zentrale in der Ferne
telefoniern, nur hie und da …"
Schon wieder hieß es da:
„O Freud und Wonne!"
Es lag ein Knochen in der Sonne!

„Das ist doch ganz gewiß
der linke Knochen vom Gebiß
von einem Brontodaktylos!
Ein schnelles Tier, gewaltig groß.
Ein Sechsfachelefantkoloß!"

Der kleine Jim fand keine Ruh'.
Des Nachts macht' er kein Auge zu.
'Du selbst jetzt mal was finden mußt',
riet ihm die Abenteuerlust.

So zog's ihn nächtens immer fort.
Und an einem düstern Ort
sah er im Urwalddunkeln
zwei Augenpaare funkeln.
Dann hörte er ein gräßlich Wimmern.
„Verdammt, da muß ich mich drum kümmern!"
Und als ein Tier nun leise schnaubte,
Jim sich ziemlich sicher glaubte.
Ein krankes Tier! Zwölf Meter lang!
Jim war wirklich nicht mehr bang,
nur Farn mußt' er zur Seite biegen:
Das Tier, o welch ein Jammerbild,
rollte nur die Augen wild
und blieb einfach liegen.
„Ich hol' gleich den Herrn Schlichten!
Das muß ich ihm berichten!"

Und in des frühen Morgens Helle
zurück sie eilten zu der Stelle,
die Jim ihnen beschrieb.
„Es ist ganz lieb!

So kommt doch her!
Es leidet nämlich wirklich sehr.
Schaut nur!
Hab' ich zuviel versprochen?"

„Du lieber Himmel!" rief Herr Schlichten.
„Das müssen wir der Welt berichten!" –
als plötzlich kam hervorgekrochen
ein Kind von nicht sehr vielen Wochen,
ein Küken klein,
ein winziges Saurierlein.

„Deiner armen, kranken Mutter
muß man helfen – mit Grünfutter.
Und an dich wird auch gedacht,
nicht wahr, das wäre doch gelacht,
wenn hier die Wissenschaft
nicht Wunder hätt' vollbracht!"

Und es verging kein einz'ger Tag,
an dem Herr Schlichten
nicht streifte durch den Wald,
den dichten.
Er suchte Kraut, das heilen mag.
Man sah ihn über Büchern brüten,
alsdann mit Topf und Feuer wüten.
Doch schließlich, nach so vieler Mühe,
gelang ihm eine heilsam Brühe.
„Krank sind sie, die armen Viecher!
Doch ich, ich hab' den richt'gen Riecher:
Mit diesem prähistorisch' Kraut
ist ihre Kraft schnell aufgebaut.

Gebt dieses Heilgetränk der Mutter.
Und ein bißchen von dem Futter."
Den Rest von allen diesen Dingen
ließ er in den Urwald bringen,
wo noch viele Kranke lagen.
„Auch sie, sie sollen nicht verzagen!
Alles andre dann vollbringt die Zeit.
Tja – nun ist es auch soweit,
daß wir selbst uns machen fit."
„Das Küken", rief das Fräulein Klär',
„das ist nicht schwer.
Das nehmen wir ganz einfach mit!
Denn schließlich muß man ja beweisen,
daß man nicht war auf Urlaubsreisen."
„Und daß ein Kleinperanodon
nicht vor einer Jahrmillion
von der Erde ist verschwunden",
ergänzte schnell Herr Reiter.
Und Jim rief:
„Wir, wir haben ihn gefunden.
Zu Hause sicher keiner lacht!"
„Das hat die Wissenschaft vollbracht",
meinte bescheiden der Professor hier
und betrachtete das Tier.
„Trotz mancherlei Gefahren –
s i e   konnt' 'ne Spezies vorm Untergang bewahren!"

Sie reisten ab, und das voll Stolz,
durch des Urwalds Unterholz.

Die Nachricht vom Pteranodon
war in Windeseile schon

im ganzen Land verbreitet.
Als dann, dank Mister Reiter,
kurz drauf in den Gazetten
und auch in allen Hochglanzblättern
vom Schicksal der Daktylen
man lesen konnt',
landab, landauf,
da strömten her die Leut' zuhauf.
Man wollte nur befühlen
und wie so gern die Frauchen
ein „Ach, wie süß!" hinhauchen.
Kein Marabu!
Kein Pelikan!
Ein Urtier! Darauf kam es an.

O doch, es gab auch solche Leute,
die klug nur Beifall zollten,
die nichts als loben wollten.
„Dank an Professor Schlichten!"
Doch der wehrt' ab:
„Mitnichten.
Expeditionen
allein schon lohnen
all die Gefahren,
wovon mich keine,
auch nicht mal eine,
bis heute reute,
ihr lieben Leute."

Edda Zänkert

Der kleine Löwenzahn

Der kleine Löwenzahn stand fest verwurzelt und gut geschützt auf der großen Wiese, direkt neben dem Rankenbaum. Er war ein richtiger, fertiger, ausgewachsener Löwenzahn. Das bedeutete: Er besaß die zahngezackten Blätter, die wie das Gebiß eines Löwen aussahen, in der Mitte war sein Stengelchen und darauf das Allerwichtigste: seine gelbe Blüte!

Bestimmt, er war fix und fertig.

Fix und fertig, aber trotzdem noch nicht zufrieden. „Ich will fliegen!" rief er plötzlich, „nichts als fliegen. Wie die Schmetterlinge im Sonnenschein. Was Schmetterlinge können, das will ich auch."

Dabei drehte er seine gelbe Blüte schnell nach links und auch nach rechts, und seine zahngezackten Blätter stellte er rundherum auf.

„Fliegen, das wär' ein Spaß! Fliegen!" rief der Kleine, und bis in die letzte Ecke des Gartens war es zu hören.

„Sei still", mahnte ihn seine Freundin Zähnchen, denn für jeden ausgewachsenen Löwenzahn gehörte es sich, auch eine Freundin zu haben, „du weckst mir noch alle anderen auf, und wer weiß, was dann passiert."

„Ich will aber fliegen. Ach, wär' das ein Glück!" Der kleine Löwenzahn fächerte mit seinen Zackenblättern auf und ab, geradeso, wie er es bei den Schmetterlingen gesehen hatte.

„Nicht so laut! Nicht so laut!" schüttelte sich Zähnchen, „weh dem, der soviel Lärm macht. Und außerdem: Jeden Tag willst du etwas anderes."

„Ach", seufzte der Kleine, „aber nichts möchte ich lieber als fliegen."

„Fliegen?!" wunderte sich jetzt der Fingerhut, „da könnte ja jeder kommen."

„Fliegen? Wenn das nun alle machen würden?" empörten sich aufgeschreckt die Erdbeerpflanzen.

„Fliegen? Das ist hier noch niemals vorgekommen", stellten schnell die Rhabarberpflanzen fest.

„Aber, aber, was werden dann die Nachbarn denken?" fragten die schüchternen Gänseblümchen. Sie wuchsen bereits überall auf dem Rasen. Es ist nämlich folgendermaßen geregelt: Wo erst einmal ein Gänseblümchen wächst, da wachsen bald auf geheimnisvolle Art und Weise viele, und keiner weiß richtig, warum.

Endlich kam der laue Wind aus den Wolken herab. „Wohin willst du denn fliegen?" raunte er flüsternd dem kleinen Löwenzahn zu.

„Na, kreuz und quer über den Rasen. Juhu!" antwortete er.

„Kreuz und quer? – Dann laß mich das nur machen."

Der Flüsterwind zipfelte und zog an der gelben Blüte des Löwenzahns. Er zerrte und zauste, er blies mit seinen dicken Backen kräftig hinein.

Und als nach einer Weile die beiden zufällig ihr Bild in einer Wasserpfütze sahen, da war der Schreck riesengroß. „Oh, was ist denn nun passiert? Wie sehen wir jetzt aus? Wo ist meine schöne gelbe Blüte geblieben? Meine Frisur! Oh, meine Tolle! Was ist das für ein schweres Leben, das Löwenzahnleben. So ein Kreuz!" lamentierten sie.

„Schscht!" blies der Wind, „seid still und geduldet euch. Anders geht es wirklich nicht."

Vorbei und dahin.

Die schönen gelben Blüten waren inzwischen – tat das der Wind? – zu runden Schirmchenfederkugeln geworden. Filigran, zart und unglaublich leicht.

„Schscht!" machte wieder der Wind, „so muß es sein. Das ist seit ewigen Zeiten genau so vorgeschrieben."

Und als er das nächste Mal hineinblies, da wirbelte er die Federkugeln auf. So sehr, daß sie hoch in die Luft flogen.

Tatsächlich: Sie wirbelten und tanzten und flogen über den Rasen. Kreuz und quer.

„Hurra! Hurra! Wir können fliegen! Wir können fliegen!" jubelten Löwenzahn und seine Freundin. „Seht nur, seht alle her, Fingerhut, Erdbeerpflanzen, Rhabarber, alle, seht, unsere Federchen können fliegen! Jetzt ist es richtig. Ist das schön! Hui, macht das Spaß!"

Nach einiger Zeit waren die Federchen müde, fielen auf den Rasen und wurzelten sich schnell ein.

„Löwenzähnchen", fragte er seine Freundin, „ob die anderen auch fliegen können, wenn sie es nur richtig wollten?"

„Nein", sagte sie, „das glaube ich nicht. Ich habe es jedenfalls noch niemals gesehen."

„Aber wir machen das bestimmt bald wieder. Juhu!" ergänzte der Freund.

Jedoch, was soll man dazu sagen: Im nächsten Frühjahr wuchsen überall auf dem Rasen, man höre und staune, kleine gelbe Löwenzähnchen. Es war wie ein Wunder.

Nicht nur Gänseblümchen gab es, nein, denn auch bei Löwenzahns ist es folgendermaßen geregelt: Wo erst einmal einer angetroffen wird, da gibt es auf geheimnisvolle Art und Weise bald zwei oder drei und dann noch mehr und schließlich viele, so viele, daß man sie nicht mehr zu zählen vermag.

Die kleine Hexe

Um das Maß übermäßig voll zu machen, kam in der Walpurgisnacht eine Hexe durch die Luft geritten.

Sie ritt auf einem Buchsbaumbesen, und sie ritt sehr schnell, denn sie war auf der Suche nach ihrem eigenen, persönlichen Berg.

Jede Hexe braucht nun mal ihren eigenen, persönlichen Berg! Und in der Walpurgisnacht, da weiß man wirklich nie, was so alles geschehen kann.

Das Hexlein trug einen grünen und einen roten Strumpf, das gehörte zu ihrer Berufskleidung, sowie ein kunterbunt gemustertes Kleid und einen langen Rock mit Fransen. Sie hatte sich einen wärmenden Umhang um die Schultern gelegt, denn in den hohen Lüften ist es stets sehr kalt und zugig. Aber der Umhang war bestickt mit goldenen Sternen und silbernen Monden, und das gehörte sich auch so für einen Umhang, den eine kleine Hexe trug.

Sie war aufs beste ausgestattet, ritt lustig pfeifend drauflos, sah unter sich Städte, Dörfer und Felder, Flüsse und Wälder in friedlicher Ruhe und entdeckte plötzlich einen großen, träumenden Garten.

'Aha', dachte die Hexe, 'mal sehen, was sich dort machen läßt.' Sie drehte noch einmal einen weiten Bogen, fegte mit dem Besen, dem Buchsbaumbesen, durch die Wipfel der Kiefern und landete schließlich auf einem Riesenwiesenhügel. Hexen landen immer auf einem Riesenhügel oder auf einem Berg, eben deshalb, weil wie gesagt jede Hexe ihren Berg braucht.

Der Riesenhügel erschrak, als das Hexlein auf ihm landete. Das muß man einfach verstehen, denn niemals zuvor war ihm so etwas passiert.

Mit dem Riesenwiesenhügel erschraken sich auch der Fingerhut, die Erdbeeren, die Ringelblumen, der Rhabarber, der Farn, die Mohrrübenpflanzen und die Kartoffelpflanzen. Aber am meisten erschrocken war der Fingerhut: er war der Größte, und deshalb stand ihm auch der größte Schrecken zu!

Nur der Haselstrauch erschrak nicht, er war eben immer ein Kontrahent.

Walpurgisnacht!

Die Pflanzen und Pflänzlein hielten sich mit ihren Füßen, genannt Wurzeln, an der Mutter Erde fest und warteten gespannt darauf, was nun geschehen würde.

Sachen, an die man kaum zu denken wagt, passieren in der Walpurgisnacht. Oh!

„Schöne gute Nacht! Einen hübschen Berg habt ihr hier", lachte die kleine Hexe, „so richtig geeignet für mich. Potz Walpurgis! Wer wohnt hier noch?"

Die Erdbeeren und Mohrrüben sahen sich betreten an.

Und das Mondlicht schien ganz besonders.

„Wenn hier keiner weiter wohnt, dann gehört der Berg jetzt mir, doch ihr könnt bleiben", erklärte die Hexe. Und zum Zeichen, daß der Berg jetzt richtig ihr gehörte, klopfte sie dreimal laut mit ihrem Buchsbaumbesen, denn das ist das Zeichen dafür, daß eine Hexe ihren eigenen Berg in Besitz genommen hat.

„Geschafft", sagte sie, „und jetzt werd' ich euch zeigen, was heut alles möglich ist."

Sie beschrieb mit ihren Armen einen weiten, kreisrunden Bogen, rief wieder „Potz Walpurgis!", und – lag es an der Zaubernacht, lag es am Mondlicht, wer will das wissen? – ein Brausen durchfuhr den Garten! Es krachte! Es blitzte! Und – puff! – war der ganze Garten in ein zauberhaftes Licht getaucht. Das Licht aus einem Regenbogen, der aus tausend, nein, vielen tausend bunten, glitzernden Sternen bestand. Sternschnuppen fielen herab. Oh, wie viele!

Und nochmals und wieder beschrieb die Hexe den Zauberkreis und jubelte: „Potz Walpurgis!"

Neue Sterne wurden geboren.

War das ein Wunder?

Nein, es war Zauberkunst!

„Ihr müßt euch schnell etwas wünschen. Wer jetzt einen Wunsch äußert, dem geht er in Erfüllung", rief die Zauberin.

Da wünschte sich der Fingerhut blaue Glöckchen, die Mohrrübenpflanzen Rüben, die Kartoffelpflanzen Kartoffeln, die Rosen Knospen und Blüten, und die junge Birke wollte wachsen, ganz schnell wachsen.

Nur der Haselstrauch fragte: „Wo bleibt die Realität?" und revoltierte und wünschte sich nichts.

Und es war noch nicht ein Uhr in dieser Nacht, denn man muß wissen: Um ein Uhr hört jeder Walpurgisnachtzauber unweigerlich auf.

Während jedoch alle ihre Wünsche sagten und nach und nach erfüllt erhielten – der Fingerhut bekam die blauen Glöckchen, die Mohrrüben die Rüben, bei den Kartoffeln trieben die Knollen, bei den Rosen die Knospen, und die kleine, junge Birke wuchs und wuchs, immer dem Regenbogenlicht entgegen –, machte plötzlich die kleine Hexe: „Ach! Jetzt hab' ich ganz und gar vergessen, wie es weitergeht. Der Zauberspruch soll ja einen ganz tollen Schluß haben. O je, o je, ich hätte vielleicht doch den Fortbildungskurs besuchen sollen."

Jetzt aber schlug es zwölf.

Der Regenbogen mit allen seinen bunten Sternen erlosch.

„Was wird mit uns?" fragten die Blumen und Pflanzen die Hexe.

„Na, wir machen eben morgen weiter", antwortete sie, setzte sich auf ihren Buchsbaumbesen und entschwand, wie sie gekommen war, durch die Lüfte.

Aber am nächsten Tag kam die Hexe nicht und auch nicht am übernächsten Tag.

Lange Zeit warteten sie.

Eines Tages wurde ihnen das Warten zuviel, sie strengten sich mächtig an und wuchsen allein weiter.

Nur die Birke tat nichts. Sie blieb bis heute ein bißchen krumm, so wie sie gerade gewesen war, als der große Sternenbogen erlosch.

Aber eben nur bis heute, denn gerade heut hat ihr der alte Kontrahent, der Haselstrauch, gesagt, daß es ein ganzes Jahr dauert, ehe für die Hexen der nächste Tag beginnt. Wie lange würde wohl dann erst ihr Fortbildungskurs dauern?

Jedenfalls gab der zarten Birke diese Auskunft sehr zu denken.

Der Bruderzwist

Jemand erzählte zuerst davon:

Es gab eine Zeit, da lebte im Lande des Riesen Kolimar ein stinkfauler Kaufmann, der, nicht nur, daß er eben stinkfaul war, auch allen Leuten aus reiner Bosheit an allem und jedem die Schuld gab. So biestig war er.

Doch weil er wie gesagt so faul war, war er auch bald für die Schuldschieberei zu faul und holte sich für Geld Schuldschreier ins Land. Ungefähr sechs oder sieben. Genau weiß man das nicht mehr, denn wenn sie schrien, dann war das so laut, daß es nicht zum Aushalten war und daß man sich die Ohren und auch die Augen zuhalten mußte: sie waren nicht nur laut, sondern darüber hinaus gräßlich anzusehen.

Aber sie schrien immer dasselbe: „Du bist schuld! Du bist schuld!" Nein, man konnte sie nicht voneinander unterscheiden und somit auch eben nicht zählen. Und weil sowieso jeder an allem und jedem schuld sein sollte, muß im einzelnen nicht erwähnt werden, woran.

Die Schuldschreier besaßen etwas wie Riesenschwingen; wenn sie mit diesen über Land fledderten, wirbelten sie selbst den ururältesten Staub und Dreck auf, und dazu schrien sie wieder: „Du bist schuld! Du bist schuld!"

Sie hatten etwas wie Riesenschnäbel; damit hackten sie auf Mensch und Tier ein, sobald jemand in ihre Nähe kam. Dort, wo Mensch und Tier ein Gesicht haben, hatten sie fürchterliche Fratzen.

Sie waren Menschen – und waren es nicht.

Sie liebten Gezänk und Geschrei und jede Art von Unfrieden und Unrat. Gewiß! Darum geiferten sie so laut.

Und sie geiferten etliche Tage, hackten mit dem, was wie Schnäbel war, verstaubten die Häuser und Straßen, bis alles grau, staubig und dreckig aussah, denn sie liebten wie gesagt den Schmutz.

Es kam so weit, daß sich die Menschen nicht mehr aus den Häusern trauten, die Pferde wollten nicht mehr wiehern, die Kühe nicht mehr muhen, die Schweine nicht mehr grunzen, und die Tiere des Waldes hielten sich versteckt und entfernt. Ja, jeder versteckte sich irgendwohin, jeder fühlte sich schrecklich schuldig und überlegte, was er getan haben könnte.

Obwohl aber nun niemand mehr zu sehen war, schrien die Schuldschreier weiter: „Ihr seid schuld! Ihr seid schuld!"

Das hörte endlich auch der Riese Kolimar.

Der Riese Kolimar war groß und breit und bärenstark und hatte ein Herz für jeden. Er wohnte in einer mächtigen Burg.

Als er das Geschrei hörte und bemerkte, daß nichts mehr so war wie zuvor, kam er aus seiner Burg, stieg den Burgwall hinab, stellte sich breitbeinig auf, stemmte die Arme in die Hüften und rief: „Wer ist hieran schuld?"

Sein Ruf war laut wie ein Donner, denn Kolimar war – wir wissen es – bärenstark und hatte demzufolge auch eine bärenstarke Stimme.

„Auch du bist schuld, ja, ja, du bist schuld!" geiferte es, weil die Schuldschreier glaubten, Kolimar würde sich wie die anderen verhalten und sich in seiner Burg verstecken.

Aber nein, nein! Kolimar ging nicht zurück in seine Burg. Er war ein Riese. Er begann zu fluchen. Er fluchte und fluchte. Wir wollen lieber nicht weitergeben, was und wie er fluchte.

Und nun war es so, daß auf der einen Seite der Riese Kolimar stand und fluchte und auf der anderen Seite die Schuldschreier standen und schrien. Alles war noch viel schlimmer als vorher und noch viel lauter geworden.

Schließlich stampfte der Riese mit dem Fuß auf, daß es donnerte und die Erde erbebte, eilte mit potzwütenden Schritten in seine Riesenburg, holte ein Netz, so groß wie Europa, und ehe die Schuldschreier wußten, wie ihnen geschah, sie mußten ja weiter schimpfen, hatte er sie in dem Netz eingefangen und den stinkfaulen Kaufmann mit dazu.

Kolimar sperrte sie alle in den alten, mächtigen Burgturm. Basta!

Im Burgturm war es stockfinster, die Mauern waren meterdick, und ein schweres Eisentor verwehrte jeden Zugang. Das Eisentor – das muß unbedingt erwähnt werden – hatte viele eisenstarke Schlösser und Riegel, so stark und kräftig wie Männerarme!

Von dort drang kein Schrei nach draußen. Von da gab es kein Entrinnen.

Und – rrrumms! – versperrte Kolimar auch den allerletzten Riegel.

Aber was taten die Schuldschreier?

So im dunklen Turm eingesperrt, fiel ihnen doch tatsächlich nichts Besseres ein, als sich gegenseitig die Schuld an ihrem Unglück zuzuzetern!

Und der eine Schuldschreier schrie: „Du bist schuld!" Und der andere schrie ... Ach, wir wissen das alles ja schon. Und so weiter und so weiter, und auch der faule Kaufmann schrie mit.

Zu guter Letzt fielen sie übereinander her, zerhackten sich mit dem, was wie Schnäbel war, zerfetzten sich mit dem, was wie Krallen war. Sie hackten, fetzten, schrien und krallten. Ganz furchtbar waren Geifer, Wut und Bosheit.

Sie zerhackten sich so wütend und so lange, bis von ihnen nur noch Staub übrigblieb.

Doch, genau so war es: Nur Staub!

Außerhalb des Turmes bemerkte man von alledem nichts, die Mauern waren ja dick und die Riegel und Schlösser sicher.

Der Riese Kolimar hatte einen Bruder, der sehr mickrig ausgefallen war. Deshalb nannte ihn alle Welt zu seinem Ärger „Kolimick".

Kolimick war nicht nur mickrig, nein, er fuschte auch gern überall seinem Bruder ins Handwerk. Er besaß zwei wieselflinke Augen, die sofort sahen, wenn irgendwo etwas los war und es eine Möglichkeit gab, Unheil anzurichten.

Und er war neidisch, ach so neidisch.

Er war mickrig geblieben, weil er neidisch war, und neidisch, weil er mickrig war. Genau so ist das geregelt!

Ganz besonders neidisch war er auf seinen Bruder, weil dieser eben bärenstark und groß war und ein Herz für jeden hatte. Oh, Kolimick war oft so neidisch, daß er richtig grün anlief. Tatsächlich: am ganzen Körper, von oben bis unten, überall.

Er sorgte für Ärgernisse Tag und Nacht. Und glaubte er, seinem Bruder einen Schaden zufügen zu können, dann tat er das auch, ganz bestimmt.

Kolimick, der Neidische, hatte natürlich mit seinen wieselflinken Augen gesehen, daß sein Bruder etwas in dem Netz, so groß wie Europa, gefangen und in den Turm gesperrt hatte. Ergab das eine Möglichkeit, Kolimar zu ärgern?

Was soll man dazu sagen? In einem günstigen Augenblick stahl er Kolimar das große Schlüsselbund, lief zum Burgturm, öffnete die Riegel und Schlösser, stark wie Männerarme, und zog das schwere Tor auf.

Ein Sturm aus altem, muffigem Staub stob ihm entgegen. Pfui!

Der Schuldschreierstaub war so stark, daß Kolimick, der Mickrige, mitgerissen wurde. Auf und davon ging es, über das Land. Dem Micker half kein Bitten, kein Streiten, kein Zetern: Er mußte mit.

Es war eine wahrhaft riesengroße Staubwolke.

„Du bist schuld! Du bist schuld!" erscholl es aus ihr. Das

war kaum zu glauben: Die Schuldschreier waren noch immer aktiv. Sie gaben mit ihrem Geschrei allem und jedem schuld.

Und immer wenn irgendwo auf der Welt uralter Staub aufgewirbelt wird und ein Mensch dem anderen die Schuld für irgend etwas zumiesen will, dann sind wieder einmal die Schuldschreier am Werk. Und das haben wir seit damals dem neidischen Brüderlein namens Kolimick zu verdanken.

Ganz gewiß: Er ist schuld!

*Autorenspiegel
und
Seitennachweis*

Bengtsson, Maria   Seite 7–28

Maria Bengtsson wurde am 25. April 1924 geboren und lebt in Malmö, Schweden.
Von ihr erschienen bislang ein Unterhaltungsroman und ein Lyrikband; des weiteren veröffentlicht sie regelmäßig Beiträge in Anthologien und Kalendern sowie in Zeitschriften und Tageszeitungen. 1994 wurde im Verlag Frieling & Partner ihr historischer Roman „Die Hexe und ihr Rächer" herausgegeben.
In vorliegendem Band ist Maria Bengtsson mit dem Märchen „Wurzel und Purzel, die beiden Zwergenkinder" vertreten, zu dem sie auch die Illustration schuf.

Blümner, Karin   Seite 29–32

Die am 22. Juli 1925 in Berlin geborene Karin Blümner entstammt einer schlesisch-preußischen Akademikerfamilie. Nach Staatsexamen und Promotion 1950 wurde sie Internistin und Kinderärztin. Nach der Eheschließung 1967 mit Dr. Kurt Lebede folgten erfüllte Jahre im Landkreis Waiblingen; später lebte sie in Füssen im Allgäu und in München. Heute wohnt sie in ihrer Heimatstadt Berlin.
1984 erschien von ihr das Buch „Meine Blätter". Seit 1987 veröffentlicht Karin Blümner, die Mitglied des Verbandes Deutscher Schriftsteller-Ärzte ist, Texte im jährlichen Almanach des Verbandes. Bei Frieling ist sie in den Anthologien „Ly-La-Lyrik. Edition 1993" und „Im Regenbogenland. Dritte Reise" (1993) vertreten.
Nunmehr stellt sie ein weiteres Kapitel ihres Kinderbuches „Freud und Leid im Wartezimmer" vor (Illustration: Dr. Dagmar Karstädt).

Dohmen, Anita   Seite 33–49

Die am 16. Mai 1954 in Köln geborene Anita Dohmen studierte in Bonn und Köln Deutsch, Geschichte und Musik. Von Beruf ist die heute in Saarbrücken lebende Autorin Verkaufs-Trainerin für Mitarbeiter/innen im Direkt-Vertrieb.
Schreiben ist für Anita Dohmen, deren weitere Hobbys Air-brush-Malerei und Musik sind, ein Grundbedürfnis. Sie betrachtet es nicht zuletzt „als Erlebnis, Entdeckungsreise, auf den Spuren des eigenen Geistes zu sein und immer wieder Neues in sich zu entdecken". Hauptsächlich verfaßt sie Kurzgeschichten und Gedichte.
Im Verlag Frieling & Partner erschienen von der Autorin bisher Gedichte in der Anthologie „Auslese. Zum Jahreswechsel 1993/94".
Im vorliegenden Jahrbuch ist Anita Dohmen mit drei Kurzgeschichten und einer kleinen Auswahl von Gedichten vertreten.

Engelhardt, Volker   **Seite 50–67**
Volker Engelhardt, geboren am 24. September 1934 in Kassel, studierte an den Universitäten Marburg, Zürich, Wien und Bonn Anglistik, Geschichte und Politik. Im Jahre 1966 promovierte er an der philosophischen Fakultät der Universität Wien zum Dr. phil. Seit 1971 ist der Autor im höheren Schuldienst tätig.
1981 veröffentlichte Volker Engelhardt die Anthologie „TEN TOPICS – A Commercial Reader for Learners at Intermediate Level". Im Verlag Frieling & Partner erschienen von ihm bisher der Erzählband „Schwarzer Zauber" (1991) sowie Gedichte in der „Anthologie Buchwelt '93".
In vorliegendem Jahrbuch stellt sich der Autor von einer ganz neuen Seite vor: mit drei Märchen aus der Sammlung „Der Spielmann und die Lilofee" (Verlag B. Weecke, Horn - Bad Meinberg).

Esser, Margot   **Seite 68–76**
Margot Esser wurde am 3. April 1928 geboren, legte 1947 das Abitur ab und studierte anschließend einige Jahre Musik (Klavier). Seit 1952 verheiratet, arbeitete sie von 1953 bis 1989 als Buchhalterin in der zahnärztlichen Praxis ihres Ehemannes. Sie ist Mutter einer Tochter und eines Sohnes und hat zudem drei Enkelkinder.
Margot Esser schreibt mit Vorliebe Geschichten für Leute, die jung geblieben sind, und nicht zuletzt Erzählungen für Kinder. Im Verlag Frieling & Partner erschienen von ihr Kurzgeschichten in der „Anthologie Buchwelt '92" und im Jahrbuch „Im Regenbogenland" (1992 und 1993).
In der vorliegenden Geschichte erzählt eine Großmutter ihrer Enkelin von ihrer Kindheit und Jugend und von der Zeit des Krieges.

Ettinger, Tom   **Seite 77–81**
Tom Ettinger wurde am 19. November 1974 als Sohn eines luxemburgischen Piloten und einer deutschen promovierten Oberstudienrätin geboren. Anfang Februar 1993 schied er durch Freitod aus dem Leben.
Die Erzählung „Die Bitte" sprach Tom Ettinger im Alter von elf Jahren auf Band. Die Mutter fand sie auf einer Kassette im Nachlaß ihres Sohnes und leitete ihre Veröffentlichung in die Wege.

Falkenburg, Eleonore   **Seite 82–86**
Geboren am 16. Februar 1927, wuchs Eleonore Falkenburg in einem musischen Elternhaus auf. Zwanzig Jahre war die in München lebende Autorin leitende Angestellte auf der Müchner Messe, bis eine schwere Krankheit ihren Tribut forderte.
Von der überaus produktiven Autorin erschienen im Frieling-Verlag bereits sieben Bücher: die Romane „Der tapfere Soldat ein Le-

ben lang ..." (1991), „Ein Findelkind im Schnee" (1992), „Unter dem Mantel der Liebe" (1992), „Der einzige Sohn" (1993) und „Die Frau des Arztes" (1994) sowie die Erzählbände „Kleine Gedanken – kleine Geschichten" (1992) und „Frauchens Liebling" (1994). Des weiteren ist sie in zwei Anthologien vertreten.
Speziell für den vorliegenden Band schrieb Eleonore Falkenburg die Geschichte „Heinerle und der Mann im Mond".

Feierabend, August Seite 87–105
August Feierabend, Jahrgang 1925, von Beruf Industriekaufmann, gründete nebenbei eine literarische Arbeitsgemeinschaft und eine Laienspielgruppe, war viele Jahre Berichterstatter für Regionalzeitungen, ist jetzt ehrenamtlich in der Altenarbeit, für Seniorenzeitungen und als Rezitator tätig.
Der Autor verfaßte Laienspiele; Kurzgeschichten und Gedichte von ihm erschienen in Zeitungen und Zeitschriften sowie in den Büchern „Durch die weite Welt" (Franckh, Stuttgart), „Weihnachtsgeschichten am Kamin" (Rowohlt, Reinbek), „Österreichisches Tierschutz-Jahrbuch" (Buberl, Wien) und „Deutsches Tierschutz-Jahrbuch" (Buberl, München). Der SOLDI-Verlag, Hamburg, brachte 1994 seinen Gedichtband „Im Strudel der Zeit" heraus. Im Verlag Frieling & Partner ist er in mehreren Anthologien vertreten.

Gregor, Marianne Seite 106–113
Marianne Gregor wurde am 1. Juli 1936 in Reibnitz/Riesengebirge geboren, wo sie bis zur Aussiedlung im Jahre 1947 lebte. Nach dem Abitur, das sie in Egeln, Bezirk Magdeburg, ablegte, absolvierte sie in Erfurt ein Lehrerstudium in den Fachrichtungen Deutsch und Kunsterziehung. Anschließend war sie zunächst in Bestensee bei Berlin und dann in Wollin, Kreis Brandenburg, als Lehrerin tätig.
1993 schloß sich Marianne Gregor der Havelländer Autorengruppe im Brandenburger Kulturbund e. V. an., deren Leitung sie Anfang 1994 übernahm. Sie schrieb bisher vorwiegend Lyrik, aber auch kleine Kabarett-Texte und verschiedene Prosaarbeiten. Texte von ihr erschienen in Zeitungen sowie im Brandenburger Kulturspiegel.
In vorliegendem Band ist Marianne Gregor mit einem Märchen vertreten, zu dem sie auch die Illustration schuf.

Henze, Irmtraud Seite 114–118
Die am 30. April 1922 in Thüringen geborene Irmtraud Henze ist von Beruf Lehrerin und lebt in ihrer Wahlheimat Niedersachsen.
Die Autorin, die Lyrik und Kurzprosa schreibt, ist Mitglied im Verband Deutscher Autoren, im Arbeitskreis ostfriesischer Autorinnen und Autoren und in der Deutschen Haiku-Gesellschaft e.V. Sie publizierte ihre Texte u.a. in Zeitungen, Literaturzeitschriften und

Anthologien. Des weiteren erschien von ihr der Gedichtband „Spuren im Sand" (Moorburg, 1980), herausgegeben vom Deutschen Autoren-Verband Hannover – Hannoversche Autoren. Im Verlag Frieling & Partner veröffentlichte sie bisher ausgewählte Gedichte in den Anthologien „Buchwelt '94", „Auslese. Zum Jahreswechsel 1993/ 94" und „Ly-La-Lyrik. Edition 1994". Auch in vorliegendem Jahrbuch ist Irmtraud Henze mit Gedichten vertreten.

Kappe, Isabell   **Seite 119–123**
Isabell Kappe wurde am 23. Juli 1969 in Düsseldorf geboren. Seit 1988 studiert sie an der Universität Köln Germanistik, Anglistik und Philosophie.
1994 erschienen im Verlag Frieling & Partner Reiseberichte der Autorin unter dem Titel „Streifzüge durch die Kontinente". In vorliegendem Jahrbuch ist sie mit zwei Tiergeschichten vertreten.

Kette, Ursula   **Seite 124–139**
Ursula Kette, am 16. August 1922 in Berlin geboren, studierte an den Universitäten Berlin und Göttingen Germanistik. Sie ist Mutter von drei Kindern und hielt sich längere Zeit im Ausland auf – jeweils zwei Jahre auf Sumatra (Indonesien), in Er Riad (Saudi-Arabien) und in Manama auf den Bahrein-Inseln am Persischen Golf.
Ursula Kette hat eine ganze Reihe von Kinder- und Jugendbüchern veröffentlicht, unter anderem: „Kasperle und der Zauberbesen der Hexe Zottelkopf" (Kibu-Verlag), „Pauli, der Mäuserich" und „Ein Hundekind erobert seine Welt" (Engelbert-Verlag), „Ente Schnutchen hat ein Boot" (W. Fischer Verlag) sowie „Treffpunkt Disco" (Weichert Verlag). Im Frieling-Verlag erschienen von ihr im Jahrbuch „Im Regenbogenland. Dritte Reise" (1992) Gedichte.
Diesmal erzählt die Autorin vier Grimmsche Märchen weiter.

Kudis, Frieder R. I.   **Seite 140–150**
Am 18. April 1936 in Heidelberg geboren, studierte Frieder R. I. Kudis von 1955 bis 1961 in Heidelberg, Bethel und Göttingen Theologie und Philosophie. Danach war er als Lehrer und Pfarrer tätig.
Lyrik und Prosa veröffentlichte der Autor sowohl in Zeitschriften und Anthologien als auch auf eigene Kosten. Im Verlag Frieling & Partner erschien in der Anthologie „Ly-La-Lyrik. Edition 1994" sein Gedichtzyklus „Herbstzeitlesen".
Im vorliegenden Band stellt Frieder R. I. Kudis zwei Geschichten über das Fohlen Susi, eine Igel-Geschichte sowie das „Gebet der Bisons" vor. Letzteres entstand aus Anlaß einer Begebenheit im Sommer 1992: Sechs Bisons waren aus einem Gehege im Schwarzwald ausgebrochen, wurden zum Abschuß freigegeben, konnten aber glücklicherweise alle unverletzt eingefangen werden.

Kusterer, Wilhelm Seite 151–154

Am 8. Februar 1922 wurde Wilhelm Kusterer in dem Schwarzwalddorf Salmbach geboren. Er erlernte den Beruf des Uhrmachers.
In seinem dichterischen Schaffen hat es dem sich als Romantiker verstehenden Wilhelm Kusterer, der in seiner freien Zeit darüber hinaus Gesangvereinsvorsitzender war, im Gemeinderat tätig ist sowie ein großes und schönes Heimatmuseum aufbaute, insbesondere die Erforschung der Sagen und Märchen seiner Schwarzwaldheimat angetan wie auch ihres Dialekts, des „Dachtraufschwäbischen". So sind viele seiner bisher veröffentlichten zwölf Bücher Leben und Brauchtum, Historie und Dialekt seiner Heimat gewidmet. Im Verlag Frieling & Partner erschienen von ihm Texte in den Anthologien „Im Regenbogenland. Dritte Reise" (1993) und „Autoren im Dialog: Fremd unter Fremden?" (1994).

Likos Seite 155–159

Der unter dem Pseudonym Likos schreibende Autor, der am 9. Dezember 1951 geboren wurde, lebt und arbeitet als Trainer und Therapeut zeitweise auf der Insel Thera (Santorini) in der griechischen Ägäis, die oft auch mit dem sagenumwobenen Atlantis in Verbindung gebracht wird.
Das Märchen „Die Insel des Mondkinds", seiner Märchensammlung „Merlins Märchen" entnommen, ist auch ein Dank für die herzliche Aufnahme, die der Autor auf Santorini gefunden hat. Die beiden Illustrationen wurden ebenfalls von Likos geschaffen.

Loeffelmeier, Daniela Seite 160–163

Daniela Loeffelmeier wurde am 27. August 1966 geboren und ist von Beruf Verkäuferin.
Die Autorin, die ihre ersten Geschichten mit zwölf Jahren schrieb, begann nach der Geburt ihres Sohnes 1990 wieder ihrer schriftstellerischen Phantasie freien Lauf zu lassen und belegte 1992 einen Lehrgang an der Axel Andersson Akademie.
Die vorliegende Geschichte beruht auf einer wahren Begebenheit. Mit ihr möchte Daniela Loeffelmeier daran erinnern, daß es nicht wenige berühmte Leute gegeben hat, die in der Schule ihre Schwierigkeiten hatten oder sogar auch einmal sitzengeblieben waren.

Mayer, Claudia Seite 164–171

Claudia Mayer wurde am 12. Mai 1965 in Neckarsulm geboren. Nach dem Abitur in ihrer Heimatstadt zog sie nach Würzburg, um dort Rechtswissenschaft zu studieren. Dem Studium folgte das Referendariat in Würzburg, Aschaffenburg und Brandenburg.
Schon vor Jahren entdeckte die Autorin ihre Freude am Schreiben. So entstand in ihrer Freizeit mittlerweile eine kleine Sammlung ei-

gener Geschichten. Eine von ihnen erschien in dem vom Verlag Frieling & Partner herausgegebenen Jahrbuch „Auslese. Zum Jahreswechsel 1993/94".
Im vorliegenden Band stellt sich Claudia Mayer mit einem Märchen vor.

Molzen, Jürgen — Seite 172–177

Jürgen Molzen wurde am 1. November 1943 in Berlin-Wedding geboren. Als Knirps spielte er in den Trümmern von „Carow's Lachbühne" und Fußball mit Nachbarskindern zwischen zerbombten Häuserzeilen. Er ist verheiratet, Vater einer Brit und eines Sven sowie Großvater einer fast vierjährigen Enkelin, Monique Molzen. Diese hat ihm vor einiger Zeit auf eine Gran-Canaria-Ansichtskarte mit grünem Stift einen Kopf mit fünf Haaren gemalt – ist also phantasiebegabt.
Der Autor schreibt seit 1967 Gedichte, Aphorismen und Kurzgeschichten, die in verschiedenen Anthologien, unter anderem des Verlages Frieling & Partner, erschienen sind. Im gleichen Verlag erschien 1991 sein Buch „Geständnisse und Irrtümer" – eine Sammlung von Aphorismen und Gedichten.

Mucha, Ingeborg — Seite 178–184

Ingeborg Mucha, geboren am 10. März 1956, lebt mit ihrer Familie in der hessischen Wetterau. Die studierte Publizistin arbeitet als Freie in einem Kommunikationsberuf.
Die Autorin veröffentlicht in vorliegender Anthologie erstmals eine Kurzgeschichte und ein Gedicht für Kinder.

Mühlemann, Doris — Seite 185–191

Doris Mühlemann wurde am 30. Mai 1945 in Basel geboren. Nach der Schulzeit und einem Frankreichaufenthalt arbeitete sie zunächst als Büroangestellte im Tapetenhandel, qualifizierte sich dann in Abendkursen zur Verlagsangestellten und betreut seit 1988 selbständig eine Bibliothek in einem wissenschaftlichen Institut.
Die Autorin, die sich durch ein Fernstudium der Belletristik das nötige Rüstzeug zum Schreiben erwarb, bastelt in ihrer Freizeit vornehmlich aus Kindheitserinnerungen, Reiseerlebnissen und kleinen Alltagsepisoden kleine Geschichten. Zwei ihrer Erzählungen wurden in einer Lokalzeitung veröffentlicht.
Zu dem Märchen „Nepomuk, der Zwerg" schuf Doris Mühlemann auch die drei Zeichnungen.

Mühlhaus, Sigrid   Seite 192–195

Die am 25. September 1932 im Kreis Lauban/Schlesien geborene Sigrid Mühlhaus, die ihre Kindheit und Jugend in der Lausitz verbrachte, besuchte die Oberschule in Niesky und danach die Fachschule in Görlitz und Bischofswerda. Anschließend arbeitete sie als Lehrerin im Kreis Hoyerswerda, später als Journalistin und Sachbearbeiterin in den Kreisen Dresden-Land und Dresden-Stadt.
Seit 1970 wurden Gedichte und Kurzprosa der Autorin in verschiedenen Zeitungen, Zeitschriften und Anthologien veröffentlicht, u.a. in den Frieling-Anthologien „Ly-La-Lyrik", „Buchwelt", „Auslese zum Jahreswechsel" und „Im Regenbogenland". 1993 erschien im Frieling-Verlag ihr Lyrikband „Frühstück mit dem Wind".
In vorliegendem Jahrbuch ist Sigrid Mühlhaus mit vier Naturgedichten vertreten.

Müller, Anne Marte   Seite 196–205

Anne Marte Müller wurde 1928 geboren. Sie war in Greifswald und Dresden als Hochschullehrerin tätig.
Gedichte der Autorin fanden sich zunächst in Zeitungen und Zeitschriften. 1993 erschienen in Dresden von ihr zwei Bände mit Gedichten und Kurzprosa: „Im Osten weiß man's jetzt" und „Befinden in Deutschnordost". Im Verlag Frieling & Partner ist Anne Marte Müller in den Anthologien „Ly-La-Lyrik" (1993 und 1994), „Buchwelt '94", „Auslese. Zum Jahreswechsel 1993/94" und „Autoren im Dialog: Fremd unter Fremden?" (1994) vertreten.
Im vorliegenden Band präsentiert die Autorin eine Reihe von Kinder- und Tiergeschichten bzw. -gedichten.

Peuker, Ilona Maria   Seite 206–216

Die in Leverkusen lebende Ilona Maria Peuker absolvierte eine Kaufmannsgehilfenlehre und arbeitete dann als Sekretärin. Später holte sie ihr Fachabitur nach und studierte Sozialpädagogik.
Seit 1989 schreibt die Autorin kleine Geschichten für Kinder sowie freche Mini-Märchen für Große. An Weihnachten 1993 wurden einige ihrer Geschichten, unter anderem „Die Geschichte von Sternenstaubputzer", in Radio Leverkusen vorgestellt. Mit ihren Texten möchte Ilona Maria Peuker, deren Interesse neben dem Schreiben der Natur und Umwelt sowie dem Spirituellen gilt, vor allem erfreuen, aber auch Nachdenken und Phantasie anregen.
Die Illustrationen zu den vier Geschichten in vorliegendem Band schufen Susanne Jens (Seite 207 und 215), Edula Seichter (Seite 210) und Antje Böttger (Seite 213).

Platz, Ernst F.   **Seite 217–220**

Ernst F. Platz wurde 1926 im Saarland geboren. Nach Kriegsdienst, Gefangenschaft und Studium (Geschichte, Französisch und Spanisch) war er als Lehrer an verschiedenen Gymnasien in Rheinland-Pfalz und im Saarland tätig.

1951 schrieb Ernst F. Platz eine Novelle, die unveröffentlicht blieb, 1952 verfaßte er unter dem Pseudonym Cato Mäuseschreck eine Mundarthörspiel, und 1957 entstand seine Abhandlung über Alexis de Tocqueville. Nach Eintritt in den Ruhestand konnte sich der Autor verstärkt seinem Steckenpferd, dem „Verseschmieden", widmen. Unter dem Pseudonym Flädsulin veröffentlichte er 1986 sein erstes Buch: „Über Viecher und Leute. Gereimte Ungereimtheiten". Kurz vor seinem Tod im Jahre 1988 erschien sein zweites Buch mit dem Titel „Tierisch ernst bis menschlich heiter".

Rasmus, M. H.   **Seite 221–226**

M. H. Rasmus, geboren 1927, wuchs in der Barlachstadt Güstrow auf. Krieg, Flucht und Berliner Mauer waren mitbestimmend für ihren Lebensweg. Heute lebt sie als freie Schriftstellerin bei München. Ihre erste Veröffentlichung verzeichnete M. H. Rasmus im Jahre 1970 unter dem Titel „Theater, Film, Fernsehen". Seit 1989 sind Texte der Autorin in verschiedenen Anthologien erschienen. 1992 wurde im Verlag Zwiebelzwerg ihr Kinderbuch „Als ich so alt war wie du" herausgegeben. Im Verlag Frieling & Partner erschienen von ihr die Dokumentation „Ein Leben für die Kinder" (1994) sowie Texte in den Anthologien „Im Regenbogenland" (1991, 1992 und 1993) und „Auslese. Zum Jahreswechsel 1992/93".

Zu der Geschichte „Das blinde Mädchen" steuerte die Realschülerin Esther Czech eine Zeichnung bei.

Reim, Georg Friedrich   **Seite 227–234**

Georg Friedrich Reim, Jahrgang 1929, wuchs als Pastorensohn in der ostbrandenburgischen Kleinstadt Liebenau auf. Mit seiner Familie verschlug es ihn 1945 nach Nordhessen. 1948 legte er das Abitur ab, und anschließend studierte er an den Universitäten in Mainz und Marburg die Fächer Deutsch und Englisch für das Lehramt. Nach der Referendarzeit in Marburg wirkte er zwölf Jahre als Studienrat an der Alten Landesschule Korbach und 22 Jahre als Leiter des Gymnasiums in Homberg (Efze).

1993 erschien von Georg Friedrich Reim im Olten-Verlag, Homberg, der Titel „Kloppe, Klipp und große Klappe", Geschichten einer Jugend in Ostbrandenburg von 1938 bis 1945.

In vorliegender Geschichte kommt der elfjährige Sohn eines Fernfahrers dem Geheimnis seines erfolgreichen Vaters auf die Schliche.

Reimann, Eva   **Seite 235–254**
Eva Reimann, geboren am 24. Oktober 1931 in Breslau, legte 1950 in Görlitz das Abitur ab, schloß ein Studium an der Hochschule für Verkehrswesen von 1952 bis 1956 als Dipl.-Ing. für Eisenbahnbetrieb ab und war dann als Leiterin der Informationsstelle beim Görlitzer Maschinenbau tätig. In einem postgradualen Fernstudium an der TH Ilmenau qualifizierte sie sich zum Fachinformator. Von 1981 bis zum Vorruhestand im Jahre 1990 arbeitete sie bei der Deutschen Reichsbahn auf dem Gebiet des Arbeitsrechts.
Die Autorin, Mutter von drei Kindern, schrieb mit neun Jahren ihre ersten Gedichte, war in Görlitz Mitglied eines „Zirkels schreibender Arbeiter" und absolvierte die Schule des Schreibens an der Axel Andersson Akademie. In vorliegendem Jahrbuch stellt sie sich mit drei Kurzgeschichten vor.

Reutter, Rita   **Seite 255–258**
Die Heidelberger Autorin Rita Reutter, Jahrgang 1938, ist in ihrer Geburtsstadt als Arztsekretärin und Schriftstellerin tätig. Sie ist Mutter einer Tochter, die ihre Bücher und Programme illustriert.
Rita Reutter leitet seit 1990 die Literaturgruppe „Vita Poetica". Als Autorin, die Lyrik und Prosa schreibt, trat sie seit 1985 mit neun Veröffentlichungen hervor. Darüber hinaus wurden ihre Arbeiten in einer Vielzahl von Anthologien (Deutschland und Schweiz), Jahrbüchern, Lyrischen Annalen und Lyrik-Kalendern publiziert. Im Verlag Frieling & Partner erschienen von ihr bisher mehrere Kurzgeschichten in den Anthologien „Buchwelt" ('92 und '94) und „Im Regenbogenland. Zweite Reise" (1992).
Im vorliegenden Jahrbuch stellt Rita Reutter eine Tiergeschichte für Kinder vor.

Seibel, Nathalie   **Seite 259–266**
Die am 14. Februar 1965 geborene Nathalie Seibel wuchs in dem kleinen Dorf Hofstetten in der Nähe von Basel auf. 1985 schloß sie die Kantonale Handelsschule in Basel mit einem Handelsdiplom ab. Danach war sie bis 1988 als Beraterin in der Werbebranche tätig. 1988/89 wurde ihr „Globetrotter-Jahr": sie bereiste England, Spanien, Brasilien, Argentinien, Chile, Tahiti und Indonesien. Anschließend ging sie für zweieinhalb Jahre nach New York, um Communication Arts zu studieren. 1991 kehrte sie in die Schweiz zurück und arbeitete zunächst als Werbetexterin bei einer kleinen Baseler Agentur. Heute ist sie als freiberufliche Texterin tätig.
In vorliegendem Band ist die Autorin mit zwei Märchen vertreten.

Sibbers, Mathilde Seite 267–270

Mathilde Sibbers, geboren am 13. Februar 1920 in Arnis (Schleswig-Holstein), wuchs in Flensburg auf, studierte in Hamburg Pädagogik und war dann als Lehrerin tätig.

Aus der Feder von Mathilde Sibbers stammen zehn Bücher, Geschichten fürs Kinderfernsehen sowie Gedichte und Erzählungen für Zeitschriften, Schullesebücher und andere pädagogische Publikationen. Im Verlag Frieling & Partner erschien von ihr 1992 mit „Lieber Onkel Fritz" ein Zeitporträt in Briefen.

Im vorliegenden Band ist die Autorin mit drei Gedichten vertreten, zu denen sie auch die Zeichnung und den Scherenschnitt schuf.

Staib, Barbara Seite 271–276

Barbara Staib wurde am 27. Dezember 1946 in Neu-Ulm geboren. Die Mutter von drei Kindern ist von Beruf Lehrerin und arbeitet zur Zeit als Dozentin für Englisch in Ulm.

Die Autorin schreibt vor allem Gedichte und Kindergeschichten. Gedichte von ihr erschienen unter anderem in der Anthologie „Lyrik und Prosa unserer Zeit" (Band 3). Des weiteren veröffentlichte sie 1993 zusammen mit Andreas Bretschneider den Gedichtband „Mach dir einen Reim aus mir". Im Frieling-Verlag ist sie in den Anthologien „Im Regenbogenland. Dritte Reise" (1993) und „Ly-La-Lyrik. Edition 1994" vertreten.

Im vorliegenden Band präsentiert Barbara Staib erneut Gedichte. Der Bärenstuhl im zweiten Gedicht kommt aus der Spielmöbelwerkstatt Staib/Bretschneider.

Urban, Ilse Seite 277–282

Ilse Urban wurde 1926 in Weißkirchen im Sudetenland geboren und verbrachte ihre Kindheit im benachbarten Wernstadt. 1946 wurde ihre Familie nach Mecklenburg evakuiert. Ab 1950 studierte sie in Berlin und Potsdam Pädagogik; anschließend arbeitete sie als Lehrerin an einer Mittelschule. 1957 mußte sie die DDR verlassen. Von 1960 an war sie in Wiesbaden wieder als Lehrerin tätig, 21 Jahre davon an einer Sonderschule für Lernbehinderte.

Im Frieling-Verlag erschienen von Ilse Urban bisher das autobiographische Buch „Damals im Sudetenland" (1992) sowie Texte in den Jahrbüchern „Im Regenbogenland. Dritte Reise" (1993) und „Auslese. Zum Jahreswechsel 1993/94". Drei kleine Geschichten steuert die Autorin zu vorliegendem Jahrbuch bei.

Voorwold, Uwe Seite 283–295

Uwe Voorwold, geboren am 17. August 1946, lebt in Ostfriesland. Er unterrichtet dort seit über 20 Jahren in einem kleinen Dorf an einer Grundschule.

Der Autor schrieb für die Sendung „Ohrenbär" des Senders Freies Berlin Geschichten unter dem Titel „Yoost macht Sachen" und veröffentlichte im Verlag Weichert das Kinderbuch „Kobold Knuddel". Im vorliegenden Band stellt Uwe Voorwold eine abenteuerliche Geschichte mit dem kleinen, siebenjährigen Detektiv Yoost vor.

Walther, Jutta   **Seite 296–306**

Die am 23. Februar 1950 in Lauffen/N. geborene Jutta Walther studierte nach ihrem Abitur an der Pädagogischen Hochschule in Esslingen und Karlsruhe. Seit 1973 gibt sie als Realschullehrerin in Ostfildern-Nellingen Unterricht in den Fächern Mathematik, Bildende Kunst und Musik.
Die Autorin verzeichnet bisher zwei Veröffentlichungen im Bereich Schultheater (LEU Stuttgart). Des weiteren hat sie Prosaliteratur für die Bühne bearbeitet und einige bislang unveröffentlichte Bühnenstücke für das Schultheater geschrieben.
In der heiter-turbulenten Versdichtung „Und sie leben doch" ließ sich die Autorin augenscheinlich von der aktuellen Dino-Welle erfassen. Sie schuf auch die Illustration.

Zänkert, Edda   **Seite 307–318**

Edda Zänkert wurde am 30. März 1940 in Berlin geboren. Ihre frühe Kindheit verbrachte sie in Schlesien. Durch Krieg und Flucht gelangte sie über viele Umwege wieder nach Berlin. Sie absolvierte eine kaufmännische Lehre und war anschließend als Sachbearbeiterin im Personalwesen einer Bank tätig. Danach folgte ein Studium der Philosophie, Psychologie und Literatur.
Die ersten literarischen Werke von Edda Zänkert entstanden 1954. Nach vielen Gedichten folgten Kurzgeschichten und Märchenerzählungen, die die Autorin gelegentlich in kleinem Rahmen veröffentlichte. Im Verlag Frieling & Partner erschienen von ihr im Jahre 1991 Texte im Jahrbuch „Regenbogenland. Erste Reise" und in zwei Bänden der Anthologie „Autoren im Dialog."
Im vorliegenden Band ist die Autorin mit drei Märchen vertreten.

Wilhelm Ruprecht Frieling (Hrsg.)

Auslese
Zum Jahreswechsel 1993/94

**496 Seiten, Hard cover mit Schutzumschlag
ISBN 3-89009-587-9, DM/sFr. 24,80 / öS 193**

54 Autorinnen und Autoren stellen in diesem Band lyrische und Prosatexte für jung und alt und für mannigfaltige Geschmäcker vor. In dem bunten dichterischen Reigen finden sich Erzählungen und Kurzgeschichten, Kurzkrimis, Märchen, persönliche Lebenserinnerungen, Reiseberichte, philosophische und religiöse Reflexionen sowie eine reiche Auswahl von Gedichten in einer beeindruckenden Vielfalt von Formen, Inhalten und Intentionen. Mancher dieser Texte wird durch kongeniale Zeichnungen ergänzt und bereichert.
Diese Auslese bietet sich an als ganz persönliches Geschenk für jeden, der gern liest oder schreibt. Sie schenkt Stunden der Muße und Erbauung und ist somit ein probates Mittel gegen den Streß des Alltags mit ausschließlich positiven Nebenwirkungen.

**Verlag Frieling & Partner GmbH
Hünefeldzeile 18 • D-12247 Berlin-Steglitz
Tel. 0 30 / 7 74 20 11**

Wilhelm Ruprecht Frieling (Hrsg.)

Ly-La-Lyrik
Edition 1994

448 Seiten, Hard cover
ISBN 3-89009-642-5, DM/sFr. 19,80 / öS 154

68 Lyriker aller Altersgruppen, neue Autoren wie gestandene Literaten, präsentieren einen bunten Strauß poetischer Novitäten. Seien ihre Gedichte nun experimentellen oder mehr traditionellen Charakters, eher humorvoll oder aber romantisch, melancholisch oder elegisch, ihr Grundtenor vorwiegend zeitkritisch oder zufrieden-beschaulich – sie alle offenbaren in ihrer facettenreichen Gesamtheit eine solche inhaltliche und stilistische Mannigfaltigkeit der Poesie, zeigen einen solchen Reichtum an Empfindungen und originellen Gedanken, daß man frohen Herzens sagen darf: Hier wird dem Freund deutscher Dichtkunst ein wahres Schatzkästlein der Poesie zugeeignet.
Die jährlich erscheinende Frieling-Edition dokumentiert die Vielfalt zeitgenössischer Lyrik. Sie möchte aufgeschlossenen Lesern den Reiz von Lyrik nahebringen und zugleich neuen Autoren den Weg zu ihrem Publikum ebnen. Und sie sucht den Lyriker im „stillen Kämmerlein" zu ermuntern, den Schritt in die Öffentlichkeit zu wagen.

Verlag Frieling & Partner GmbH
Hünefeldzeile 18 • D-12247 Berlin-Steglitz
Tel. 0 30 / 7 74 20 11